歴史学者と読む高校世界史
教科書記述の
舞台裏
長谷川修一
小澤実
編著
keiso shobo

# 序

## 世界史教科書をめぐる近年の情勢

二〇二二年度より高校社会科に、日本史と世界史を統合し近現代を中心に教えることが予定されている「歴史総合」が必修科目として導入される。その結果として、従来の歴史科目のうち、必修科目であった「世界史」と選択科目であった「日本史」は、それぞれ「日本史探究」「世界史探究」と名前が変わり、選択科目となることが決定している。この「歴史総合」が具体的にどのような内容を持つ科目になるのか長らく明らかとなっていなかったが、二〇一八年三月に新しい学習指導要領案が告知されることで、文科省の要求構図がようやく見えてきた。今後、この構図にしたがって、教科書会社と執筆者の間で議論を積み重ね、新しい歴史教育のベースがつくられることになる。実際にその教科書を用いて高校生に授業実践を行う高校の社会科教員らは、その教科書が果たしてどのような構成になるのか、少なからぬ関心を寄せている。

「歴史総合」にせよ、選択となる「世界史探究」や「日本史探究」の教科書にせよ、そこで採用される歴史記述は、わたしたちの誰もにとって極めて重要である。というのは、教科書間での記述に細部の差こそあれ、日本国が、すべての記述を規定する学習指導要領を定め、教科書調査官を通じてそれに基づく教科書検定を実施している以上、それら歴史教科書が政府「お墨付き」の歴史認識を示しているからである。さらに言えば、検定済み教科書を通じて全国の高校生が学ぶことにより、そこで示された歴史認識が拡散され、その歴史観が国民全体に刻み込まれてゆくからである。それだけに教科書の執筆者もそれを用いて教える高校教員も、教科書記述には最大限の関心と細心の注意を払うべきことは言を俟たない。

他方で、一旦は教科書を通じて高校で歴史を学び、大学で歴史学を専攻して研究史の整理と史料調査を重ね、やがて自他ともに歴史学者と認めるようになった専門家が、改めて高校世界史教科書を読むと、その歴史記述に首をかしげることがある。その記述が、歴史学者となった自らが所属する今日の歴史学界における共通の歴史認識と乖離していることがままあるからである。本書を手にした読者諸兄の中にも同様の体験をした方があるのではないだろうか。

本書のもととなった共同研究は、とりわけ歴史学者による教科書記述に対する疑問、すなわち教科書記述と歴史学界の研究成果との間に見られる乖離がなぜ生じているのか、そしてそうであるならばどのようにしてその乖離が生起したのか、また、その歴史記述を方向付けているものは何か、といった疑問から出発している。

## 本書の目的

以上の疑問を氷解させるためには、世界史教科書の記述内容の生成を検討する必要がある。そのためには、大きく分けて二つの方向からのアプローチが必要と考えられる。

一つは、世界史教科書に収められた記述内容と執筆者に対して目を向けるという、きわめてオーソドックスなアプローチである。世界史教科書の記述内容は、その都度の学習指導要領が要求する内容を満たしていれば、あとは割り当てられた分量の範囲において執筆者に委ねられる。そういう点で言えば、研究者が大学生や一般読者層に向けて執筆する世界史概論とさほどの差はない。しかしすべての研究者が同じ時代幅と頁数を許されたとして、まったく同じ世界史概論が記述されることはない。執筆者の歴史観や強調すべき情報に従って、定められた頁数の中で異なる記述が生み出される。同様に世界史教科書も、出版社によっても、また同一教科書でもその版によっても、執筆者はまちまちであるため、また同一著者であっても執筆時期によって蓄積や立場が変わりうるため、教科書ごとの記述内容は大きく異なりうる。そうであるならば、実際に世界史教科書の記述内容を検討し、それを記述した歴史学者やその教科書が書かれていた時代の歴史認識に目を向けることで、所期の目的を達成しうるような結果を得られるだろう。

もう一つは、世界史教科書を一つのモノととらえ、そのモノが製造されるプロセスにかかわる制度や関係者のあり方を検討することである。世界史教科書は、執筆者がただ自分に割り当てられた範囲の記述をすれば完成するわけではない。言ってみればそれは素材である。忘れられがちであるが、教科書は公定価格で販売される商品である。商品であるとするならば、それは他の商品とまったく同じように、生産・流通・消費という経済ルーチンにのる。そのルーチンの過程でさまざまな力が作用し、商品の内容自体にも大きな影響を与える。生産過程に関わるのが執筆者であるとするならば、流通過程に関わるのは、記述内容をチェックし学習指導要領などの基準に合致しているかどうかを判断する文部科学省や、高校での採択率を可能な限り上げるようにコントロールする教科書会社であり、消費過程に関わるのは、検定を通過した教科書を利用して授業をおこなう高校教員、その教科書にしたがって入試問題を作成する大学、大学入試に対応しうるさまざまな商品をつくりだす受験産業などである。これらはすべてモノ＝商品としての世界史教科書の記述内容に影響を与えるステイクホルダーである。こうしたステイクホルダーの求めるところを無視して教科書がマーケットに投下され、最大の受益者である高校生のもとに届くことはありえない。

　このように、世界史教科書にみえる歴史記述は、一方では記述それ自体を直接生産する執筆者による執筆内容のゆれと、他方では商品としての教科書を流通させ消費するさまざまな主体による圧力の中で像を結んでいる。

## 本書の構成

　以上を踏まえて本論集は三部で構成される。

　第Ⅰ部「高校世界史教科書記述の再検討（一）オリエントからアメリカへ」では、世界史教科書記述におけるオリエント、西洋中世、中東欧、アメリカを対象とし、いくつかの現行教科書を資料として参照しながら該当部の記述の問題点を提示する。第1章「高校世界史教科書の古代イスラエル史記述」では長谷川修一が、現在のオリエント史の研究進度と現行教科書記述の間の乖離とその理由を論じる。第2章「古代と近代の影としての中世ヨーロッパ」では小澤実が、執筆慣例上、必ずしも専門家が配置されずに前後の時代の専門家によって記述されている西洋中世の記述部分の問題点を提示する。第3章「高校世界史教科書の中・東欧記述」では中澤達哉が、明治以来の中東欧記述にまでさかのぼり、歴史的に当該地域の記述がどのように変化してきたのかを同時代の歴史状況と関連させながら論じる。第4章「高校歴史教科書における〈アメリカ合衆国〉――人種・エスニシティ、人の移動史を中心に」では貴堂嘉之が、自身の教科書執筆経験を踏まえながら、最新の研究成果を教科書記述にどのように反映させるのかを論じる。

　第Ⅱ部「高校世界史教科書記述の再検討（二）イスラームとアジア」では、第Ⅰ部に引き続き、世界史教科書記述におけるイスラーム史、中国史、東南アジア史、そして日本史の記述の問題点を論じる。第5章「高校世界史とイスラーム史」では森本一夫が、イスラーム世界の多様性を強調する議論が高まる中、それでもイスラームという枠組みを用いる意味を論じる。第6章「高校世界史における日中関係」では上田信が、アジア史記述の大部を占める中国史の中で日中関係記述に注目して、問題点を論じる。第7章「高校世界史教科書と東南アジア」では松岡昌和が、東南アジアの記述が中国や日本との関係でどのような位置付けになっているのかを検討する。第8章「日本史教員から見た世界史教科書――世界史教科書の日本に関する記述をめぐって」では大西信行が、日本中世史の研究者そして現役高校教員という立場から、世界史教科書における前近代日本史該当部の記述がもつ問題点を指摘する。

なお第Ⅰ部は、オリエント・ヨーロッパ・アメリカという「西洋」（オリエントは『旧約聖書』の舞台として、西洋の共通要素であるキリスト教世界の起源としての地位を与えられているように思われる）を、第Ⅱ部は、イスラームとアジアという「東洋」を扱っている。相変わらず西洋と東洋という旧来型の二区分を持ち込み、その旧来の見方を肯定しているように理解されるかもしれないが、そのような意図は編者にも執筆者にもなく、章数に基づく便宜的なものであることを断っておきたい。

第Ⅲ部「高校世界史教科書の制作と利用」では、教科書記述それ自体を問題とした第Ⅰ部・第Ⅱ部と異なり、世界史教科書の制作ならびに利用のプロセスに目をむける。第9章「「世界史」教科書の出発」では茨木智志が、旧制高校時代の西洋史と東洋史という二つの流れから戦後の高校世界史教科書が成立しようとする過程を明らかにする。第10章「世界史教科書と教科書検定制度」では新保良明が、自身の文科省教科書調査官としての経験を踏まえ、世界史教科書作成における検定の役割を位置付ける。第11章「官立高等学校「歴史」入学試験にみる「関係史」――その変遷と拡大」では奈須恵子が、旧制高等学校の対外関係史に関する歴史入学試験を検討することで、歴史教育における試験と同時代社会の展開の関連を示唆する。第12章「高等学校の現場から見た世界史教科書――教科書採択の実態」では矢部正明が、世界史教科書の消費者である高等学校という現場において、教科書がどのように受けとめられているのかをデータに基づき論じる。

大まかに言えば、第Ⅰ部と第Ⅱ部が世界史教科書の記述内容と執筆者に焦点を合わせており、他方で第Ⅲ部が教科書をめぐるステイクホルダーに光を当てている。本書は歴史学の論集である。執筆者の多数は歴史学者であり、それぞれが歴史学の手法を用いて対象を分析している。世界史教科書は歴史を記述した書物である一方、その教科書記述、教科書、教科書を支え、またはそこから派生する制度のいずれもが、幕末維新期以来の日本社会の歴史と不即不離の関係を持つ、すぐれて歴史学的な研究対象である。狭義には教育史という枠組みに収まるのかもしれないが、その問題系は教育制度、教育言説、教育理念などに留まることなく、日本社会固有の問題や日本と世界との関係性へと開かれている。巻末には世界史教科書に関する年表を添えている。

## 本書の経緯

本書に収めた以上の論考群は、それぞれ別個にすすめられた二つの共同研究が出発点となっている。

一つは二〇一四年度から二〇一五年度にかけて、長谷川修一を代表者とし二年間おこなわれた立教大学文学部人文研究センターの共同研究「世界史教科書の研究」である。この共同研究では、代表者である長谷川の差配のもと、研究者、現場教員、教科書会社社員らによる個別報告と討論が行われた。もう一つは二〇一四年度から二〇一六年度にかけて、小澤実を代表者とし三年間おこなわれた立教ＳＦＲ「グローバルヒストリーのなかの近代歴史学」である。この共同研究では、ナショナルな枠組みを超えたグローバルヒストリーという観点から、近代歴史学や歴史記述のありかたを考察することを目的としていた。その一環として近代における歴史教科書記述のありかたも課題の一部をなしていた。

これら二つの共同研究は、参加する研究者の一部が重なっていたこともあり、それぞれの協力関係のもとに二つのシンポジウムを開催した。

最初のシンポジウムは、二〇一五年三月四日に立教大学池袋キャンパスで開催された「高校世界史教科書記述・再考」（主催：立教SFR「グローバルヒストリーのなかの近代歴史学」、共催：立教大学文学部人文研究センター共同研究「世界史教科書の研究」）である。小澤の趣旨説明ののち、高校歴史教科書について研究面でも実践面でもリーディングな立場にいる桃木至朗による「新しい世界史叙述と歴史学入門を目指して〜阪大史学系の取り組みから」という基調講演がおこなわれた。その後、小澤実、上田信、貴堂嘉之が、世界史教育がはじまった当初から多くの頁数が割かれている西洋中世、中国、アメリカの記述にかかわる問題点を指摘した。

以上の成果をうけて、一年後の二〇一六年三月一九日に同じく池袋キャンパスにて開催された公開シンポジウム「高校世界史教科書の記述を考える」（主催：立教大学文学部人文研究センター共同研究「世界史教科書の研究」）では、長谷川の主旨説明を受け、二部にわたる報告が行われた。第一部「世界史教科書記述の「狭間」」では、中澤達哉と森本一夫がそれぞれ中東欧とイスラーム世界を、第二部「世界史教科書の歴史と教科書検定制度」では茨木智志と新保良明が、世界史教科書の成立と教科書調査官の役割を説く報告をこころみた。二〇一五年度のシンポジウムでの報告が、世界史教科書記述において従来から多くの頁が割り当てられてきた西洋中世、中国、アメリカの記述に見られる問題を取り上げたのに対し、二回目のシンポジウムでは、近年になって記述が厚みを増した中東欧史とイスラーム史を、第二部では、現行教科書記述を歴史化・構造化するために、戦後における世界史教科書の歴史と教科書検定制度の内実が論じられた。当日の報告全体は、立教大学のサイトにアップされている（http://www.rikkyo.ac.jp/bun/symposium160319.pdf）。

これら二度のシンポジウムのうち、総論的内容であった桃木の報告は、立教大学史学会の『史苑』に掲載し、その他の個別報告に手を加えた上で、長谷川、松岡、大西、奈須、矢部による寄稿をあわせ、全体を三部に分割した。巻末に掲載した明治以来の中等教育・高校世界史教育に関わる年表の作成にあたっては、茨木智志と奈須恵子の多大な助力を得た。

本書は、昨今目まぐるしく変転する世界史教科書の記述や世界史という科目を今後どうしていくべきかという問いに対する直接的な処方箋ではない。今現在高等学校で必修科目に指定されている世界史という科目において、すべての高校生が用いる教科書が、どのようなメディアであり、どのような問題をはらみ、またどのような可能性を持ちうるかを歴史学的に論じた論集である。現状に対してただちに「役に立つ」処方箋を期待する向きには、なぜ揃いも揃って「役に立たない」議論ばかりしているのかともどかしく思われるかもしれない。しかし、わたしたちがこれからの世界史教育を考えてゆくにあたっても、まずはそのテキストである世界史教科書に内在する問題を構造的に理解することが肝要ではないだろうか。

本書が、世界史教科書の記述のあり方についての議論に一石を投じ、さらには我が国における歴史認識と歴史学のあり方、国家と歴史記述との関係などといった問題にも議論の材料を提供できるとするならば、編著者として幸いである。

最後に。勁草書房の関戸詳子さんには、企画から完成に至るまで、大変お世話になった。執筆者を代表してお礼を述べたい。

二〇一八年五月

長谷川 修一・小澤 実

目　次

# 第Ⅲ部　高校世界史教科書の制作と利用

# 第Ⅰ部　高校世界史教科書記述の再検討㈠

## オリエントからアメリカへ

# 第1章　高校世界史教科書の古代イスラエル史記述

長谷川　修一

## はじめに

「出エジプト」という出来事について聞いたことのある読者諸兄は少なくなかろう。エジプトに寄留していた古代イスラエルの民が、そこでファラオによる奴隷的酷使に耐えかね、モーセという指導者のもと、エジプトを脱出してパレスチナの地へと移住したという出来事である。この出来事は、チャールトン・ヘストン主演の『十戒』やアニメ『プリンス・オブ・エジプト』、近年では『エクソダス――神と王』など、アメリカで何度も映画化されている。「出エジプト」の英語である「エクソダス」は、「〇〇を脱出すること」の意で「〇〇エクソダス」として、我が国でも広く使われてもいる。そのぐらいなじみ深い語となっているということだろう。その理由の一つは、この出来事が多くの高校世界史教科書に記載されていることにある。

これらの教科書を読み、また大学受験前にその内容を必死で暗記した高校生が、「出エジプト」を史実と考えても不思議ではない。彼らは、「世界史教科書」＝「史実を記したもの」＝「過去に実際に起こったこと」と短絡的に考えてしまうかもしれないのである。

世界史教科書には、「世間一般」に「史実」とされていることが数多く載せられている。現代史における事件なら、教員自身、場合によっては高校生自身が人生の中で体験したことが記述されている。その場合、自分でそれが「史実」であるかどうかを判断することがある程度可能である。

九・一一の事件は記憶に新しい。個々人の記憶だけでなく、当時の映像、新聞記事等の記録も多数残っているし、それらへのアクセスも容易である。また本書が出版された時点では、この事件を実際に体験した人の数も少なくない。それゆえ、この出来事が「史実」ではなかった、と考える人々はほとんどいまい(1)。このように広く一般に「史実」とされ、自身の体験にも裏打ちされていることが世界史教科書に記載されているなら、同じ教科書のそれ以外の部分にも「史実」、すなわち「過去に実際に起こったこと」が書かれている、と考えるのではないだろうか。

世界史教科書の裏表紙を開け、そこに記された執筆者陣の肩書を見ると、その多くは大学で歴史学を教えている教員であることがわかる。彼らは歴史のエキスパートであり、最新の研究成果にも通じていて、何が「史実」で何が「史実」ではないかを決定できる「権威」と一般に目されている。加えて、我が国には教科書検定制度もある。もし「史実」以外のことが世界史教科書に記されているならば、検定に合格しないだろうという予想も働くかもしれない。

このような事情から、教科書に載せられた出来事は、そこに、「と考えられている」「と伝えられている」などといった言葉がなければ（実際にはない場合が多い）、「史実」として専門家が確定したものと見えるのである。

しかし、現実はそうではない。少なくともそうではない例が少なくないのである。本稿では、世界史教科書の歴史記述の中から、筆者の専門である古代イスラエル史の記述について二点に絞り、それぞれの記述を確認したのち、各々の出来事の史実性に関して概観する。そして、なぜそのような記述が世界史教科書に記されるようになり、今日まで書き続けられてきたのか、その背景について考察したい。

# 一　高校世界史教科書の古代イスラエル史記述

今回本章を執筆するに当たり、現在実際に高校で使われている高校世界史教科書を七冊入手し、「出エジプト」についての記述を確認した。以下、「ヘブライ人」についての言及箇所を抜粋する。

## 1　「ヘブライ人」問題

これらの記述の大半は『旧約聖書』中の「創世記」と「出エジプト記」の記述に即している。「出エジプト」そのものの史実性[2]やモーセの実在性[3]についてはすでに拙著・拙論で詳しく述べているため、ここでは別の部分について考えてみたい。

「遊牧民であったヘブライ人」という表現は、『旧約聖書』中にちりばめられた、古代イスラエル人の祖先が「牧畜民」であった（「遊牧民」という語自体が適切とは言いかねる）という記述に拠っているものと思われる。

彼らは自らの祖先が牧畜を生業としていたと「創世記」に記しているが[4]、それは民族起源（ethnogenesis）を説明するための物語であって、たとえその背後に伝承の核となる何らかの「史実」があったにせよ、物語全体を「史実」とみなすことは不可能である。むしろ近年の研究は、「古代イスラエル人＝Israelites」と後に自らを考えるようになった人間集団（「原古代イスラエル人」＝proto-Israelites）[5]は、もともと南レヴァント（パレスチナ）にいた人々をその主流とする雑多な集団であったことを明らかにしている。

また、この「原古代イスラエル人」の大部分を占めていたのは牧畜民ではなく、定住農耕民であった。南レヴァントにおいて、紀元前二千年紀から紀元前一千年紀にかけての物質文化は、定住農耕民のそれである。

表1－1　高校世界史教科書の「ヘブライ人」についての記述

| 記載教科書情報 | 記　述 |
|---|---|
| 山川出版社『詳説世界史B改訂版』<br>二〇一七年発行、二二頁 | 遊牧民であったヘブライ人は、前一五〇〇年頃パレスチナに定住し、その一部はエジプトに移住した。しかしエジプトでは新王国のファラオによる圧政に苦しみ、前一三世紀頃に指導者モーセのもとパレスチナに脱出した（「出エジプト」）。 |
| 山川出版社『新世界史B』<br>二〇一四年発行、二五頁 | ヘブライ人は前一五〇〇年頃にこの地に定住し、一部はエジプトに移住したが、前一三世紀頃には新王国の圧政のため、モーセに率いられてエジプトから逃れ、パレスチナに戻った。 |
| 山川出版社『高校世界史B』<br>二〇一五年発行、一八頁 | ヘブライ人（ユダヤ人）は遊牧民であったが、パレスチナに定住し*（後略）<br>*に注があり、「一部はエジプトに移住したが、新王国の圧政に苦しみ、前一三世紀に指導者モーセにひきいられてパレスチナに脱出した（『出エジプト』）」とある。 |
| 実教出版『新訂版世界史B』（欄外）<br>二〇一七年発行、二九頁 | ヘブライ人とは他民族からのよび名であり、みずからはイスラエル人と称した。その一部はエジプトに移住してファラオに隷属したが、前一三世紀ごろモーセにひきいられて脱出し（出エジプト）、ヤハウェから「十戒」を授かったとされる。 |
| 帝国書院『新詳世界史B』（欄外）<br>二〇一六年発行、一七頁 | 「出エジプト伝承」<br>『旧約聖書』によれば、エジプトに移住し奴隷として使役されていたヘブライ人の一団が、前一三世紀頃預言者モーセにひきいられてエジプトを脱出し、シナイ山で神から十戒を授かったとされる。<br>「ヘブライ人」<br>これは他称で、彼ら自身はイスラエルと自称する。 |
| 東京書籍『世界史B』（コラム）<br>二〇一七年発行、三五頁 | オリエントの諸民族のなかで、ヘブライ人だけが一神教を信じた民族である。彼らは預言者モーセに率いられてエジプトを脱出したとする伝承をもち、その脱出を導いたのが唯一神ヤハウェであると信じていた（出エジプト）。 |
| 東京書籍『新選世界史B』<br>二〇一五年発行 | 記述なし |

（出典）著者作成。

また各時代の物質文化は直前の時代のそれを緩やかに継承発展しており、そこに大きな文化の断絶は見られない。つまり考古学的には、異質な物質文化伝統をもつ大規模な人間集団が外部から流入したとは考えにくいのである。そうなると、「古代イスラエル人」が、南レヴァント外部からやってきて定住するようになった牧畜民であったという想定は難しくなる。

確かに「ヘブライ人」という呼称は、『旧約聖書』中、他民族集団が「古代イスラエル人」を呼ぶ際に用いている言葉である。[6] ただし、この呼称は『旧約聖書』中でのみ使われている用語であり、実際に当時の「古代イスラエル人」の周囲にいた人々が彼らを「ヘブライ人」と呼んでいたという同時代の文献学的証拠はまったくない。つまり現在のところ、この呼称は、物語をアルカイックなものとして演出する、『旧約聖書』特有の擬古的用語としか考えられないのである。[7] 無論、それが擬古的用語であるということ自体、その内実こそ不明ではあるものの、歴史的に「ヘブライ人」という呼称が存在したことを暗示していると見ることもできよう。しかし、それはあくまで仮説であるのだから、過去にそのような呼称をもつ人々がさも実在していたかのように世界史教科書に記すことは避けねばならないだろう。

「ヘブライ人」（あるいはイスラエル人）と「ユダヤ人」との同一視もできない。「ユダヤ人」という呼称は、「ユダヤ」と呼ばれる地に住む住人を指す言葉として使われるようになったのであり、したがって地名の登場（ヘブライ語の「ユダ」がギリシア語訳からラテン語に入ったことにより出現した）よりも時代を遡ることはあり得ない。[8] 百歩譲って紀元前六世紀はじめに滅んだ「南ユダ王国」の住民を「ユダ人」ではなく「ユダヤ人」と呼ぶとしても、王国ができる前の人々を「ユダヤ人」などとは呼べないのである。要約すれば、「ヘブライ人」は現在のところ実在の確かめられない架空の人間集団の呼称であり、それは『旧約聖書』を記した人たちの祖先の他称である。その「ヘブライ人」と実在した他称・自称である「ユダヤ人」とを同一視することは、次元の異なる二つの人間集団を同一のものと考えることとなり、したがって不可能と言わざるを得ない。

次に定住の年代について考えてみよう。南レヴァントに存在し「イスラエル」と呼ばれる人間集団に史上最初に言及しているのは、紀元前一三世紀末に作成されたエジプトの王碑文である[9]。それより古い史料には「ヘブライ人」も「イスラエル人」も言及されない。また、上に述べたように、前一五〇〇年の前後で物質文化に外部からの大きな影響を示すような要素は見られない。したがって、定住の年代として「前一五〇〇年頃」はあり得ない。その「一五〇〇」という数字にも、「定住」という事象にも、何ら史料的根拠はなく、ただ「創世記」の記述を鵜呑みにした歴史理解に、エジプトからヒクソスが追放された時代、あるいは後期青銅器時代のはじまりの年代を当てはめただけのことであろう。

「一神教」という言葉についても考えてみたい。果たして、「オリエントの諸民族の中」で、「ヘブライ人だけが一神教を信じた民族」なのだろうか。実はこの記述も今日の学界のコンセンサスとは相容れない。『旧約聖書』を記した人々がいわゆる「一神論」を表明するようになったのは、どんなに早くても王国時代の末期で、それはとりわけバビロン捕囚を契機として深められた概念であることに、もはや疑問の余地がない[10]。また、より正確に言えば、この時代に「一神教」が存在するようになったのではなく、それまでも崇拝されていたヤハウェという神以外の神を否定する思想が表出した、ということにすぎない[11]。そもそも「一神教」という概念を安易に古代に適用することの妥当性についても再考されねばならない[12]。「一神教」という概念の背後には、「多神教」対「一神教」という二項対立的構図が、さらに、「一神教」がより優れている、という西欧的価値観が隠れていることも見逃してはならないだろう。

## 2　ダビデとソロモンは実在したか

次に、やはり多くの世界史教科書に記述があるダビデ（ダヴィデ）とソロモンの時代について、その記述を見てみよう。

表1-2　高校世界史教科書の「ダビデ（ダヴィデ）とソロモンの時代」についての記述

| 記載教科書情報 | 記　述 |
| --- | --- |
| 山川出版社『詳説世界史B改訂版』二〇一七年発行、二二頁 | ヘブライ人は統一王国の基礎を固め、前一〇世紀頃にはダヴィデ王とその子ソロモン王のもとに栄えていたが、ソロモン王の死後、国は北のイスラエル王国と南のユダ王国に分裂した。 |
| 山川出版社『新世界史B』二〇一四年発行、二五頁 | 前一〇〇〇年頃にヘブライ人は王国を建て、ダヴィデ王とソロモン王の時代に繁栄したが、ソロモン王の死後に王国は北と南に分裂し（後略）。 |
| 山川出版社『高校世界史B』二〇一五年発行、一八頁 | ヘブライ人は（中略）前一〇〇〇年ころに王国をたててダヴィデ王・ソロモン王のもとで全盛期をむかえた。のち王国は南北にわかれ（後略）。 |
| 実教出版『新訂版世界史B』二〇一七年発行、二九頁 | ヘブライ人は、（中略）前一一世紀にはイェルサレムを都に王国をたてた。ヘブライ王国の最盛期はダヴィデとソロモンの時代といわれる（後略）。 |
| 帝国書院『新詳世界史B』二〇一六年発行、一七頁 | ヘブライ人は、農耕や牧畜を行いながらパレスチナ内陸部に分散していたが、「海の民」の一派であるペリシテ人に対抗するため、前一一世紀末に諸部族が連合し王国を形成した。ダヴィデ王のときイェルサレムを都とし、その子ソロモン王はその地に壮大な神殿を建造した。支配領域を拡大し経済的にも繁栄したが、ソロモン王の死後、王国は南北に分裂した。 |
| 東京書籍『世界史B』（コラム）二〇一七年発行、三五頁 | ヘブライ人は、シリア南部で活動しはじめ、前一一世紀末には王国を建設した。ダヴィデ王とそれにつづくソロモン王の時代にはイェルサレムを中心に繁栄した。彼らは隊商交易を組織し、紅海の海上交易を開拓したが、前一〇世紀末には王国は北のイスラエル王国と南のユダ王国に分裂した。 |
| 東京書籍『新選世界史B』二〇一五年発行、二二頁 | ヘブライ（イスラエル人）は、各地を移動する生活をしたのち、パレスティナに定住し、ヤハウェを唯一の神とする信仰を形成した。彼らは、前一一世紀にエルサレムを都とする王国をたてた。 |

（出典）著者作成。

これらの記述は『旧約聖書』の「サムエル記」と「列王記」の記述に拠っている。「前一一世紀」または「前一〇世紀」に王国が建設されたことを示す同時代の史料も、それを確実に裏付けるような考古学的資料も未だ見つかっていない（この数字自体基本的には『旧約聖書』の年代データを用いて導き出したものである）。それら『旧約聖書』中の書物によれば、ダビデは外敵を平らげ、彼の王国はその子ソロモンの時代までには広大な勢力範囲を築いていたとされる。ソロモンはエジプトの王女を后として迎えたという記述もある。エジプトほどの大国が王女を婚姻に差し出すような関係ということとなれば、その国力はうかがい知れよう。信憑性はさておき、エジプトから王女を他国に嫁がせることはなかったと語る史料すらある[13]。

しかし、これほどの勢力を誇ったと伝えられるダビデとソロモンであるが、同時代のいかなる文献史料にも彼らの名は言及されていない[14]。首都とされるエルサレムではこれまで百年以上の長きにわたって発掘調査が行われてきたが、これまで当時の栄華の様子を伝えるような成果はほとんど上がっていない。先代サウルとダビデ、その息子ソロモンの時代を「統一王国時代」と呼んでいるが、このような理由から、この「統一王国」に関する『旧約聖書』の記述の歴史的信憑性については、近年大いに疑問視されている[15]。「統一王国」の栄華の記述の大部分は、北イスラエル王国が滅亡した後、ダビデ王朝の王を戴く南ユダ王国が、北の亡民に呼びかけて再び「統一」を達成するために創ったフィクションであるという見解もある。

隊商交易や海上交易に裏打ちされたソロモン王の繁栄という記述もまた、「列王記上」の記述にのみ基づくものであり、それを示す文献史料も考古学的資料もない。ソロモンによると言われる壮大な神殿の建設も、無論それがあったと言われる場所が発掘できないためにその存在自体を否定することはできないが、現段階では伝説に過ぎないのである。

他方、「『海の民』の一派であるペリシテ人に対抗するため、前一一世紀末に諸部族が連合し王国を形成した」というのは、シナリオとしてあり得ない話ではない。「海の民」の一派が紀元前一二世紀ごろにパレスチナ沿岸部に移住してきたことは、考古学的に裏付けられている。それまでクレタ島などで見られていた物質文化がこのころに同地域に出現するようになるからである。そしてそれは同地で独自の発展を遂げていく。こうした文化が認められる地域は『旧約聖書』が「ペリシテ」の地と伝える地域と重なっていることから、その文化の担い手を「ペリシテ人」と呼ぶことは妥当であろう。

しかし、「諸部族連合」の存在については、『旧約聖書』以外の史料的裏付けは得られていない。この歴史記述が依拠しているのは、古代イスラエルがかつて一二部族に分かれており、それらが連合して外敵と対峙した、という『旧約聖書』の「士師記」と「サムエル記」の記述である。北イスラエル王国と関連する「ガド」と呼ばれる人々の集団が今日のヨルダン王国の一地域にいたことは、紀元前九世紀に作成された「メシャ碑文」に記されている[16]。ガドは一二部族の一つとして『旧約聖書』に言及されており、また、碑文の地理的文脈は『旧約聖書』中に記された、その部族の定住範囲と重なっている。

しかしその他の集団について言及する同時代の文献史料は見つかっていないことから、この一つをもって、他の一一部族も存在したと言い切ることはできない。そもそも「一二」という数字は『旧約聖書』の中で「完全」を表す象徴的な数字の一つであり、本当に一二の部族が存在していたとは考えにくい。諸部族連合が存在したという記述は、一二部族が月替わりで共同聖所の責任を負った、という二〇世紀初頭に一世を風靡した「アンフィクティオニー仮説」の影響が未だ色濃く残っている結果とも言えよう。今日これを真剣に唱える研究者はほとんどいない。したがって、たとえ実際にペリシテ人がその時代に存在したという事実があっても、「ペリシテ人に対抗するため諸部族が連合し王国を形成した」という記述の大部分は、王国成立の原因譚として記された「サムエル記」の記述に基づいているものであるため、そのまま史実として受け入れることは難しいのである。

以上、現在の高校世界史教科書に記載されている古代イスラエル史の記述について、特に二点に絞ってその史実性を概観した。それらのほとんどが『旧約聖書』の記述をほぼ無批判に受け入れている結果であることをご理解いただけたことと思う。

## 3　『旧約聖書』の歴史を教える意味はあるか

『旧約聖書』は、後にユダヤ人と言われる人々が、自分たちのアイデンティティの拠り所として記した文学作品の集成である。そこで語られる彼らの過去は主として、自らのアイデンティティ形成の目的を果たすためのものであるから、そのすべてを「史実」とみなすことは当然できない。

現代のイスラエル国家は、「二千年にわたる離散の悲劇を乗り越えてユダヤ人が建設した国家」を標榜している。二〇世紀に国家をパレスチナに築くにあたり、当然ながらそれをパレスチナに建設することの正当な理由が、少なくとも自分たちにとって正当だと信じられる根拠が必要であった。そこで『旧約聖書』に記された「歴史」が利用されたことは想像に難くない。考古学もまた、かつてそこにユダヤ人が住んでいたこと、『旧約聖書』に記された古代イスラエルの歴史が「史実」であったことを「証明」するために利用された時代があった。

したがって、現代のイスラエルに住むユダヤ人が『旧約聖書』に記された「歴史」を「史実」として自らの子どもたちに教えるのなら（その是非を問わないならであるが）、そうすることの意味はまだしも理解できる。しかし、なぜ我が国で彼らの自己理解的な「歴史」をあたかもそれが「史実」であるかのように教えねばならないのか。初期イスラームについての「歴史」も然りである。そうすることによって、彼らの「公式」な

「歴史」を無批判に受け取ってそれを再生産しているのだ、ということを、我が国の歴史教育関係者はどれだけ自覚しているのか。

ユダヤ人の自己理解的な「歴史」など我々は知る必要がない、と言っているわけではない。知識として知っていくことは、無駄にはなるまい。しかし、それを実際に過去に起こったこと、という文脈において高校で教えることには疑問を感じざるを得ない。『旧約聖書』に親しんでいるはずの現代のユダヤ系イスラエル人の中にも、「出エジプト」をそのまま過去に起こった実際の事件と考えない人々が、特に高等教育を受けた人々の中では少なくないのである。

## 二　古代イスラエル史記述の背景

以上、高校の世界史教科書にどのように古代イスラエル史が記述されているのか、そしてそれらの事件がいかに『旧約聖書』の記述に全面的に依存しており、実証されてはいないのかについて概観し、古代イスラエル史を我が国で「史実」として教えることの意味についても考察した。

では、古代イスラエル史上の出来事とされるこれらの事件が、その史実性に実証的根拠がないにもかかわらず未だに世界史教科書に掲載されている理由はどこにあるのだろうか。この背景には、以下の四つの要因が想定される。

### 1　四つの要因

一つは、教科書採択のシステムである。日本において、高校の教科書は教科書会社によって出版され、各高校が採択を決定する。高校教員は、教科書の内容に大幅な変更が加わることに難渋を示すことが多いという。そのため、採択率低下が社の存続にかかわる教科書会社は、改訂の際、最低限の記述変更にとどめる傾向が高いようである。

二つ目の要因は、古代イスラエル史が世界史教科書に掲載されるそもそもの理由と関係する。学習指導要領によれば、世界史Bの目標の一つは、「世界の歴史の大きな枠組みと展開を（中略）理解させ」ることにある。この目標に照らせば、古代イスラエル史も「世界の歴史の大きな枠組みと展開」に含まれることになろう。世界史教育に教養教育としての側面があるとすれば、ユダヤ教からキリスト教へと歴史的に展開する「一神教思想」の基盤となったとされる古代イスラエル史の大きな流れに、教科書で触れる意味はまだ理解できる（これが西欧至上の文明史観に基づく「発展」の流れであることには留意すべきである）。それはある種ステレオタイプな「出来事」としての理解であり、そこでは専門家による厳密な研究成果を紹介することよりも、現在一般に「史実」であったと了解されていることを教えればよい、ということになる[17]（第三節参照）。

三つ目の要因は、こうした記述の史実性が十分にチェックされていないことにある。我が国において古代イスラエル史研究は、もっぱら旧約聖書学者が主翼を担ってきた経緯がある[18]。旧約聖書学者は、『旧約聖書』という書物の形成に関心がある。そのため、『旧約聖書』がどのような「歴史」の中で形成されたかということを究明するために、古代イスラエル史の研究にひとかたならぬ関心をもつであろう。しかし、中国文学者が往々にして中国史家ではないように、旧約聖書学者も古代イスラエル史家ではない。旧約聖書学者の多くは元来歴史家としての訓練を受けていないのである。こうした背景から、近年までの古代イスラエル史研究では、史料批判を厳密に行わないまま、『旧約聖書』の本文のみを史料として過去の歴史を再構成する傾向が著しく見られた。

さらに、旧約聖書学者の研究は、学問分野として「文学」もしくは「宗教学」に分類されることが多い。そのため、彼らの多くは、世界史教科書執筆に主体的に携ることはほとんどなかったと推測される。そうであれば、大学入試問題作成等において世界史を担当する機会も限定的であっただろう。そのため、上記の問題の存在を知る機会自体が限られていたものと思われるのである。

四つ目の、そしておそらく最大の要因は、多くの教科書執筆者が、これら「古代イスラエル史」の記述が信頼に足るものであるのかどうか、厳密に検討したことがないことにあろう。その責の一端は、古代イスラエル史を研究する筆者のような人間にある。上記三つ目の要因と密接な関係があるが、信頼に足る古代イスラエル史についての情報を、（「宗教」に分類されがちなキリスト教系出版社からではなく）「歴史」の書棚に分類されるような書籍の形で発信するべきであろう。

こうした四つの要因が複合的に働いて、『旧約聖書』の記述に全面的に依存した教科書記述が現在に至るまで「保存」されてきたのである。

## 2　日本における「世界史」の区分

特に上記三番目の要因に関連して考えねばならないのは、我が国における歴史学の枠組みの問題である。[19]日本は明治以降、ヨーロッパにおける歴史学の枠組みを導入した。その際、西洋史と東洋史という枠組みを独自に解釈し、それにさらに国史（日本史）を加えた三つの「地域的」枠組みによって世界史を地理的に分断し、理解しようとしてきた。

「西欧」的文明史観に立って見れば、古代イスラエルを含む「古代オリエント史」は、古代ギリシア史の源流ともなった地域の歴史である。そのため我が国においてもそれは、西欧における同様、西洋史の中に位置付けられていた。他方、我が国の伝統的な歴史学において、「イスラーム」以降の同地域の歴史は東洋史の範疇で語られる、という現象が起きていた。これは西欧が古代オリエントにその文明の源流を見ると同時に、イスラームを「他者」と認識したことに基づいている。元来、西欧において「東洋」とは、自己とは異なる異質な「他者」を指す概念であった。

日本は地理的には「東洋」に分類されるにもかかわらず、明治時代においてこの西欧的「東洋」理解をほぼ無批判に受容した。しかし同時に、自らを「東洋」とは区別する歴史学の枠組みを技巧的に編み出し、それを今日に至るまで脈々と継承してきたのである。そこには、近代国家として西欧に並ぼうと必死に突き進んだ先達の苦労が垣間見えるとともに、他の「東洋」諸民族への民族的優越感や「東洋」における「先進国」たらんとする自負もまた透けて見える。

こうした、無批判的にも見える「西欧」歴史観の受容は、一九七〇年代になってようやく見直されることとなる。「オリエント史」は「北アフリカ・西アジア史」の中で記述されるようになったのである。しかし、それでもイスラーム以前と以後のギャップは存在している。日本を代表する歴史学系学会である史学会は毎年「回顧と展望」を『史学雑誌』に掲載して、精力的に我が国の歴史学の成果を網羅的に概観しているが、そこでも「オリエント史」は「西洋史」の範疇に入れられたままである。「西欧」の文明史観の呪縛からの解放には、まだ幾ばくかの時を待たねばならないようである。

我が国ではまた、第一節の1で触れた通り、「一神教」という西欧的概念をも無批判に受容してきた。一九八〇年代以降、『旧約聖書』に基づく人間と自然との二項対立化、前者による後者の支配の正当化が西欧の人間中心主義を生み出し、ひいては環境破壊へとつながっているのだ、という主張が、西欧内部でも声高に叫ばれるようになった。時を同じくして我が国の一部の論客らも盛んに「日本古来」の伝統的・アニミズム的自然観の在り方を再評価するようになった[20]。とは言え、これらの主張は、必ずしも『旧約聖書』の自然観を全体として見たときに妥当なものとは言えないし[21]、それが西欧中心の文明史観の克服につながっているとは残念ながら言い難い。

## 三　「史実」とは何か

「はじめに」では世間一般が「史実」としていることを世界史教科書は記載している、と書いた。同時にここまで「史実」という言葉を、「過去に起きたこと」という意味で一貫して使ってきた。この点について説明が必要であろう。

厳密に言えば、「史実」という概念には二つのレベルが存在しており、それらは峻別されねばならない。一つは、「過去に起きたこと」という意味での「史実」、もう一つは、「過去に起きたとして多くの人々が了解していること」としての「史実」である。そして二つ目のレベルの「史実」は「現在」の事情によって変わり得るものである[22]。

裁判を例にとって考えてみよう。刑事裁判において検察側は、過去に起きた犯罪を立証しようとする。被告人の有罪を確定させるためには、有力な物的証拠や目撃証人の証言が必要である。しかし、そうした証拠や証言が必ずしも過去に起こった犯罪を正しく証明するとは限らない。事の是非はともかく、証拠の捏造も、偽証もあり得る。結局のところ、裁判官を納得させるに足るような証拠と証言があれば、被告人の有罪は確定し得る。

それでも時々、冤罪であったというニュースが出回る。複数の裁判官によって、場合によっては控訴によって三度まで厳正に行われるはずの裁判といえども、過去に起こった事件を立証することは難しいのだということをうかがい知れよう。そうした裁判であっても、ひとたび有罪が確定すれば刑罰が科される。権威ある人たちが過去に起こったと判断したことが、実際に力をもって、目に見える行為の形を取るのである。歴史家による歴史研究はこの意味において、裁判の過程と似ていると言えよう。だからこそその責任も重い。

歴史教科書というものを、同時代の我が国で「史実」と考えられていることを高校生に教える教材、と捉えるならば、世界史教科書で古代イスラエル史を教えることはあながち無意味とは言えない。ただし、それが明らかに一般的に「史実」と認められていない場合には、それが「伝承」であることに言及すべきだろう。古代イスラエル史のように、国内にあまり専門家がいない地域・時代のことを扱う場合は特に注意が必要である。「なんとなく」「これまで」「史実」と認められてきたことが、しっかりとした執筆・確認体制が整備されていないことにより、上記のどちらの意味においても「史実」として再生産されてしまっているのである。

こうした事実を踏まえ、教科書執筆者の責務として次の三点を指摘したい。第一に、同時代において「史実」とされていることは何かを把握すること。そのために、自分の専門外のことについては、それを専門とする人間、少なくともより専門に近い人間に記述をチェックしてもらえるシステムを教科書会社とともに構築すべきである。第二に、これまで広く「史実」とされてきたが、その史実性に疑問が生じていることについては、それに言及する場合、「広く○○と考えられているが……」「従来○○と考えられてきたが……」などという説明を加えること。第三に、歴史記述が、どのような史料に基づいているのかについて、またその史料の信ぴょう性についても触れること。紙面の都合もあるので、これらすべてを行うのは難しいかもしれないが、できる限り実施することが望ましい。

教科書を用いて歴史を教える高校教員にできることもある。第一に、史料自体を読ませ、史実性の考え方について高校生に考えさせること。第二に、（すでに多くの教員がそうしているが）歴史学界の最前線にアンテナを張り、それを授業に還元すること[23]。第三に、教科書の記述がそもそも「過去に起きたこと」という意味での「史実」だけを書いているわけではないことをはっきり述べること、である。

文科省にも改善してもらわねばならない点がある。教科書という性質の書物の流通に市場原理を持ち込むことの是非について再考してもらいたい。また、仮に現行のような検定システムを続けるとするならば、（教科書）調査官の数を大幅に増やし、より広い分野の歴史記述をカバーできるようにせねばならない。ただし、これらの増加分の調査官の大半は非専任でもよいだろう。検定時のみに雇用する形なら実現可能ではないだろうか。そもそも国は、もっと教育に投資すべきである。教育に投資し、優れた若い人間を育てることを真剣に考えない国家にどんな未来があろう。

さらに重要なのは、歴史教育全体のあり方である。昨今、巷間では大学入試制度改革が取り沙汰されている。この問題は歴史教育にも大いに関係がある。これからの時代を切り拓いていく人材を育成するためには、単に過去に関する知識の量を問うだけでは十分ではない。史料を読ませ、歴史的思考能力を問うような教育に転換していく必要があろう。そのためには、大学の史学科等で行っているような、史料読解・史料批判の方法を教えねばならない。

ただし、このような一大改革は一朝一夕にできるものではない。大学教員・高校教員・教科書会社（そして予備校等の関係者）らの負担が極端に増えないよう、漸次的に行われることが望ましい。場合によっては、高校の成績をレポートで評価する制度を設けてもよいのではないだろうか。いずれにしてもすべての関係者が議論を開始し、今すぐにでも、できることから着手すべきである。

## おわりに

「史実性」の判断は、歴史記述を読む側にも委ねられている。[24] 歴史学における客観性の担保の問題については、歴史教育に携わる人間すべてが自覚せねばなるまい。

本章で扱った、世界史教科書の古代イスラエル史の記述は言わば西欧至上的文明史観の残滓とも言える。この記述は、歴史教科書に記述されるべき「史実」についてだけでなく、我が国において西欧由来の歴史観がいかに無批判に受容され、いかにそれが十分な点検なしに継承されてきたかということ、また、今日の歴史教科書検定制度の弱点、そして歴史教育そのもののあり方、といった様々なことについて考えるための材料を提供してくれる。

高校における歴史教育は、大学を受験する人間だけが受けるものではない。現在九七％を超える高校進学率を考えると、日本に住んでいる人々の多くが高校において歴史教育を受けていることになる。大学を受験する高校生の中には、歴史を受験科目に選ばない者も少なくない。そのため、歴史教科書の内容をまず受験ありきでデザインすることはあってはならないし、そもそも学習指導要領でも受験については触れられていないのである。

高校の歴史教育において大切なことは、高校生が「歴史の力」に気づき、それを考えることの重要性について学ぶことなのではないだろうか。受け売りの「歴史の流れ」をつかむことにも一定の価値はあろう。しかし、あまりの情報量の多さに圧倒され、歴史を学ぶことの面白さを覚えずに卒業してしまっては元も子もない。そのためにも、関係者が膝と膝を突き合わせて今後の歴史教育のあり方、歴史教科書のあり方、そして大学受験のあり方について議論する場が必要なのである。

本論考が、今後の我が国の歴史教育と歴史学界の発展に何らかでも寄与することを願ってやまない。

**註**

(1) 無論、それがなぜ、どのように起こったのか、という点については複数の見解があり得る。

(2) 長谷川修一『聖書考古学――遺跡が語る史実』中央公論新社、二〇一三年、九五～一三一頁。長谷川修一「特輯『聖書学・歴史学・考古学』に寄せて」『古代文化』第六八巻第三号、二〇一六年、三二～七一頁。

(3) 長谷川修一「モーセ―『古代イスラエル』のスーパーヒーロー?―」『キリスト教学』第五七号、二〇一五年、一～二四頁。

(4) 「創世記」には「古代イスラエル人」の祖先とされるアブラハム、イサク、ヤコブなどのいわゆる「族長」(「父祖たち」とも)にまつわる物語が描かれているが、彼らは羊などの家畜を連れてパレスチナをめぐり、天幕に住む牧畜民として描かれている。

(5) 無論古代のイスラエル人が自らを「古代イスラエル人」と認識した、ということはあり得ない。この用語の使用はIsraelitesを「古代イスラエル人」、Israelisを「(現代)イスラエル人」と訳さざるを得ない現代の事情による。また「イスラエル」という名称そのものも、いわゆる北イスラエル王国が滅んだ後、南ユダ王国の人々とその子孫たちがそのアイデンティティを引き継いだことに由来する。『旧約聖書』はそれらの人々によって書かれた書物であり、「イスラエル」という言葉が一種の政治的・民族的プロパガンダ的響きを有していることに留意されたい。

(6) 他方、古代イスラエル人自身が他集団の人間に向かって自らを「ヘブライ人」と名乗る箇所もある。「創世記」四〇章一五節、「出エジプト記」一章一九節、二章七節、「ヨナ書」一章九節など。

(7) 「ヘブライ人」という呼称は王国時代ごく初期までの物語にしか使われていないことに注目されたい。「創世記」「出エジプト記」以外で「ヘブライ人」という呼称が物語中で用いられるのは「サムエル記上」のサウルとペリシテ人たちの戦いの場面のみである。ただし、「サムエル記上」一四章二一節では「ヘブライ人」も「イスラエルの軍に加わった」

とあり、「ヘブライ人」＝「イスラエル人」という図式にそぐわない。

(8) 長谷川『聖書考古学』、一九二頁。

(9) 歴史学研究会編『世界史史料集1——古代のオリエントと地中海世界』岩波書店、二〇一二年、七二〜七三頁。長谷川『旧約聖書の謎』、五四〜五五頁。

(10) 上村静『宗教の倒錯——ユダヤ教・イエス・キリスト教』岩波書店、二〇〇八年、六七〜六八頁。山我哲雄『一神教の起源——旧約聖書の「神」はどこから来たのか』筑摩書房、二〇一三年。マーク・S・スミス「古代イスラエルにおける一神教と神の再定義」『一神教学際研究』九、二〇一四年、三〜二一頁。エリザベス・ブロッホ＝スミス「古代イスラエルの一神教をめぐる問い—考古学とテキストの間で—」『一神教学際研究』九、二〇一四年、二二〜三二頁。

(11) そうした思想はバビロン捕囚以前から存在したと思われるが、その起源自体を『旧約聖書』やごくわずかしか残っていない他の文献史料・考古資料から裏付けることは甚だ困難である。

(12) スミス「古代イスラエルの一神教と神の再定義」。

(13) 池田裕『古代オリエントからの手紙——わが名はベン・オニ』リトン、一九九六年、一六二〜一八二頁。歴史学研究会編『世界史史料1』、三七〜三九頁。なぜ信憑性に疑問符が付くかと言えば、この史料は、異国の王からの「王女を后として送って欲しい」という依頼に対するエジプト王（アメンヘテプ三世）の返信で、そこに記された「エジプトでは王女を外国に嫁がせたことがない」というエジプト王の主張は、王女をその国にやらないための言い訳に過ぎないかもしれないからである。

(14) ダビデの名は、彼が生きていたと想定される紀元前千年前後からおよそ一五〇年後に刻まれたアラム語の碑文史料に見える（歴史学研究会編『世界史史料集1』、七八〜七九頁）。その碑文は、北イスラエルと南ユダと戦ったアラム人の王によって作成されたもので、そこに見える「ダビデの家の王」は当時の南ユダ王国の王を指していると考えられている。「〇〇の家」という表現は、「〇〇」なる人物がその王朝の創始者として当時目されていたことを指すのであり、厳密にいえば「〇〇」なる人物が歴史的に存在していたことを指すわけではない。つまりこの碑文は、ダビデが史上の人物であることの証左にはなり得ないのである。詳しくは長谷川『聖書考古学』、一五〇〜一五五頁を参照されたい。

(15) イスラエル・フィンケルシュタイン&ニール・シルバーマン（越後屋朗訳）『発掘された聖書——最新の考古学が明かす聖書の真実』教文館、二〇〇九年。

(16) 歴史学研究会編『世界史史料1』、七四〜七六頁。
(17) 無論、実際の教育現場においては、教科書をある程度相対化して授業がなされているのも事実である。
(18) 長谷川修一「文献学と考古学—古代イスラエル史の方法—」上智大学キリスト教文化研究所編『聖書の世界を発掘する——聖書考古学の現在』、リトン、二〇一五年、一四七〜一七二頁。
(19) 長谷川「文献学と考古学」、一五二〜一六一頁。
(20) 月本昭男「『原初史』にみる人間と自然」旧約聖書翻訳委員会編『聖書を読む——旧約篇』岩波書店、二〇〇五年、一〜二五頁。
(21) 月本「『原初史』にみる人間と自然」。
(22) 長谷川「文献学と考古学」、一四七〜一五二頁。
(23) 古代イスラエル史の最前線の研究が歴史学界の表に現れにくい理由については拙稿を参照されたい。こうした構造的問題については筆者を含め、古代イスラエル史研究に取り組む側にも努力が求められる。
(24) 小田中直樹「言語論的転回と歴史学」『史学雑誌』一〇九巻九号、二〇〇〇年、一六八六〜一七〇六頁。小田中直樹『歴史学ってなんだ?』ＰＨＰ研究所、二〇〇四年。

# 第2章　古代と近代の影としての中世ヨーロッパ

小澤　実

## はじめに

わたしを含む研究者は、大学教員として担当する講義において目の前にいる学生に対し、「あなたたちは高校の世界史教科書でこのような内容を学んできたかもしれない。しかし現在の研究成果に基づけば、これまで学んできた歴史像とは別の歴史像をあなた方に提示することができます」というような言い方をしばしばする。その時、わたしたちは、高校世界史教科書の記述を仮想敵、仮想敵といって悪ければ時代遅れの記述として揶揄の対象としている。そこに描かれている記述内容が必ずしも間違っているわけではないにせよ——間違っているものもある——、その記述に際して選択される事実とその事実に基づいて構築される歴史像が、わたしたち研究者が普段接している学説、もしくは研究者個人が学生に理解して欲しいと考える歴史像と大きく異なるからである。

もちろん高校世界史教科書は、素人が執筆しているわけではない。学識ある研究者や研究熱心な高校教員によって研究の最前線を十分に反映し得た記述が用意されている地域や時代もある。ここ十年で言えば、中央ユーラシアや海域アジアの記述などの充実は目を見張るものがある。世界史教育への危機感や高大連携という言葉が行政文書やマスコミを席巻する現状にあっては、以前にも増して状況は好転しつつあるといってもよいだろう。しかし、こと中世ヨーロッパ該当部に関して言えば、研究の場と高校世界史記述の対応の試みが、その他の時代や地域に比べて遅いのではないかという印象が拭えない。この印象をひきおこす高校世界史教科書の中世ヨーロッパ該当部に関する問題は、単純に研究の現場と実際の教科書記述との間に歴史的事実とその解釈をめぐるズレが認められるにとどまらない。そこにはさらに深い問題があるように思われる。

本稿では、高校世界史教科書における中世ヨーロッパ該当部が孕む問題をいくつか指摘するにあたって、世界史Bを検討対象とする。桃木至朗が指摘するように、高校におけるより平均的な世界史認識を論じるためには、発行部数と採択件数の多い世界史Aを課題とするのがふさわしいのかもしれない[1]。しかしそもそも前近代より大きな比率で近現代史にページが割り当てられている世界史Aでは、中世ヨーロッパ該当部に見える歴史認識を検討するだけの十分なページ数を確保することが困難である。そのような理由により以下の議論では、便宜的に世界史Bを検討する[2]。

## 一　執筆者の問題

最初に、執筆者の問題に触れておきたい。

わたしが確認する限り、二〇一四年四月時点に刊行された現行世界史教科書で、専門性のある現役ヨーロッパ中世史家が該当部を執筆しているのは、ドイツ中世史を専門とする千葉敏之による『新世界史』（山川出版社）ならびに教会史家の青山公彦による『新詳世界史B』（帝国書院）の二冊である。とりわけ前者は、グローバルヒストリー研究に基づく「新しい世界史」を標榜する近世史家の羽田正が編者のひとりをつとめており、従来の高校世界史教科書と比較するならば、構成・文量・記述内容のいずれにおいても大胆である。

構成においては古代・中世・近世・近代・現代という五つの時代で世界史を輪切りにし、分量においては他の教科書の一・五倍ほどの文字数を許容し、記述内容においても他の教科書では取り扱わない固有名詞や歴史用語を採用している。大学用教養課程の教科書と見まがうばかりの本書をもちいて、学習指導要領に沿い、なおかつ受験に有効な指導ができるかどうかは、教師ならびに生徒双方の能力にかかっているように思われる。教皇や宗教運動の役割を強調した千葉の記述も、従来型の教科書記述に馴染んだものからすれば、斬新である。現状ではこの『新世界史』の採択率は必ずしも高くないが、それは、従来型の歴史認識に馴染んだ大多数の高校教員を安心させる古典的記述内容をもつ『詳説世界史B』を抱える山川出版社だからこそ可能となった、実験的な高校世界史教科書記述であるといえるかもしれない。

各出版社の教科書において、どの執筆者がどの箇所を担当したのかということは明記されていない。しかし、少なくとも隣接した時代の執筆者が記述しているという仮定に立てば、『詳説世界史』（山川出版社）では古代史家の橋場弦とイギリス近代史家の青木康、『世界史B』（東京書籍）ではフランス近代史の福井憲彦、『世界史B』（実教出版）では古代史家・キリスト教史家の松本宣郎とフランス近代史家の松浦義弘が候補としてあがる。それぞれに専門の時代を超えて議論を展開することのできる、実績ある射程の広い歴史家とはいえ、中世を専門とするわけではない。

もちろん、およそ五〇〇年から一五〇〇年まで千年間と規定される中世を二分割し、中世前半を古代の延長、中世後半を近代の前提とするならば、経済成長が上昇局面に転換するとされる一一世紀を境に、古代史家と近代史家が執筆する意味は十分にある。加えて言えば、少数の著者が長いスパンを担当することによる視点と記述の一貫性も担保される。しかし、視点と記述の一貫性は担保される代わりに、当該時代の独自性・一体性と専門性は犠牲にせざるを得ない。もちろん執筆者は、専門が違うからといって中世史の研究を参照していないわけではないだろう。問題は、自分が専門とする時代との関連で中世を特徴付けざるを得ない点である。[3]

教科書記述は最低限、学習指導要領にのっとっていれば制度上は許されるであろうが、専門現場と教育現場にあまりに認識のズレがあると、冒頭に述べたように、大学での「学び直し」が生じる。さらに深刻な問題は、前後する時代の専門家によって執筆されたことによる、執筆者の専門とする時代に対する中世の従属である。つまり、前後の時代との一貫性を担保することで、古代世界の衰退過程としての中世であるとか、近代の準備期間としての中世であるといった傾向が生じかねないことである。[4] 以下では、この前後の時代への中世の従属という観点から、具体的な記述上の問題点を挙げていきたい。

## 二　現行教科書記述における問題点

### 1　封建制

第一点として封建制の問題を挙げておきたい。

ヨーロッパ中世該当部の特徴として封建制の成立と変化にかなりの分量が割かれている。具体的な筋道は、ローマ時代の恩貸地制とゲルマン人の従士制が一体となり、ロワール川とライン川の間で八世紀には主君と家臣の双務的契約による封建制度が成立する。そしてノルマン人（ヴァイキング）・イスラーム・マジャールという外部勢力により、防備施設である城を中心とする封建制度は強化され、一一世紀には、土地支配制度である荘園制度と一体化することによって聖俗領主を中心として周辺領域に対する一円的支配をおこなう領主制が成立し、封建社会が成立するという図式である。さらに言えば、この封建社会は、黒死病を経た中世後期には、西ヨーロッパにおいては荘園制が解体し農奴が解放され近代社会へと移行する一方、エルベ川以東ではグーツヘルシャフトにより農奴制が強化されるという描写が続く。

以上はほとんどの教科書に書かれている封建社会の図式である。しかし、理念型といってもよいこの封建社会像に対しては、エリザベス・ブラウンやスーザン・レノルズの封建制概念解体論を継承した近年の中世社会論の議論を踏まえれば、次のような批判がある[5]。第一に、封建的主従関係という法的人的ネットワーク論と土地支配体制である荘園制度論は必ずしも一体のものとして連結を前提とすることはできない。それらは、初期中世においてローマ法が有効な地域であったか否か、王権の土地管理システムがどのように機能していたのか、といったさまざまな観点により、独立の変数として扱うべき問題である。第二に、仮に両者を結びつける封建社会論に何がしかの有効性があるとして、高校世界史教科書で描かれた封建社会像は、あくまで地味の豊かな平野部が一定程度以上確保できる北フランスやイングランド南部のような典型的な近代先進地域における社会構造に基づいている。つまり、第一点で述べたように、ヨーロッパ半島という地理的にも文化的にも多様な空間では、人的ネットワークと土地支配体制の組み合わせによって多様な「封建社会」が姿を現しうる。

しかしここで指摘しておきたいのは、以上のような封建社会論の実情というよりもむしろ次の二点である。一つは、高校世界史教科書における中世ヨーロッパの割り当てページの割合において、この封建社会を説明するページが多いように感じられる点である。例えば同じヨーロッパ半島でも、古代や近代において、中世の封建社会に相当するような、当該時代の社会構造を論じた時代はない。そうだとするならばなぜ中世ヨーロッパのみ、これほどまでに社会構造の説明にエネルギーを割くことになっているのだろうか。第二に、第一点と大いに関係するが、中世社会の特徴を領主制に基づく封建社会に求めている点である。この図式は、生産様式に基づく発展段階論のうち、克服されるべき対象としての封建制を想起させる。もちろん、現代的関心からしても、生産様式を含めた下部構造の重要性はなお古びているとは言えないし、それにより説明できる経済現象や社会現象もなお少なからずあるだろう。しかしそうであるならば、中世と同様に、古代世界も近代世界も、同様に下部構造に重心を置いて当該社会を特徴付けるべきではないか。なぜ中世のみ、下部構造からの時代の特徴付けをもとめるのだろうか。

## 2　中世都市

第二点は都市に関わる問題である。

先の1と無関係ではなく、現行教科書では、封建制の成立と農村社会の特質をあげる一方で、中世商業の展開と中世都市の成立にも独立した章節を用意する。農村と都市を対比的にとらえがちな見方がはらむ問題はさしあたりおくとして、ここでは中世の都市社会を論じるにあたって必須項目とされがちなツンフト闘争とユダヤ教徒迫害問題を取り上げておきたい。

ツンフト闘争とは、都市参事会での市政運営をもとめて、当初大商人に独占されていた参事会席を職人組合の親方層が獲得するプロセスである。このツンフト闘争は、ツンフトというドイツ語が示唆するように、おそらくリューベックやケルンにおける事例に典型例を求めたドイツ史学——戦後日本の「正統的」中世史学——が産み出した理念型と思われる。しかし、こうしたツンフト闘争がヨーロッパのどの程度の範囲で観察されるのかは議論の余地がある。加えて、そこには持たざるものが資本を蓄えて持つものに取って代わるという階級闘争史観が投影されているようにも感じられる。しかし、近年の研究では、都市の支配階層が変化してゆくのは、単純に階級闘争の結果としてではなく、階級闘争のように見える現象も実はさまざまな理由によることを明らかにしている。特定都市の現象であるツンフト闘争それ自体を中世都市の特質として詳述する意義も、階級闘争の枠組みの中に押し込めるメリットもすくない。仮にツンフト闘争を位置付けるとすれば、単独で取り上げるのではなく、例えば中世後期の都市・農村部双方でおこった既存権威に対する民衆運動のひとつとして位置付けるのが適切ではないか[6]。

他方で、ユダヤ教徒に特定の印をつけて都市の他集団と「区別」し、ゲットーと呼ばれる都市の一角に閉じ込め、時として理由をつけて殺害事案へと至るユダヤ人迫害は、中世社会に伏在する差別意識を示す事例として取り上げられる。それはとりわけ一二一五年の第四回ラテラノ公会議による決議以降に顕となった傾向である。ここではとくにこの中世社会の差別的側面を否定したいわけではない。ひとつ留保をつけるとすれば、ヨーロッパ世界におけるユダヤ人に対する差別的措置は、中世特有の現象ではないという点である。キリスト教が国教化されたローマ帝国の時代に端を発するものであり、一四九二年のイベリア半島におけるユダヤ人追放令以降近世をへて近代に至るまで連綿と続いていた点である。それはナチズムによる「最終解決」やパレスチナ問題へと接続する問題であることを理解の上で、中世的特質を抽出する必要があるだろう。

ただその一方で、ユダヤ人が、定住先の言語文化に一部馴染みながらも独自の文化を保持し続け、ヨーロッパ中世の複合的文化を豊かにする存在であり、なおかつ都市間ネットワークを構築することで、ものや知識の流通に大きな役割を果たしていたことも、あわせて提示しておくべきである[7]。そこには地域と地域をつなぎ文化の運び手となるソグド人やアルメニア人と同様の歴史的役割を見出すことができるだろう。単純にユダヤ教徒をキリスト教社会の「他者」にし、中世社会の暗部を照らし出す否定的記号としてのみ描写するとすれば、ユダヤ教徒の役割を矮小化しているように思われる[8]。

## 3「東欧」

第三点として東欧の問題を挙げておく。

現行教科書において、現在のスラヴ諸族などによる東ヨーロッパ諸国（ポーランド、チェコ、ハンガリー、ロシア、ブルガリアなど）の誕生と展開は、ビザンツ帝国の生成とセットで記述されている。確かにビザンツ帝国という核とスラヴ諸語を用いるスラヴ人という言語文化集団によるまとまりでの記述自体は一定のわかりやすさを提供している。

しかしこのような言語文化集団という枠組みは、中世史の現実を十分に反映したものとは言えない。第一に、言語は必ずしも自他を区分する確固たる枠組みを決定する要素とはなり得ない点である。確かに同じ語族に基づく集団であれば相互コミュニケーションを容易に進めることはできるだろうが、中世において、「東欧」の国家間や集団間のやりとりで用いられる文書は主としてラテン語でありギリシア語である。そこに一九世紀のパンスラヴ主義のような言語に基づく広域共通連合構想を確認することはできない。第二に、第一点のコミュニケーション言語とも関わるが、中世社会にとって最も重要な文化的ファクターはキリスト教である点である。そうであるとするならば、中世においてヨーロッパを大きく分かつのは二大キリスト教圏であるラテン・カトリック圏とギリシア正教圏である。六世紀にスラヴ人が定住してその後生成する「東欧」は、実のところ、この二つのキリスト教圏によって分断されている。ポーランド、チェコ、ハンガリー、リトアニアはカトリック圏の、ロシアやブルガリアなどはギリシア正教圏の一部である。そうだとするならば中世において「東欧」という地域概念はほぼ意味がなくなる。実のところ、ポーランド、チェコ、ハンガリーはラテン・カトリック圏の神聖ローマ帝国ならびに教皇庁の、ロシアやブルガリアはギリシア正教圏のビザンツ帝国とコンスタンティノープル総主教座の展開と連関しながら歴史を歩んできた。(9)

このスラヴ諸語にもとづく「東欧」という図式は、おおよそ、ロシア（ビザンツ帝国の文化的・精神的後継国家）とその衛星圏である旧共産主義圏という特殊現代史的な枠組みから遡及しているように見える。現代史でいうところの東欧＝旧共産主義圏は、あくまでソ連の成立と冷戦という特殊時代的な枠組みに基づく政治圏概念である。その特殊現代的な枠組みは、あくまで共産主義国家成立以降の歴史において有効な枠組みであり、中世どころか近代にすら適用することはできない。近代であれば東・中欧という枠組みを提示することはできるかもしれないが、それも中世には適用不可能である。かりに、中世ヨーロッパにおける「東欧」が現代の共産主義圏を用意したと考えるのであれば、それは執筆者の生きた時代の枠組みを到達点においた目的論的な理解と言わねばならない。

## 4　俗語文化

第四点として俗語文化の扱い方を挙げておく。

３で確認したように、中世ヨーロッパは、冷戦体制を反映した西欧／東欧で分断されるのではなく、ラテン・カトリック圏とギリシア正教圏と理解したほうが現実に即している。その際、宗教言語ならびにエリート層の行政言語として用いられるのが、前者ではラテン語、後者ではギリシア語である。しかし中世ヨーロッパのコミュニケーション言語を、これら二つのエリート言語に代表させることは必ずしも正しくない。日常コミュニケーションにおいては、ロマンス諸語、ゲルマン諸語、スラヴ諸語、ケルト諸語にくわえて、ヨーロッパでの孤立言語であるバスク語やフィン語、また集団や状況次第ではヘブライ語やアラビア語も用いられる。こうしたコミュニケーション言語は、日常生活だけでなく、行政や文芸においても、二つのエリート言語にくわえて用いられていた。中世ヨーロッパはきわめて多層的な言語多様性を実現している世界であ

った。(10)

こうした言語世界を背景とした中世ヨーロッパの文化を説明するにあたって必ず触れられる作品は、『ローランの歌』、『アーサー王物語』、『ニーベルンゲンの歌』という騎士道物語である。封建社会が生み出した騎士文化を体現する作品として、中世文化の一要素にこれらを取り上げること自体は正しい。しかしながら、こうした騎士道物語に中世文化を代表させることで生じる問題もある。第一に、ラテン語やギリシア語でも多くの文芸作品が残されていることが捨象されることである。古代ではギリシア語とラテン語で書かれた作品が文化史のページを埋め尽くすが、中世においてもラテン語やギリシア語による文芸作品が俗語に劣らず多数認められる。ラテン語による『カルミナ・ブラーナ』や、アンナ・コムネナによって記されたギリシア語歴史書『アレクシアス』などは、少なくとも教員レベルにおいては、知的階級のリンガ・フランカの成果として十分に理解しておくべき意義のある作品ではないだろうか。

より深刻な第二の問題は、騎士道物語と同じ中世の俗語文化に分類されるであろう『神曲』や『カンタベリ物語』（これらもいずれも世俗語である）が、中世ではなくルネサンスの先駆的作品として、中世文化とは別の章節で取り上げられることである。ルネサンスを中世の一コマとみなすか近代の先駆けとみなすかはその論者の文化理解のあり方に依拠するのでここでは措くが、おなじ中世文化のコンテクストの中で生成した騎士道物語と「ルネサンス的」作品を別個の文化現象の産物として分離するのは奇妙である。さらに言えばここには、前者と後者を、明確な著者も確定することができず決まった表現を繰り返す作品をうみだす型にはまった中世的作品と、著者を特定可能で表現が豊かであることに起因する個人の誕生を証言する近代的作品として、中世と近代を対置させる態度も透けて見えるよう感じられる。

## 5　切り離された空間

第五点としてヨーロッパ世界の孤立性という問題がある。

何度も繰り返しているように、中世ヨーロッパの文化的特色がキリスト教であることは論を俟たない。既に述べたように、仮にヨーロッパ世界をラテン・カトリック圏とギリシア正教圏に区分できるとして、われわれはそのキリスト教空間を無意識のうちに閉じられた世界として考えがちである。もちろんこれらが共通の宗教組織、コミュニケーション言語、信仰サイクルに基づく生活文化をもち、それぞれの圏域でさしあたり自律したと言える一つのシステムをなしているということは可能であろう。しかし、中世ヨーロッパの歴史はヨーロッパ半島内の要素だけで完結しているわけではない[11]。

このような孤立したヨーロッパ半島という思い込みに疑義を挟むのが近年のグローバルヒストリーの考え方である。グローバルヒストリーといっても一様ではなくさまざまな立場や方法論があることは屡々述べられているが、ここでは、そのグローバルヒストリーの一部で強調される、比較史、関係史、広域史というアプローチを中世にも適用すべきことを確認しておきたい[12]。わたしは別稿で越境集団（ヴァイキングやユダヤ人）、知識の転移（古代学知）、ユーラシアとの接合という三つの観点から、中世ヨーロッパにおけるグローバルヒストリー適用の検討事例を挙げた[13]。例えばユーラシアとヨーロッパとの接合を考えてみたい。そもそもゲルマン人の移動の原因となったフンは中央アジアの出自であり、その後アヴァール、マジャール、モンゴル、オスマンなど中世ヨーロッパの動向を決定付けた集団も中央アジアを出自としている[14]。他方でグローバルヒストリーの出発点となったウォーラーステインの近代世界システム論は、経済的側面の従属収奪関係から中心と周縁を設定し世界の構造化を説明しようとしているが、仮に人やモノの移動とその影響という点から見た場合、中世は場合によっては近代以上に世界史という観点から説明しうる時代なのかもしれない[15]。

ただしここでも注意すべきは、中世におけるグローバルヒストリーは、その後の近世近代の前史ではあるが、それでも独自のシステムの中で稼働しているという点である。大航海時代による外部世界とのつながりをヨーロッパ史の転換点とするのは正しいが、それとて突如おこった出来事ではない。高校世界史教科書では必ずしも強調される点ではないが、中世におけるキリスト教世界の外部に対する関心と接触という段階を経て、「世界の一体化」ははじまる。[16] 中世が閉じられた空間の中でのみ陰々と歴史を積み重ねていたとするのは奇妙である。

## 三　現行教科書記述を規定する枷

### 1　間の時代としての中世

以上の個別論点の検討からわたしたちは何がわかるだろうか。それは、高校世界史教科書で描出される中世ヨーロッパ像は、高度に文明の発達した古代地中海文明を矮小化した形での中世であり、今後世界を席巻する近代世界を先導した西欧の原型としての中世という姿ではないだろうか。それも、封建制・荘園制そして社会闘争に規定される中世という社会構成体史学の枠組みをなおひきずりながら、近代によって否定されるべき政治・信仰・社会経済・文化・空間などの枠組みを作り上げていた時代の姿である。ギボンの『ローマ帝国衰亡史』とブルクハルトの『イタリアルネサンスの文化と社会』を合わせ鏡として、その間におしこめられる中間の時代である。そしてそれは、古代世界と近代世界の影として、前後する時代に都合の良いパーツを切り取られた、引き立て役としての中世ヨーロッパ像である。

わたしは一般向けの別稿で、一般的に中世ヨーロッパが開始し終焉するとされる具体的年代である四七六年と一四五三年について次のように述べた。

先ほど確認しましたように、おおよその教科書における中世は、四七六年の西ローマ帝国の崩壊で始まり、一四五三年の百年戦争終結とビザンツ帝国（東ローマ帝国）の終焉で幕を閉じます。率直に言えば、二つのローマ帝国の崩壊が中世の時代区分の指標となっています。これは一体何を意味するのでしょうか。幾つかの理解は可能かと思われますが、わたしには、ギリシャの遺産を継承したローマ文明という「上位の」文明を、ルターに始まるプロテスタント勢力に鉄槌を下されるローマ・カトリックという腐敗したセクトと、古代世界が生み出した高度な文明を破壊し尽くすゲルマン人という野蛮な集団が駆逐する時代こそが「中世」である、と刷り込んでいるのではないかとすら思えてきます。冒頭に、近年の研究成果は「暗黒の中世」を「明るい中世」へと衣替えさせたと記しましたが、その根本では、一八世紀に執筆されたエドワード・ギボンによる『ローマ帝国衰亡史』のペシミスティックな亡霊がなお自縛しているといえば言い過ぎでしょうか[17]。

かりに以上の見方が極度に中世擁護的ではないとすれば、中世という時代設定そのものがそもそも古代ローマの影の中にある。もちろん、クリス・ウィッカムらによる近年の中世史学自体が合意するように、ヨーロッパ中世は、ローマの遺産の一部を継承し、それを自らの背丈にあう形に調整して利用し続けてきたことは否定できない[18]。しかしながら、四七六と一四五三という二つの年号を指標にする限り、極端な言い方をすれば、中世は古代ローマ史の延長線上、つまりギボンの歴史観を一歩も出ていない。便宜的には便利な指標とはいえ、このような歴史観が見え隠れしていることを、少なくとも教員側は自覚しておいたほうがよいのではなかろうか。

## 2　高校世界史教科書の用語

さて、ここで、より実践的な問題に議論を移動させたい。

高大連携を積極的にすすめる高等学校歴史教育研究会が、二〇一四年九月に、「歴史教育アンケート結果に基づく高等学校と大学入試に関する改革提案」を公表した[19]。この提案は、高校における世界史の授業時間数は変化していないにも関わらず、研究の進展などを理由に世界史用語が際限なく増加する状況を危惧した現場教師と、そのような世界史用語をただ暗記させることに主眼をおいた高校世界史教育を疑問視した大学教員らが、現状を変更するために具体的にどのようにするかを討議した成果である。当該研究会で二年間検討した結果、現行世界史教科書のなかから選択された二一四七語の用語を、今後の討議の検討対象とした。そのうち、ヨーロッパ中世を対象とした「ヨーロッパ世界の形成と発展」に割り当てられた用語は一六一語である。さしあたり詳説世界史の細区分に従い、以下に一覧を提示しておきたい（表2－1）。

二〇一八年現在、高等学校歴史教育研究会を引き継いだ高大連携歴史教育研究会は、ここからさらに精選の度合いを進展させた。その結果として中世ヨーロッパに関しては七五語まで減少した[20]。しかし精選のもととなる用語は、従来の教科書で用いられ従来のヨーロッパ中世観を支えてきた章立てにしたがって配置された用語である。そうだとすれば、そうした一連の用語で構成される中世ヨーロッパの教科書記述は、ここまでの議論で批判してきた古代と近代の影に隠れる中世像を再生産するにとどまるのではないかという危惧はある。

表2－1 「歴史教育アンケート結果に基づく高等学校と大学入試に関する改革提案」に基づく「ヨーロッパ世界の形成と発展」に関する歴史用語

| | |
|---|---|
| 1 西ヨーロッパ世界の成立 | ゲルマン人／ケルト人／フランク人／アングロ＝サクソン人／西ローマ帝国の滅亡／メロヴィング朝／クローヴィス／カール＝マルテル／ピピン（三世）／カロリング朝／教皇領／カール大帝（シャルルマーニュ）／カールの戴冠／メルセン条約／オットー一世／神聖ローマ帝国／マジャール人／カペー朝／ノルマン人／ヴァイキング／キエフ公国／ノルマンディー公国／ノルマンディー公ウィリアム／ノルマン征服（ノルマン＝コンクェスト）／ノルマン朝／両シチリア王国／ローマ＝カトリック教会／教皇（法王）／修道院／ベネディクトゥス／聖職売買／クリュニー修道院／聖職叙任権／叙任権闘争／破門／グレゴリウス七世／ハインリヒ四世／カノッサの屈辱／インノケンティウス三世／封建社会／封建制度（封建的主従関係）／封土（知行）／不輸不入権／諸侯〔ヨーロッパ〕／騎士／領主／荘園〔ヨーロッパ〕／直営地（領主直営地）／保有地（農民保有地）／三圃制／農奴／賦役／貢納／十分の一税／領主裁判権 |
| 2 東ヨーロッパ世界の成立 | ビザンツ帝国／コンスタンティノープル／レオン（レオ）三世／聖像禁止令／イコン／ギリシア正教会／第四回十字軍／オスマン帝国／ビザンツ文化／ハギア（セント）＝ソフィア聖堂／モザイク壁画／スラヴ人／ヤゲウォ（ヤゲロー）朝／チェック人／セルビア人／ブルガール人／ブルガリア王国／キリル文字／ロシア人／ウラディミル一世／モスクワ大公国／イヴァン三世／ツァーリ |
| 3 西ヨーロッパ中世世界の変容 | 東方植民／ウルバヌス二世／クレルモン宗教会議（公会議）／十字軍／イェルサレム王国／ヴェネツィア商人／遠隔地商業／東方貿易（レヴァント貿易）／北海・バルト海貿易／定期市／ヴェネツィア／ジェノヴァ／フィレンツェ／リューベック／ハンブルク／フランドル／ブリュージュ／シャンパーニュ地方／アウクスブルク／ハンザ同盟／ギルド／親方／職人／徒弟／ユダヤ人迫害／フィリップ四世／アナーニ事件／アヴィニョン／「教皇のバビロン捕囚」／教会大分裂（大シスマ）／コンスタンツ公（宗教）会議／フス／フス戦争／農奴解放／黒死病（ペスト）／ジャックリーの乱／ワット＝タイラーの乱／「アダムが耕しイヴが紡いだとき、だれが貴族であったか」／プランタジネット朝／ジョン王／大憲章（マグナ＝カルタ）／イギリス議会の起源／上院（貴族院）／下院（庶民院）／身分制議会／フィリップ二世／三部会／ヴァロワ朝／エドワード三世／百年戦争／オルレアン／シャルル七世／ジャンヌ＝ダルク／バラ戦争／ヘンリ七世／テューダー朝／領邦／大空位時代／金印勅書（黄金文書）／選帝侯／ハプスブルク家／スイスの独立／国土回復運動（レコンキスタ）／イサベル（イザベラ）／スペイン王国／ポルトガル王国 |
| 4 西ヨーロッパの中世文化 | 大学／ボローニャ大学／神学／スコラ哲学（スコラ学）／カロリング＝ルネサンス／トマス＝アクィナス／『神学大全』／ロジャー＝ベーコン／十二世紀ルネサンス／騎士道物語／『ローランの歌』／『アーサー王物語』／ロマネスク様式／ゴシック様式／ステンドグラス |

（出典）著者作成。

## 3　世界史研究における中世ヨーロッパの位置

高校世界史教科書において、ヨーロッパ史に過大なページが割かれたと批判されて久しい年月が経っている。戦後に世界史教育が始まってながらくヨーロッパ史は、中国史と並んで世界史記述の過半をしめていたことは事実である。理由は幾つかあげられるだろう。ひとつはヨーロッパならびにその落し子であるアメリカの政治的・経済的・文化的発展を目標とした日本にとって、その歴史は参照しキャッチアップすべき対象とされていたことである。西洋の歴史を日本の歴史と東アジアの他の国々と殊更に切り分け、西洋との類比で論じようとしてきたことは顕著な事実である。もうひとつは単純に戦後の歴史学が欧米の歴史学を輸入することで進展していたことである。その結果として欧米諸国が自画像としていた世界観がある時期まで支配的であったこともまた事実である(21)。仮に、世界史記述という行為が、世界史上で起こりえたすべての事象に平等に価値を与えるものでないとするならば、こうしたヨーロッパの形成と展開に重きをおいた世界史教科書の構成は、それ自体が歴史的産物と言って良いかもしれない。この点は、本論集に掲載されている論考も含め、茨木智志の一連の研究で明らかにされつつある。

しかしながら近年における世界情勢の変動ならびにそれと関わる形での世界各国、とりわけアジア・アフリカ諸国家の地域研究と歴史研究の進展は、世界史記述をも塗り替えてきた。かつては中国史に集中していたアフロ・ユーラシアの記述は、イスラーム史、中央アジア史、海域アジア史などの隆盛により大きく構成を変えることになった。わたしが高校生であった四半世紀前と今とでは、ヨーロッパ史の枠組みはさほど変わっていないにもかかわらず、アジア・アフリカ史の扱いは大きく異なっている。そのように活況を呈すアフロ・ユーラシア研究に対して、研究者の実感としても、ヨーロッパ中世研究の世界史研究全体における相対的プレゼンスは、社会史ブームに沸いた一九八〇年代と比べると下がっていると言うべきかもしれない。

とはいえ、いまなおヨーロッパ史に与えられるページ数は、他の地域に比べれば相対的に多い。もちろん、ヨーロッパが世界史に与えたインパクトを考慮するという立場に立てば、ページ数の不均衡もまた正当化する向きもあるかもしれない。しかし、現代社会における世界史の動静と日本にとっての意味を鑑みるならば、前近代ヨーロッパ史の記述は大胆にカットすべきという意見は、「世界史」の記述という観点からはひとつの正当性をもちうる。いずれにせよ、中世ヨーロッパの記述の割合をどのように按配すべきかは、その教科書が、読者にどのような歴史像を提示したいのかという全体の方針次第である。

## おわりに　二〇一八年の高校世界史教科書

二〇一七年四月には四年ぶりの改訂作業と検定を終えた各出版社の世界史教科書が高校の現場に登場した。そのうち、『世界史B』(東京書籍)には中世フランス史を専門とする加藤玄が、『世界史B　改訂版』(実教出版)にはわたしが、さらに二〇一八年四月からの『新選世界史B』(東京書籍)には中世教皇史を専門とする藤崎衛が、ヨーロッパ中世該当部の執筆担当として加わった。それでは、これまで述べてきた問題点をすべてクリアーした教科書記述が実現されたかと言えば、必ずしもそうではない。その理由はなにかといえば、実教出版についていえば、利用しうる歴史用語が限定されていることに加えて、旧来の版からの大幅な変更を必ずしもよしとしない教科書会社と高校教員らの要請がある。これはなにも両者が旧来の記述のほうが正しいと考えているからということではない。記述と時代認識の大幅な変更は、教授方法、副教材の作成、受験対策などで、教育の現場に大きな負担を強いるからである。山川出版社という同じ版元内で、新規理解を盛り込んだ『新世界史』の採択率が苦戦する一方、『詳説世界史』が安定して現場教員の支持を受け続けているのも、受験を見据えたこれまでの高校世界史教育が構築してきた教育体制の要請という観点からある程度納得しうる理由を得ることができるだろう。

教科書もまた商品である。マーケットにおいて顧客を獲得せねばならない。つまり、各学校で採択されねばならない。そうでなければ、その教科書に商品としての価値はなく、いずれマーケットから撤退しなければならないだろう。このような理解を訝しむ向きもあるだろうが、そのようなマーケットを意識した場合、教科書は、著者の関心をダイレクトに反映することのできる専門書や啓蒙書と異なり、最新の研究成果を可能な限り盛り込みつつも、現場で採択されるようなパッケージを用意しなければならない。高校世界史教科書記述とは、すぐれて経済学的または経営学的な問題である。

註

(1) 桃木至朗「新しい世界史叙述と歴史学入門を目指して　阪大史学系の取り組みから」『史苑』第七七巻一号、二〇一六年、一二一〜一四八頁。

(2) 現行世界史Bは七冊あるが、本稿で検討するのは、各社を代表する五冊である。①『詳説世界史B』山川出版社、平成二四年三月二七日検定済、平成二七年三月五日発行、②『新世界史』山川出版社、平成二五年三月二六日検定済、平成二六年三月五日発行、③『世界史B』東京書籍、平成二四年三月二七日検定済、平成二六年二月一〇日発行、④『新詳世界史B』帝国書院、平成二四年三月二七日検定済、平成二七年一月二〇日発行、⑤『世界史B』実教出版、平成二四年三月二七日検定済、平成二六年一月二五日発行。

(3) 高校世界史教科書の執筆者にながらくヨーロッパ中世史家が名を連ねていなかったことはそれ自体奇妙である。例えば特徴ある世界史記述である『日本国民の世界史』(岩波書店、一九六〇年)のリーダーシップをとったのはドイツ中世史家で一橋大学教授の上原専禄であった。しかし昨今の世界史教科書記述における中世史家の不在という問題にはここでは立ち入らない。

（4）中学校歴史教科書の記述に関しては、山田耕太・梅村尚樹・仲田公輔・須田牧子「世界史的視野で中学校歴史教科書の前近代史叙述を検討する」『歴史学研究』九五六号、二〇一七年、一二～二九頁の仲田による記述を参照。

（5）封建制概念の一般的な整理はハンス・K・シュルツェ（千葉徳夫他訳）『西欧中世史事典　国制と社会組織』ミネルヴァ書房、一九九七年、第三章参照。封建制見直しの議論は、ヨーロッパ周縁部での事例を中心に扱ったSverre Bagge, Michael H. Gelting & Thomas Lindkvist (eds.), *Feudalism.New Landscapes of Debate*, Turnhout 2011; Steffan Patzold, *Lehenswesen*, Munich 2012.

（6）ミシェル・モラ、フィリップ・ヴォルフ（瀬原義生訳）『ヨーロッパ中世末期の民衆運動――青い爪、ジャック、そしてチオンピ』ミネルヴァ書房、一九九六年。

（7）ユダヤ教徒に関して日本語で読める基本書は、市川裕『ユダヤ教の歴史』山川出版社、二〇〇九年ならびに市川裕編『図説　ユダヤ人の歴史』河出書房新社、二〇一五年。

（8）中世におけるユダヤ教徒の役割をキリスト教とイスラム教との関係の中で捉え直す理解として、アンナ・サピア・アブラフィア（小澤実訳）「争われる種／起源としてのアブラハム」『西洋中世研究』第九号、二〇一八年、一三二～一四八頁。

（9）この「東欧」を神聖ローマ帝国とビザンツ帝国という二つの帝国の動向のはざまで展開する地域と捉えたのが、小澤実・薩摩秀登・林邦夫『辺境のダイナミズム』岩波書店、二〇〇九年の薩摩による第二部。

（10）中世の言語状況を全体的に論じた研究は日本語ではまだない。ただし以下では中世におけるコミュニケーションのありかたを考える重要な論点が提示される。大黒俊二『声と文字』岩波書店、二〇一〇年。簡便な中世言語史の概観として、Benoît Grevin, *Le parchement des cieux. Essai sur le Moyen Âge du langage*, Paris 2012.

（11）中世におけるキリスト教を論じる場合、実のところ、カルケドン公会議の決定に反対しビザンツ帝国の外部に展開した東方キリスト教の諸派も含めなければならない。基本書として、アズィズ・S・アティーヤ（村山盛忠訳）『東方キリスト教の歴史』教文館、二〇一四年。ラテン・カトリック圏、ギリシア正教圏、東方キリスト教世界全体を含めた英語による中世キリスト教の概論はMiri Rubin, “Christendom's Regional Systems” Benjamin Z. Kedar and Merry E. Wiesner-Hanks (ed.), *Cambridge World History, vol. 5: Expanding Webs of Exchange and Conflict, 500 CE–1500 CE*, Cambridge 2015, pp. 415-446.

(12) わたしは、ロシアという特定の国家の成立過程をフィールドとし、周辺諸国との関係の中で歴史的空間（仮に北西ユーラシアとした）が成立するプロセスを再現する共同研究を行った。小澤実・長縄宣博編『北西ユーラシアの歴史空間——前近代ロシアと周辺諸国』北海道大学出版会、二〇一六年。
(13) 小澤実「高校世界史教科書と中世ヨーロッパ—時代区分・舞台設定・グローバルヒストリー—」『じっきょう歴史・公民科資料』八二号、二〇一六年、一〜八頁。
(14) このような見方を前面に出す日本語著作は、佐藤彰一『中世世界とは何か』岩波書店、二〇〇八年。
(15) 世界史上の「中世」という時代の特質を考えるGlobal Middle Agesというプロジェクトを進めるオックスフォード大学のビザンツ史家キャサリン・ホームズによる議論は、キャサリン・ホームズ（村田光司訳・小澤実解題）「変容するビザンツ?—グローバルヒストリーの時代におけるビザンツ研究の新潮流（六〇〇—一五〇〇年）—」『思想』一一一八号、二〇一七年、八七〜一〇七頁。
(16) Felipe Fernández-Armesto, *Before Columbus: Exploration and Colonisation from the Mediterranean to the Atlantic, 1229-1492*, New York 1987.
(17) 小澤「高校世界史教科書と中世ヨーロッパ」、二頁。
(18) Chris Wickham, *Inheritance of Rome*, London 2009; Id. *Medieval Europe*, New Haven 2016.
(19) この資料は、例えば次のサイトに掲載されている。http://ch-gender.jp/wp/?page_id=8800（二〇一八年二月三日閲覧）
(20) http://www.kodairen.u-ryukyu.ac.jp/pdf/selection_plan_2017.pdf（二〇一八年一月一一日閲覧）。
(21) 例えば、成瀬治『世界史の意識と理論』岩波書店、一九七七年。研究史上のヨーロッパの枠組みが揺れていることも認識する必要がある。加藤玄「ヨーロッパ・アイデンティティ」歴史学研究会編『第四次　現代歴史学の成果と課題（2）世界史像の再構成』績文堂出版、二〇一七年、六四〜七九頁。

# 第3章　高校世界史教科書の中・東欧記述

中澤　達哉

## はじめに

本章の目的は、日本の世界史教科書における中・東欧の歴史記述の特性を明らかにすることである。多くの読者にとって中・東欧は、イギリス、フランス、ドイツといった主要国とは異なり、馴染みの薄い地域に違いない。実際に、その記述量の少なさから、ドイツとロシアという大国の「狭間」に位置付けられている感さえある。とはいえ、本章が検証の対象とする時期は広い。明治以降から現代の二〇〇九年までである。二〇〇九年は一九八九年の東欧革命による社会主義体制の崩壊からちょうど二〇年を経ており、教科書上の歴史記述が安定してきた時期にあたる。

本章の考察を通じて、記述上の変化だけでなく、近現代日本のどの時期にも存在する中・東欧史記述の「通奏低音」を明らかにし、私たちの歴史認識を考え直してみたい。あくまで教科書をテキストとして分析し、その特性を抽出するという検証方法をとるので、学習指導要領の変化はここでは考察の対象外とする。

さて、まず前提として「東欧」「中・東欧」の概念規定をしよう。どこが「東欧」で、どこからどこまでが「中・東欧」なのか、あらかじめ定義しておきたい。「東ヨーロッパ」、つまり「東欧」という言葉はよく耳にするのではなかろうか。ただし、実はこの用語は、一八世紀ヨーロッパのオリエント研究によって創られた新しい概念なのである。同時期のオリエント研究では、当時のヨーロッパで隆盛を極めた啓蒙思想に基づく文明観が優勢となっていた。このとき、ヨーロッパ文明の自己像として醸成されたのが「西欧」（Western Europe）であり、これに対して、同じヨーロッパではあるが、多くが再版農奴制のもとにあり資本主義化や産業化に乗り遅れた異質なヨーロッパ、また、「西欧」文明を拡大する対象として認識されたヨーロッパが「東欧」（Eastern Europe）と呼称されるようになったのである。(1)

ここで、図3-1をご覧いただきたい。これは、一五七〇年に神聖ローマ帝国のゼバスティアン・ミュンスターによって作成されたヨーロッパの地図、女王に準えてヨーロッパを表象する地図である。ハプスブルク家の支配圏を描いたものでもあると言われる。頭部がイベリア半島、胸部にガリア、ゲルマーニアがあり、ボヘミアが臍のあたり、フンガリアが腰のあたりとなろうか。四肢に下るにつれて、バルカン半島やロシアになる。つまり、ここで明らかなのは、一六世紀後半の時点では「西欧」も「東欧」も、そして「中・東欧」も存在しなかったということである。ヨーロッパは「一体」であった。女王に例えて一体のヨーロッパを表した近世が終わり、ヨーロッパを東西に分離して捉える思考法が一八世紀近代から徐々に広まったということなのである。

さて、もともとオリエント研究で使用された「東欧」概念が世界的に拡散する契機となったのが冷戦期であった。つまり社会主義圏を「ソ連・東欧諸国」、自由主義・資本主義圏を「西欧諸国」と呼びならわす思考のもとに、「東欧」概念が世界的に一気に定着することになったのである。(2) 図3-2の濃灰色の部分はソ連および東欧（東ドイツ、ポーランド、チェコスロヴァキア〔現チェコ、現スロヴァキア〕、ハンガリー、ルーマニア、ブルガリア）、いわゆる東側社会主義陣営を、薄灰色が中立国を含む西側自由主義・資本主義陣営を表している。東と西は現代史においてヨーロッパを明確に区別した政治地理概念であった。

ところが、冷戦体制が崩壊した直後、従来の政治地理区分にかんしてある論争が起こった。チェコやポーランドは歴史的背景からして元来「中欧」に属しているという意識が強く、その所属を「東欧」ではなく「中欧」であると主張しはじめたのである。(3) 一九八九年以後の論争の結果、現在では、ポーランドやチェコのみならず、近隣のスロヴァキアやハンガリーをも「中欧」と考え、この中欧諸国と残りの従来の東欧、つまり、ルーマニア、ブルガリア、あるいは旧ユーゴスラヴィア地域をも合わせて、「中・東欧」(Central and Eastern Europe) と呼ぶ傾向が生まれた（図3-2の斜線内）。「中・東欧」という折衷的な概念の登場は以上の背景に基づく。現在、この意味での「中・東欧」という認識はほぼ定着しつつあるが、日本の外務省のように、「中・東欧」にはドイツ、オーストリア、スイスも入るといった捉え方もある。とはいえ、上述の「中・東欧」の用法は、現地のほか国際的におおかた支持を得ているものといえる。

図3-1　ゼバスティアン・ミュンスターによるヨーロッパ地図（1570年：初版は1544年）

（出典）By Sebastian Münster (http://bigthink.com/ideas/21192) [Public domain], via Wikimedia Commons

　これに対して、旧ソ連邦に属していたウクライナやベラルーシを「新東欧」とする呼称も現れて

図 3-2　現代のヨーロッパ

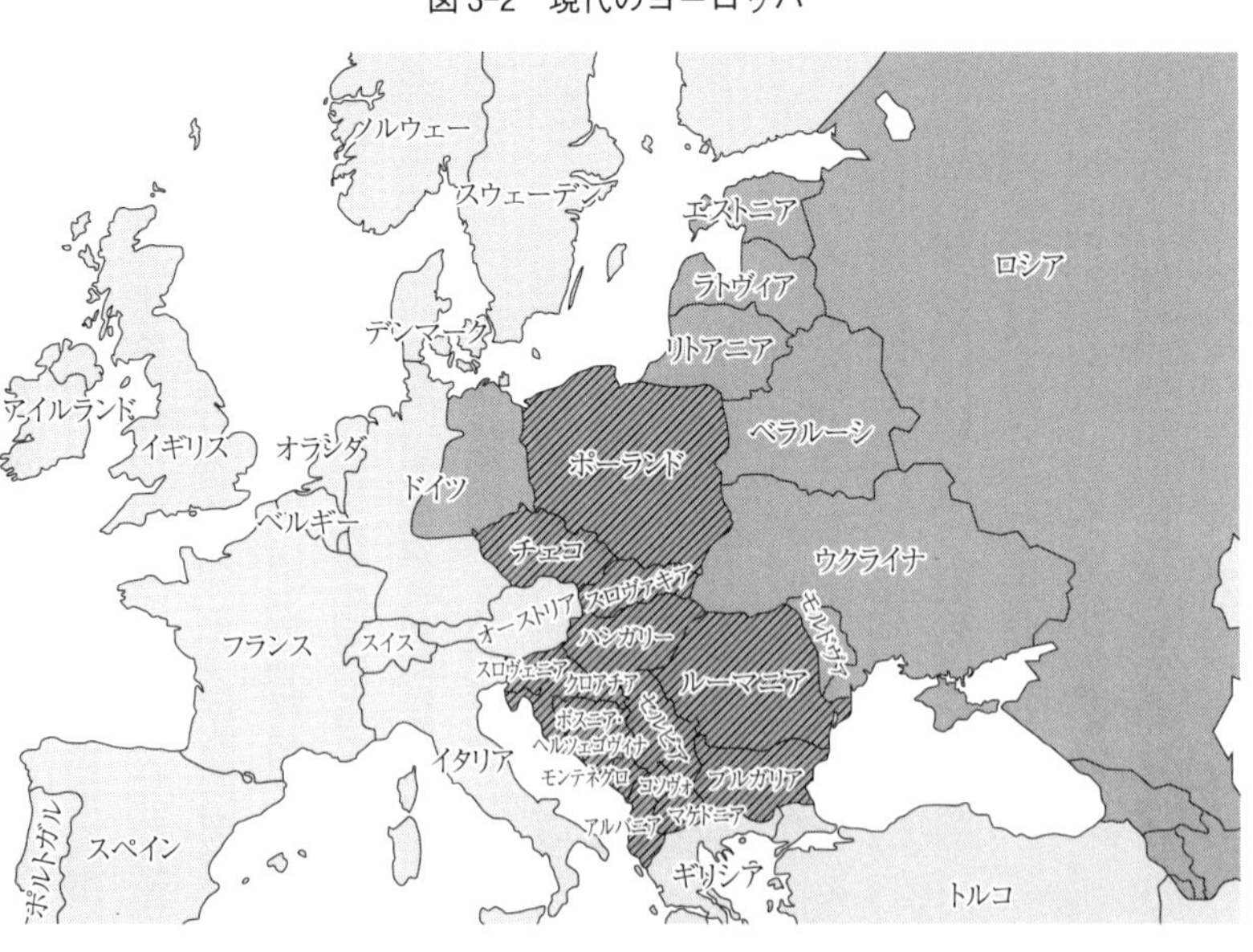


（出典）　著者作成。

いる。[4] やや読者を混乱させることになりかねないが、本章の使用する「中・東欧」は、かつてのソ連邦を除く社会主義圏の「東欧」とほぼ同義である（一方の「新東欧」は、ソ連邦から独立したロシアより西方の新国家、ウクライナやベラルーシを指す）。この「中・東欧」こそ、世界史記述の中で長らく、いわゆる「狭間」として扱われてきた地域であり、また、後述するように日本の世界史教科書の記述の上で非常にユニークな特徴をもつのである。

## 一　明治期～昭和初期の中・東欧記述

### 1　第一期：明治期

さて、まず明治期日本の世界史教科書に目を向けよう。明治初期の歴史教育は「国史」と「万国史」とに分かれ、このうち、後者の「万国史」は「世界歴史」とも呼ばれていた。この頃、大槻文彦編『萬國史畧』（文部省、一八七四年）などにおける中・東欧史記述は、おもに以下の三つに限定されていたといえる。①希臘帝国（東ローマ帝国）の滅亡、②近世ポーランド文化[5]、そして、③近代ドイツの東方問題である[6]。明治後期には「国史」「東洋史」「西洋史」という区分が生まれるが、中・東欧史記述にかんして、初期と後期では基本的に大きな変更点はない。しかし、日露戦争前夜に興味深い教科書が現れる。有賀長雄著『中学校用西洋史教科書』（三省堂、一九〇四年）である。これは中・東欧史を詳述した日本でほぼ最初の教科書と言えよう。

特に注目に値するのは「中古史」である。ちなみに、本著は上古史、中古史、近古史、近世史という時代区分のもとに執筆されている。上古史はおおむね古代、中古史は今で言う中世である。近古は、後述するように、今日の近世に該当する。そしてそのあとの時代が近世史となる。これは、現在の近代史に当たる。一〇〇年以上も前の教科書は時代区分すら異なることにも留意しなければならない。実際に上古史ではエジプト、イスラエル、フェニキア、ペルシア、ギリシア、ローマ史を叙述し、中古史では主にゲルマン民族の大移動と中世キリスト教世界が描かれ、近古史はポルトガル、イスパニアに代表される大航海時代以降の歴史を描き、近世史はフランス革命からはじまり、一九〇四年で記述は終わる。つまり、第一次世界大戦も第二次世界大戦もまだ知らない時代の教科書なのである。

さて、本著の中古史第二五章に「中古に於ける北ヨーロッパと東ヨーロッパ」、中古史第三二章に「東ヨーロッパの国情　蒙古族の侵入　オスマントルコの侵入」がある。近古史では次の二つの章で中・東欧史が記述されている。近古史第四四章「近古に於ける北ヨーロッパ及東ヨーロッパの盛衰」の第三節には「ポーランド」という項目が単独で設定されている[7]。また、近古史第四七章の「カタリナ二世及びポーランド滅亡」[8]は、第一節「カタリナ二世」、第二節「ポーランド分割」、第三節「ポーランド滅亡」から構成され、ポーランド分割の過程が以下のように叙述されている。

「一七九四年、コシューシコ等、再義兵を擧げしが、國内一致せず敗れ、ロシア、プロシア、オーストリアの、滅ぼす所となれり。然れども、國民としてのポーランドは尚、存在し、期を見て獨立せんと謀れるより、第十九世期以後に至りても、屢〻、事變に影響したり[9]」。

明治期の全体的な特徴をまとめると、概して次のことが言える。つまり、西欧にとってきわめて重要な事件を説明する際の周縁的な存在として、あるいは、西欧を論じる際の道具として、中・東欧が描かれているということである[10]。西欧に迫りくる外部からのさまざまな脅威の中で、まず中・東欧が国内の不統一からこれに対処できずに敗れ去るというような、あくまでこの時期の西欧基準で見た中・東欧観が描かれているのが興味深い。西欧史記述に付随する形で登場するのが中・東欧史なのであり、さらに言うならば、イギリス・フランス・ドイツと異なり近代国家形成に失敗し、外国の餌食になってしまった実例として、つまり一種の「反面教師」として、中・東欧史を描こうとするパターンが存在しているのである。

こうした記述上の特徴を踏まえて、明治期の教科書の意図を推察するに、それは以下の三点に集約することができよう。すなわち、①西欧の歴史的発展の過程とその内実を日本の生徒たちに教えること。②明治期日本の近代国家形成のヒントが西欧史にあることを生徒に実感させること。逆に、③中・東欧はモデルにはならないため、同じ轍を踏まないよう意識させること、である。

とはいえ、もう一つ別の興味深い語り方（ナレーション）も存在する。明治期日本の教科書は終始ポーランド分割に一種の悲哀の念を抱きながら記述しようとするのである。例えば、ポーランド分割の前節で、ロシアのカタリナ二世のポーランドに対する飽くなき「野心」を論じる。そして、ポーランドが危険なロシアの犠牲になったかのような筋書きの上に、ポーランドへの同情を示すのである。プロイセンやオーストリアの野心はさほど描かれない。教科書の発行年が一九〇四年という時期も踏まえると、ロシアによるポーランド分割という記述は、日露戦争前後の生徒に対する危機意識の喚起、あるいは広く三国干渉後の「臥薪嘗胆」の風潮の高まりに大いに役立ったとも言えるのではないか。

さて、ここで留意しなければならないのは、明治期の日本がロシアをはじめとするヨーロッパ列強をどう認識するかに応じて、中・東欧（ポーランド）の位置付けが規定されていたという事実である。つまり、生徒は、先進的な西欧諸国や強国のロシアをはじめとするヨーロッパ列強を頂点に、中・東欧にはポーランドのような後進的な亡国の民が存在することを知る。世界の国家には一種の「序列」が存在するという現実を、西欧史と中・東欧史から学んだことになる。強国と、それに食いつぶされてしまうポーランドのような亡国の民との存在を明確に意識させているのである。単なる各国の国民史、つまり「横並び」の国民史を教えているのではなく、「序列」のある国民史を教えていたというのが、中・東欧史記述からみた明治期の世界史教科書の最大の特徴と言えよう。より踏み込んで言うなら、近代日本をどう創るのか、その知恵を探るための一つの処方箋として世界史教科書が機能していたということである。

## 2　第二期：大正期・昭和初期

このように、明治期には、どのような文脈であれ教科書上の中・東欧史記述はそれなりに多かった。しかし、大正期・昭和初期になると、これが激減してしまうのである。これに対して西欧史の記述も大きく変化した。この背景については、紙幅の関係上、鳥越泰彦の研究に依拠しよう。鳥越によれば、大正期・昭和初期の中・東欧史記述の激減と西欧史記述の変化について、次のようにまとめている。つまり、大正期・昭和初期の教科書では、イギリス・フランス・ドイツの民族的個性や特性にかんする記述が確かに増えはするが、一方で、こうした西欧諸国に比肩するような「大和民族の優秀性」とその「世界的使命」もまた強調されるようになった[11]。

つまり、日露戦争や第一次世界大戦を経て、日本では西欧と同等の一等国になったとの意識が世界史教科書に表われはじめたということなのである。世界史教科書は、手が届いた西欧列強の個性にかんする記述に偏重するようになった。一方で中・東欧史の記述はその分だけ減ることになった。ポーランド分割について忘却されることはなかったとはいえ、亡国の民や小国に対する関心が著しく低下してしまったのである。

## 二　第二次世界大戦以後の中・東欧史記述

### 1　第一期：一九五〇〜六〇年代

第二次世界大戦以後に歴史記述はどのように変化するであろうか。結論から言えば、戦後日本の中・東欧史記述には、戦後歴史学や史学思想史の分類とは別に、概して三つの時期が存在することが分かる。

まず第一期は一九五〇〜六〇年代である。この時期においては、「民族解放」や「民主革命」という文脈に則った中・東欧史の記述が主流となった。上原専祿『高校世界史』（実教出版、一九五六年）にその傾向が顕著に表れている。

この教科書で最も特徴的なのは、「一八四八年の諸革命」という単元が存在することである[12]。これまで一八四八年革命は、明治・大正・昭和初期を通じて、パリの事件を中心に描かれてきた。これに対して、同書は、パリのほかにオーストリア、ベルリン、ベーメン、ハンガリー、イタリアの事件と合わせて複合革命と想定しているようである。[13] 一八四八年革命はヨーロッパのみならず、世界中に広まるグローバル革命であるとの認識が一般化するのは、一九七〇年代のE・ホブズボームの著書以降である。[14] しかし、上原の教科書は早くも一九五六年の段階で、一八四八年革命を「諸革命」と認識するばかりでなく、このなかに中・東欧の事件を含めて考えた早期の事例と言える。

上原以降、それまで教科書の中で一段高い特別な存在として扱われていた西欧近代を相対化しようとする作業がはじまったことが分かる。西欧近代をモデルとするのではなく、むしろ西欧近代から解放されていくような存在として、中・東欧の民族に着目しはじめているという点が重要である。西欧近代から解放されるだけでなく、これを「超克するような主体」として、中・東欧の諸民族が再解釈されはじめているのである。つまり、「西欧近代からの」民族解放と「西欧近代に対する」民主革命との意味合いが中・東欧史の記述に付け加えられたと言えよう。従来の教科書と比べれば、かなりの異彩を放っているのである。

ここで、西欧近代批判を凝縮した上原の代表的な文章を以下に引用しよう。ここから、西欧近代を模範と見るよりも、社会主義のロシアあるいは中・東欧のなかに西欧と違う何か、あるいは、西欧を乗り越える契機を探りはじめたことを感得できないだろうか。

> 「ヨーロッパにおける産業革命や近代国家の成立の中にすでに見られた社会的解放や民族的解放の要求は、一九世紀を通じてヨーロッパを中心とする近代世界への批判としてあらわれた。近代世界への反省は、多数の民衆の力を背景に具体的な現実の問題となって発展してきた。（中略）遅れた地域であると考えられてきたロシアで、一九一七年に社会主義革命が起こったのも、その一つと考えられよう[15]」。

## 2　第二期：一九七〇年代〜

さて、第二期の一九七〇年代は、西欧中心主義に対する批判が一般化する時期である。その代表例として、ここで山川出版社の教科書を取り上げたい。神田信夫・柴田三千雄編『世界の歴史』（山川出版社、一九七三年）は、中・東欧史について主に第一次世界大戦後の独立に焦点を当てる。ここに一つの特徴が表れる。つまり、大戦後に中・東欧は西欧型の国民国家原理をもとにして独立するが、山川の教科書はその原理の導入こそ問題であったと指摘する。実際に西欧型の国民国家を形成してみたけれども、土地改革は未解決、工業化も遅れ、何よりも、独立国家内に小数民族問題が内包されることになってしまった。このように、問題点を列挙していくのである[16]。中・東欧はもともと多民族地域であるから、一国一民族の原理に基づく国内政策を実施した場合、深刻な民族問題を引き起こすのは火を見るよりも明らかである。西欧型の国民国家原理が導入されたことによって、結局、それが戦後の権威主義体制を生む要因になったというのである。つまり、一九七〇年代の山川に代表される教科書は一九五〇年代の上原の教科書よりも、より直接的かつ強力に、西欧近代の幻想を表明したのである。

「独立後各国が導入した西欧風の民主政治はほとんど定着せず、多くの国が独裁政治に移行した。……東欧の諸民族の分布は非常に複雑な上、諸国間の国境線が連合国の意思できめられたので、それぞれ多くの諸民族をふくんでおり、これをめぐり紛争がたえなかった[17]」。

同書はさらに踏み込む。後述するように、西欧近代に代わるオルタナティブとして、（今日ではほとんどの教科書で記述されなくなってしまったが）第二次世界大戦後の東欧の「人民民主主義」に注目するのである。つまり、東欧の人民は、戦間期の西欧型国民国家下では達成できなかった諸改革を、ソ連に強制される前に主体的に実施したのだと言う。西欧近代に代わる、あるいは、ソ連型の社会主義でもない、スターリン主義でもない何かを、人民民主主義に求めた叙述になっているのである。

「第二次世界大戦後、東ヨーロッパ八カ国で人民民主主義政権が誕生した。それらは共産党を中心に反ナチスの政党や団体の協力によって生まれた統一戦線政府で、政権をとると土地改革や重要産業の国有化を進め、社会主義建設に着手した。しかし……ソ連の統制が強まり……」[18]。

## 3　第三期：一九九〇年代～

この時期は社会主義体制崩壊から一〇年間の時期となる。民族問題の噴出とも形容することができる。なかでも荒井信一他著『詳解　世界史B』（三省堂、一九九五年）は、一九世紀のオーストリア・ハンガリー帝国の民族問題について詳述した。ちょうど一九九一年からユーゴスラヴィア紛争が勃発し、一〇年ものあいだ戦闘が繰り広げられたが、ここで重要なのは、ユーゴ紛争の歴史的淵源を説明するのに、オーストリア・ハンガリー帝国の民族問題について論じる必要があったということではなかろうか[19]。なお、九〇年代には民族問題にかんする歴史的記述が非常に多くなったほか、前述の人民民主主義についてもすべての教科書が言及している。

## 4　第四期：二〇〇九年以降

### 山川出版社

さて、冒頭でも述べたように、二〇〇九年度に使用された教科書を検討しよう。体制転換から約二〇年を経て記述もだいぶ落ちついてくるので、二〇一八年春現在の教科書とも大きな相違はない。

教科書採択率が最も高い佐藤次高他著『詳説世界史』（山川出版社、二〇〇九年）における中・東欧史記述は、以下の六点にまとめられるだろう。すなわち、中・東欧史を論じるさいに、まず①中世の「スラヴ人の移動とその初期国家形成」、②近世では「ポーランド分割」が大きく取り上げられている。[20] プロイセン、オーストリア、ロシアが急成長する陰で、近代国家形成に失敗した典型としてポーランドの分割に焦点を当てる。③近代の軸は「一八四八年革命」である。複合革命を前提に、中・東欧の革命をグローバルな一八四八年革命の一環として論じる。[21] ④二〇世紀史ではまず「第一次世界大戦後の国民国家形成とその矛盾」について論じ、⑤「第二次世界大戦後のソ連の役割」が強調され、⑥やがてハンガリー事件・プラハの春・東欧革命の勃発により「社会主義体制が転覆」していく過程を描く。[22] 最後に、⑦ボスニア紛争やコソボ紛争などのいわゆるユーゴ紛争を通じて「社会主義体制崩壊後の混乱」が生徒に印象付けられる、というのが叙述の特徴といえよう。[23]

では、問題点は何であろうか。同書を一読すると、研究者レベルではあまり論じられないような言い回しに出くわす。それは、「ヨーロッパ世界の形成と発展」の章で、中世初期における東ヨーロッパ世界の成立について論じている箇所である。「南スラヴ人のクロアチア人、スロヴェニア人は、西方のフランク王国の影響下でローマ＝カトリックをうけいれた。……西スラヴ人（ポーランド人、チェック人、スロヴァキア人）は西ヨーロッパの影響を受けて改宗し、西方ラテン文化圏にはいった」と。[24]

このうち、「スロヴェニア人」と「スロヴァキア人」という名称は、実は中世初期の段階では存在しないことに留意したい。この名称自体一八世紀末以降の新しい名称なのである。二〇〇年前に名乗りを確定したスロヴァキア人やスロヴェニア人が独立国家を形成したのは、二〇世紀になってからのことである。スロヴェニア人もスロヴァキア人も、よく似た紛らわしい名称に聞こえるかもしれないが、無理もない。両者の元来の意味は「スラヴ人」である。それぞれの方言でスロヴェニア人やスロヴァキア人と言っているのであり、元来彼らは自らを「スラヴ人」と思っていたわけである[25]。中世初期の段階では彼らの名乗りは明らかに「スラヴ人」であるが、日本の教科書ではスロヴェニア人やスロヴァキア人が中世においてまるで確固とした存在であったかのように描いてしまう。歴史の事実と大きく乖離しており、現地の歴史学界においてさえ民族主義的な把握と映ってしまうのである。それが今日の日本の教科書に出現するのは、戦後第一期の「民族解放」「民主革命」を目指す歴史教科書以来、日本の歴史学や歴史教育が、いわゆる小民族の歴史叙述に配慮してきたことの蓄積の重さを、如実に表しているのではないか。

さて、同じく山川出版社のポーランド分割に関する記述を見ると、ふたたび西欧を基準に叙述し直した感が否めない。例えば、ポーランドは西欧と違って、「一六世紀後半にヤゲウォ朝が断絶すると、選挙王政のもとで国内の貴族間の対立が隣接する大国の干渉を招いた」と述べる[26]。この記述は、選挙王政下でこそ国内貴族の対立が激化したかのような印象を与えかねない。選挙王政であったがために国内がまとめられず、ゆえに西欧型の中央集権国家を形成できずに崩壊した、という因果関係が成立しているように見えるのである。（世襲王政ではなくて）選挙王政をやや問題視するような前提があるのはなぜだろうか。

この選挙王政は七選帝侯の神聖ローマにとどまらず、中・東欧のハンガリー、ポーランド＝リトアニア、ボヘミア、そして、カリンティアに存在した。選挙王政は、本来、教科書でもう少し取り上げられるべき題材である。中・東欧の多くが選挙で王を決める国であった。言うまでもなく、ポーランド＝リトアニアの場合は、一七九〇年代までに約二〇万人の有権者がいた。スタニスワフ・アウグストという王を選挙するのに、（大半は貴族だが）二〇万人もの有権者が選挙で王を決めていたのである。市民革命を経ていた同時期のフランスやアメリカにいったいどのくらいの有権者がいたかを知っていれば、ポーランドの有権者の極端な多さに驚くことであろう。つまり、選挙王政の仕組みにかんする説明もないまま、選挙王政下の国内不統一のみを強調するのは、やや問題のある叙述であると言わざるを得ない。

同じく山川の教科書に関しては、ポーランド分割から次の「一八四八年革命」の単元を読みすすめると非常に興味深いプロットが浮かび上がる。

「一八四八年革命は、……西欧諸国では自由主義・民主主義政治改革が、東欧地域ではナショナリズムによる民族自立が主要な目的になり、西欧と東欧の相違が顕在化し、以後それぞれことなる方向に進む分岐点になった(27)」。

高校生から見れば図式的で非常に分かりやすいだろう。しかし、中・東欧史研究の立場で言えば、東西ヨーロッパの分岐をここまではっきりと言い切るのはかなりの勇気が要ることである。また、このような理由をもって、一八四八年革命に東西ヨーロッパの分岐を求めるのであれば、その直前でポーランド分割について論じている以上、次のような理解が可能となる。つまり、ポーランド分割のような出来事を経て近代国家形成に遅れてしまった地域が一八四八年革命を迎えると、ナショナリズムによる民族自立こそ先行課題にならざるをえないと。国家をもつ西欧諸国は市民革命により、国内の自由主義、民主主義、政治改革をすでに断行することのできる段階にあったのに対して、国家をもたない東欧諸国はどうなるのか。そのような地域では、ナショナリズムによる民族自立、これが革命の主要課題にならざるをえない。この違いが東西ヨーロッパの分かれ目なのであるとの判断が働いていると言えよう。とはいえ、繰り返しになるが、この東西ヨーロッパの分岐にかんする実証はきわめて難しい。一八四八年革命時点で、君主がハプスブルク家であっただけであり、ハンガリーにも王国はあり、ボヘミアにも王国はあった。また、一八世紀の啓蒙改革以来、両国では政治改革や自由主義改革も進んでいた。絶対王政研究や啓蒙専制研究が大きく変わっている現在、分岐にかんする上記の山川の記述は中・東欧のどこの国や地域を想定しているか、少々分かりづらくなっていると言わざるをえない。

次に、第一次世界大戦後の中・東欧史記述を考察しよう。

「大戦後、東ヨーロッパ・バルカン地域では、多くの新興国が成立した。……しかしチェコスロヴァキアをのぞいては、少数民族問題を抱えて国内のまとまりを欠いていた。そのため二〇年代末には、過激な民族主義や強権政治で国民を統合しようとする国が多くなった[28]」。

これについても直前の一八四八年革命にかんする叙述から時系列で理解してみよう。一九世紀以来、中・東欧では国民統合が遅れていたので、第一次世界大戦を経て独立したあとも国内には必然的に多くのマイノリティが残存した。こうして結局のところ、統合は強権政治に頼らざるを得なくなる……。以上のような解釈へと帰着するのである。しかし、もしそうだとすれば、一九世紀に国家統合を果たしていたドイツがなぜナチスの強権政治へと歩を進めていったのか、ヴェルサイユ条約以外のその理由を、コラムなどにおいて中・東欧と対比して説明する必要があるだろう。

さらに、山川では、第二次世界大戦後の中・東欧は強権政治に対する反省から、とりわけハンガリー、ルーマニア、ブルガリア、ユーゴスラヴィア、アルバニアなどが、ソ連型の人民民主主義に基づく社会主義を採用して工業化を進めたとされている。[29] ここで二〇〇九年の教科書の記述上の大きな転換に気付くのである。つまり、「ソ連型の人民民主主義」という形容へと変化した点である。一九七〇年代の上記の山川出版社の教科書は、戦後東欧には独自の人民民主主義が存在し、それが潰されてソ連型社会主義が強制されたと記述していた。これが、二〇〇九年には「ソ連型の人民民主主義」という書き方に変わっているのである。戦後社会主義にかんするさまざまな学説のうちの一つを採用したことが分かる。

しかし、「ソ連型の人民民主主義」という語の登場よりもさらに重要と思われるのは、どの教科書も一九八九年の東欧社会主義圏の一斉消滅に現代中・東欧史記述の焦点をあてはじめたという事実である。つまり、「中・東欧がソ連から自立しようとする一九八九年」という語りへと変化しているのである。山川の執筆者は、ハンガリー事件やプラハの春、そして人民民主主義などのソ連支配の冷戦期を詳細に述べるより、ソ連から解放される一九八九年を重点的に記述するほうが、戦後中・東欧史を説明しやすいと考えたのではないか。

### 三省堂

続いて、西川正雄他著『世界史B』（三省堂、二〇〇九年）の記述を取り上げたい。三省堂も山川と同様、中世初期の段階からクロアチア人、ウクライナ人、そしてスロヴァキア人があたかも存在したかのように描いている。特にスロヴァキアの箇所には完全なる誤植がある。「スロヴァキア人」について原語で Slovensks

（スロヴェンスクス）と表記されているが、英語でスロヴァキア人は、単数形でSlovak（スロヴァーク）、複数形でSlovaks（スロヴァークス）である。スロヴァキア語でスロヴァキア人は、単数形でSlovák（スロヴァーク）、複数形でSlováci（スロヴァーツィ）という。一方、スロヴァキアという国はスロヴァキア語ではSlovensko（スロヴェンスコ）である。つまり、三省堂の「スロヴェンスクス」という語は、スロヴァキア語にも中・東欧のどの言語にも存在しない用語なのである。誤植と言える。

ポーランド分割と一八四八年革命にかんする記述をあわせて、次のことが言えそうである。一八四八年のハンガリー革命は最終的に失敗するものの、民主主義や民族主義の要求は消滅しない[31]。つまり、一九五〇～六〇年代の民族解放・民主革命論を継承しているかのようである。第一次世界大戦後の東欧諸国の独立にかんしては、西欧型の国民国家原理を導入しても、結局は新しい火種が生まれるとして警鐘を鳴らしている[32]。二〇〇九年の段階で、一九七〇年代の教科書における西欧近代に対する批判を最も強く意識していたのが、三省堂の教科書であった。なお、三省堂は人民民主主義の記述を削る代わりに、一九八九年の東欧革命にかんする記述を増やし、これに重心を置き換えた[33]。この点は山川と軌を一にしている。

### 実教出版

さて、中・東欧史にかんするその他の特徴的な教科書を概観してみよう。まず、鶴見尚弘他著の『世界史B』（実教出版、二〇〇九年）である。これは中・東欧史研究者からみても、非常に詳細に書かれていて、最も親近感を覚える内容である。中・東欧の選挙王政にかんしても、選挙王政の仕組みや特徴について簡潔に述べ、日本の研究の最先端の成果を生かしている。「ポーランドでは、……選挙王政がとられていた。人口の一割を占めるシュラフタ（貴族）が、国王を選挙で選び、議会を通じて国政の主導権を握った。この参政権を持つ者の比率は、名誉革命後のイギリスよりも大きかった」[34]。近世中・東欧史にかんして最も精通しているのが実教出版と言えよう。

### 帝国書院

川北稔を中心とする『新詳世界史Ｂ』（帝国書院、二〇〇九年）は周知のとおり、「世界システム論」に基づきながら世界史を叙述する独特の教科書である。それによれば、東欧は、西欧への穀物供給地であり、常に従属的な立場にあったとの認識に立っている。「西欧への穀物供給地となったポーランドでは、国家の力が弱くなり、諸外国による三度の分割を経て、いったん消滅してしまう」[35]。世界システム論を提唱したアメリカのウォーラーステインに連なる従属論系の歴史家はかつて、最初の西欧の植民地こそ東欧であると認識していた。さすがに帝国書院の教科書はそのような直接的な言い方はしていないが、少なくとも類似の認識に則って、西欧への穀物供給地域となった中・東欧を、西欧に対する後背地として一貫して描いている。

### 東京書籍・第一学習社

さて、歴史研究者からすると、教科書に載っている民族分布図の中で、最も信頼がおけるのは東京書籍の地図であった[36]。それからもう一つ、ユーゴスラヴィアの民族問題の成立について、非常に分かりやすく図式化できていたのは第一学習社であった[37]。これらは大学の中・東欧史の授業でも使えるほど、正確で分かりやすい。

## おわりに　歴史認識を映す鏡としての中・東欧

最後に全体を総括したい。まず明治期日本の世界史教科書には、国民形成や近代国家形成に貢献するという使命があった。つまり、模範となる西欧と、模範とならない反面教師の中・東欧とが対比的に叙述されていたのが特徴的であった。これが大正・昭和初期になると、中・東欧史自体の記述が消滅あるいは激減した。日本が西欧に比肩したと考えようとするナショナリズム的な自負の中で、イギリス・フランス・ドイツについて対等な立場での記述が増えたことを意味していた。

戦後第一期の一九五〇～六〇年代の記述は戦前とまったく変わることになった。もはや西欧近代を絶対化しない。西欧近代からの解放を中・東欧の諸民族に重ね合わせるという論じ方に変わったのである。ここに民主性も求めているという点が重要である。一八四八年革命を複合革命と考え、その民族解放性と民主性を論じたところに当時の歴史認識がよく表れているといえるだろう。

戦後第二期の一九七〇年代以降には、西欧近代に対するさらなる批判、要は西欧中心主義批判が活発化した。これは、西欧型の国民国家原理の限界を中・東欧史を通じて論じるというスタイルとなって表れた。あるいは、西欧近代に代わるオルタナティブとして、戦後東欧の人民民主主義を論じるという思考にも象徴されていた。

戦後第三期の一九九〇年代以降は一言で言うと「混沌」である。第一期、第二期の要素が複合したり消滅したり、どれか一つが抜け落ちたり、あるところがまざり合ったりした。例えば、民族解放と西欧近代批判と社会主義崩壊が共通の視点もなく論じられてしまうなど、まさに混沌と言える。

さて、これまで確認してきたように、それぞれの時期の教科書には異なる特徴がある。しかし、それでもなおすべての時期に共通する、ある「通奏低音」が存在しているように思う。すなわち、日本が西欧近代を模範とするのか、あるいは批判するのかという、西欧との距離感に応じて中・東欧が常に語られてきたという通奏低音である。これは戦前も戦後も変わらない。西欧を意識してこれをモデル化した戦前には中・東欧は反面教師とされ、逆に西欧を批判した戦後には中・東欧は西欧近代を超克する存在と考えられた。つまり、常に西欧との「対比」あるいは西欧との「距離の置き方」に応じて、中・東欧が語られてきたのである。

より厳密に言えば、「西欧という模範」と「中・東欧という反面教師」というように、戦前の世界史教科書は、両者を峻別しつつも、世界の国々を「序列化」していた、という点がポイントである。世界にはさまざまな国民国家史があるが、常にその中には序列があった。これを「位階秩序」という強い言葉で表現してもいいだろう。このコロニアルな位階秩序の中で、日本が西欧に比肩する存在になるべきだということを、教科書を通じて生徒たちに印象付けてきたのである。つまり、西欧と中・東欧を語りながら、実は日本を語っていた。そういう歴史認識の構造が存在したように思われる。

一方、戦後の世界史教科書は近代西欧批判を通じて、この序列化をいったん撤廃しようとした。しかし、序列の撤廃は、それほど容易なことではなかったのではないか。つまり、「序列の逆転」という形で、かつてのコロニアルな序列化の枠組みがポストコロニアル的に保存されているケースが散見されるからである。例えば、西欧近代に代わるより良いオルタナティブとして人民民主主義があると言ってしまえば、これはただ序列を逆転させただけに過ぎない。スロヴァキア人、スロヴェニア人は中世初期には名称すら存在しないが、西欧の諸民族とも古さの上で同等の存在だと言ってしまえば、これも、序列を暗黙のうちに前提にしていることになる。

今後、この序列化を日本の教科書記述の中でどこまで相対化することができるのか、あるいは、どれほど緩和することができるのか、今後の重要なテーマになるだろう。まさにこのときこそ、歴史学と歴史教育との間の歴史実践上のいっそうの対話が不可欠になるのではないか。いずれにせよ、中・東欧史は日本の近代認識を映す鏡のような存在であったと考えられる。

註

（1）このような「東欧」概念の形成を実証した研究者がアメリカのＬ・ヴォルフである。彼の著書『東欧を捏造すること』は、一八世紀のオリエント研究以降、「東欧」概念が啓蒙主義期のヨーロッパ人の間でいかに構想され、考案され、ときに捏造されてきたか、その過程を実証している。Larry Wolff, *Inventing Eastern Europe: The Map of Civilization on the Mind of the Enlightenment*, Stanford, CA 1994, pp. 1-16 and 89-143.

（2）その一助となった研究者が冷戦期のＤ・チロットである。彼の著書『東欧の後進性の起源』は先進的な「西欧」と異なる後進的な「東欧」というイメージを定着させるきっかけとなったと言ってよい。チロットは、産業革命や資本主義の発展を経験した西欧に対する東欧の「後進性」の起源を、中世にまで遡ることができるとした。Daniel Chirot, "Causes and Consequences of Backwardness," in D. Chirot (ed.) *The Origins of Backwardness of Eastern Europe: Economics and Politics from the Middle Ages until the Early Twentieth Century*, Berkeley, CA 1989, pp. 1-14.

（3）Ｊ・ルプニック（浦田誠親訳）『「中央ヨーロッパ」を求めて――東欧革命の根源を探る』時事通信社、一九九〇年、一九～四八頁。

（4）中井和夫「『新東欧』の登場」山内昌之編『二一世紀の民族と国家』日本経済新聞社、一九九三年、九一～九七頁。

（5）大槻文彦『萬國史畧』文部省、一八七四年、五三～五四頁（国文学研究資料館ＨＰ「近代書誌・近代画像データベース」より。二〇一七年八月二八日閲覧）。

（6）今日からみて重要であっても、当時の中・東欧史で記述されない事項は以下の通りである。中世の「スラヴ人の建国およびギリシア正教の拡大」、近世では「オスマン帝国の支配」である。近代の「一八四八年革命」については、フランスの二月革命が中心で、ウィーンやハンガリーの三月革命は補足的に記述されるにとどまる。近代ドイツの東方問題も、大国の権力政治の一環として記述される傾向がある。

(7) 有賀長雄『中学校用　西洋史教科書』三省堂、一九〇四年、一八八〜一八九頁。

(8)「カタリナ二世」とはロシアのエカチェリーナ（エカテリーナ）二世を指す。

(9) 有賀、『西洋史教科書』、二〇五頁。

(10) 箕作麟祥編『萬國新史』上編一、玉山堂、一八七一年には特にその傾向が見られる。

(11) 鳥越泰彦「地理歴史教育の中の東欧」『東欧史研究』二四、二〇〇二年、六七頁。

(12) 上原専禄『高校世界史』実教出版、一九五六年、二六六頁。

(13) 上原『高校世界史』、二六六〜二七一頁。

(14) E・J・ホブズボーム（柳父国近・長野聡・荒関めぐみ訳）『資本の時代一八四八―一八七五年』(1)、みすず書房、一九八一年、一二頁。

(15) 上原『高校世界史』、三九五頁。

(16) 神田信夫・柴田三千雄『世界の歴史』山川出版社、一九七六年、三〇五頁。

(17) 神田他『世界の歴史』、三〇五頁。

(18) 神田他『世界の歴史』、三四七頁。

(19) 荒井信一他『詳解　世界史』三省堂、一九九五年、二二八〜二三二頁。

(20) 佐藤次高・木村靖二・岸本美緒・青木康・水島司・橋場弦『詳説世界史』山川出版社、二〇〇九年、一四一〜一四二、二一一頁。

(21) 佐藤他『詳説世界史』、二四〇頁。

(22) 佐藤他『詳説世界史』、三〇九、三四〇、三四七、三五六〜三五七、三六四頁。

(23) 佐藤他『詳説世界史』、三六五頁。

(24) 佐藤他『詳説世界史』、一四二頁。

(25) 中澤達哉『近代スロヴァキア国民形成思想史研究――「歴史なき民」の近代国民法人説』刀水書房、二〇〇九年、一一一〜一一二頁。

(26)　佐藤他『詳説世界史』、一五八～一六一頁。
(27)　佐藤他『詳説世界史』、二一二頁。
(28)　佐藤他『詳説世界史』、三〇九頁。
(29)　佐藤他『詳説世界史』、三四〇頁。
(30)　西川正雄・中村平治・矢澤康祐・飯尾秀幸・伊集院立・今井駿・栗田禎子・新川健三郎・富永智津子・鳥越泰彦・内藤雅雄・二村美朝子・松本通孝・古田元夫・馬渕貞利・森田安一・森谷公俊『世界史B』三省堂、二〇〇九年、八八～八九頁。
(31)　西川他『世界史B』二一二頁。
(32)　西川他『世界史B』、二八七頁。
(33)　西川他『世界史B』、三五〇頁。
(34)　鶴見尚弘・遅塚忠躬・小島淑男・太田幸男・相田洋・松本宣郎・木畑洋一・深見純生・三好章・江川ひかり・桂正人・小林共明・小川幸司『世界史B』実教出版、二〇〇九年、二〇〇頁。
(35)　川北稔・重松伸司・小杉泰・杉本淑彦・桃木至朗・青野公彦・清水和裕・吉澤誠一郎・杉山清彦『新詳世界史B』帝国書院、二〇〇九年、一四七頁。
(36)　相良匡俊・並木頼寿・三浦徹・安藤英夫・粕谷栄一郎・山田美保・米澤光明『新選世界史B』東京書籍、二〇〇九年、二〇五頁。
(37)　向山宏・秋田茂・石井修・川口靖夫・佐藤眞典・曽田三郎・田中泉・中村薫・吉川幸男・吉田耕作『高等学校世界史B』第一学習社、二〇〇九年、二五七頁。

# 第4章　高校世界史教科書におけるアメリカ合衆国
## ――人種・エスニシティ・人の移動史を中心に

貴堂　嘉之

### はじめに　研究テーマと歴史教育との関わり

本章では、二〇一五年三月に立教大学にて開催された文学部公開シンポジウム「高校世界史教科書記述・再考　研究者の視点から」での報告をもとに、高校世界史B教科書執筆者であるアメリカ史研究者の立場から、高校教科書の抱える課題を検証し、自分自身の歴史教育における新しい歴史教科書づくりの取り組みを紹介させていただくこととしたい。

まず自己紹介を兼ねて、筆者の研究テーマと歴史教育との関わりについて述べたい。研究テーマは大きく三つに分かれ、一つはアメリカ移民史と呼ばれる分野で、近代世界における人の移動の中心に位置してきた移民国家アメリカの歴史を研究の柱としている[1]。二〇一二年に、これまでの研究をまとめ、『アメリカ合衆国と中国人移民―歴史の中の「移民国家」アメリカ』（名古屋大学出版会）を上梓した。建国来、世界中の移民をあまねく受け入れてきた「人類の避難所」として、移民国家アメリカを描く神話的歴史像に対して、拙著ではアジア系移民の歴史からその神話的歴史像を捉え直し、移民国家アメリカは、一九世紀後半の「中国人移民問題」への対応から誕生したこと、アメリカ移民政策は一貫して人種やジェンダー、エスニシティ、健常な身体などのフィルターで移民可能な者／不可能な者を選別してきたことを明らかにした。分析の枠組みとしても、「長い一九世紀」の人の移動史とは、決して自由移民ばかりでなく、そこには奴隷や年季奉公人など不自由で強制的な多様な人流が混在していたことから、これらを総合的に扱う人の移動のグローバル・ヒストリー・モデルという分析枠組みを提唱し、奴隷研究と移民研究、華僑・華人研究を架橋することが必要であると問題提起した。それから二つ目の研究テーマは、アメリカの社会秩序の分析の柱をなすレイシズム、人種主義に関する研究である(2)。これは九〇年代以降にアメリカで盛んになった「ホワイトネス・スタディーズ」をもとに、白人性が例えば「異人種間結婚禁止法 anti-miscegenation laws」など人々の恋愛・結婚という生活の根幹をなすセクシュアリティの禁忌と交差しながら、いかにアメリカを人種国家たらしめたのかを検証するものである。人種とジェンダー・セクシュアリティの交差する部分を分析する研究の延長線で、最近では二〇世紀前半のアメリカ優生学運動を中心に研究しており、現在はこの仕事をまとめている。それから三つ目のテーマとしては視覚表象史料論、風刺画研究で、とりわけ一九世紀後半のアメリカで活躍したトマス・ナスト（Thomas Nast 1840~1902）という風刺画家の研究に取り組んでいる(3)。ナストは、あの太ったサンタクロースや民主党や共和党の政治ロゴなど多くのシンボル・キャラクターを生みだした風刺画家で、南北戦争・再建期に中国人移民問題についても多くの風刺画を描いており、それら視覚資料を用いて当時の人種・エスニシティにかかわる秩序形成を読み解く仕事をしている(4)。

高校歴史教育に関わる仕事では、だいぶ前のことになるが、大学入試センター試験の世界史分野の出題委員を務めた経験があるほか、本務校の一橋大学では世界史の入試業務に関わっている。高校生向けには、毎年、大手予備校が主催する大学説明会で歴史学代表として歴史学の面白さを伝える模擬授業をしている。また、これまでに大学教養課程向けテキストとしては、有賀夏紀・油井大三郎編『アメリカの歴史――テーマで読む多文化社会の夢と現実』（有斐閣アルマ、二〇〇三年）や川島正樹編『アメリカニズムと人種』（名古屋大学出版会、二〇〇五年）、和田光弘編『大学で学ぶアメリカ史』（ミネルヴァ書房、二〇一四年）、兼子歩・貴堂嘉之編『「ヘイト」の時代のアメリカ史——人種・民族・国籍を考える』（彩流社、二〇一七年）などの執筆を手がけてきており、本務校では一年生必修の社会科学概論という授業で、人文科学・社会科学の基礎となる歴史学のエッセンスを講義している。高校での学びを大学での学修へとシフトさせる転換教育において、時間軸で思考する技法を学ぶ歴史学はやはり社会科学・人文科学の礎となる。

## 一　高校世界史教科書の世界

こうした研究活動をしてきた筆者が、思いがけず実教出版の高校世界史B教科書の執筆依頼を受けたのは、今から十年前の二〇〇八年であった。そのきっかけを作ってくれたのは、大学時代からの友人である小川幸司さんであった。高校世界史、歴史教育に関心のある者であれば知らない人はいないであろう小川さんは、実は大学入学時の同級生で、最初に西川正雄先生の歴史学概論を一緒に受講して意気投合して以来、卒業後も交流を絶やすことのなかった畏友である。卒業後、長野の高校教員になった小川さんは松本深志高校などで長らく教鞭をとり、現在は長野高校で教頭を務めている。

ここでちょっと考えてみたいのは高校と大学の教員との距離感である。本務校には他学部の教員を含め、一五名ほどの歴史研究者がおり、全国でも指折りの規模だと思うのだが、高校教科書を執筆しているのはどうやら私だけのようである。大学の歴史研究者は、所属する国内外の学会向けに最新の研究発表するのが主たる仕事であり、大阪大学のようなところを除けば、高校教員や世界史教育と接点を持つ者はごく僅かである。入試問題作成において、新課程の教科書や山川の用語集すらチェックすることなく、受験生泣かせの難解な出題を繰り返す大学教員には、高校の歴史教育の現状を知らない、学界という隔絶された世界の住人が多い。歴史教育が直面している課題を真摯に受けとめ、解決にむけて舵を切るためには、高校・大学の垣根を越えて両者が対話する場が必要との声があがり始め、二〇一五年七月二六日に高大連携歴史教育研究会が発足した。次の新しい学習指導要領では、現在の「世界史A」と「日本史A」を融合し、日本と世界の近現代史をあわせて学ぶ「歴史総合」が新設、必修化され、「世界史B」「日本史B」はそれぞれ「世界史探究」「日本史探究」となるとされている。この改編に合わせ、高大連携歴史教育研究会は、高校教科書や大学入試における歴史系用語精選の提案をするなど、精力的な活動を行っている。

もし私にこの高大連携に至る道程での貢献があるとすれば、歴史学研究会年次大会（二〇〇九年五月二四日）の特設部会「社会科世界史六〇年」で、まだ名前の知られていなかった小川さんに報告する機会をつくる橋渡し役を務めることができたことだろう。その前年に教科書執筆を誘われ、旧交を温めて彼の歴史教育における具体的な提言を聞く機会が増えてからというもの、アメリカ史学会でまず特集「歴史の現場――教育・研究・運動」に寄せて（『アメリカ史研究』三一号、二〇〇八年七月刊行）に、巻頭論文「世界史という「妖怪」がアメリカを徘徊している」[5]を寄稿してもらい、深くその歴史教育論に共感するようになっていた。

歴研大会のシンポでの、小川報告「苦役への道は世界史教師の善意でしきつめられている」は、歴史教育に関わる研究者に大きな衝撃を与えた。「苦役」とは、高校生にとって必修となっている世界史学習の暗記地獄のことで、ここで言う「世界史教師」には高校教員だけでなく、大学教員が含まれていた。小川さんは高校世界史が高校生からも社会人一般からも嫌われている科目であって、その意義に共感してもらうことに失敗してきた科目であるということをまず認識すべきであると断じ、世界史教育の方法は本当に高校生の学びにふさわしいものなのか、わたしたちはその自己検証を怠ってきたのではないかというふうに問いを発した。小川さんは大学入試の問題点についても指摘し、新しい学説を導入して教科書を書き換えたとしても、入試の問題でそれが出題された途端に教師の善意はすぐに暗記地獄への道を舗装し始めると、この皮肉な言い回しで、世界史教育の現状を痛烈に批判した。

彼は具体的に世界史の改革論を大きく言って四つ提唱している。その一つ目が、問いかけ重視の授業をして教科書を作ること。高校世界史がスタートしたばかりの一九四九年直後の教科書には実はさまざまな問いかけがあったということに注目して、今の文明学風のゴシックの太字だけの教科書を見直す必要があると主張した。それからその歴史教育の基層には三層あって、現状の高校世界史は第一の基層の事件・事実の列挙、第二層の歴史の解釈に触れるのがやっとであるのだが、問いかけを通じて第三の基層、歴史を素材として人間のあり方や政治のあり方、ひいては自分の生き方について歴史批評を行う、ここまでやり遂げなければ歴史教育とは言えないと提言した。そういう認識のもと、お粗末な暗記を問うような大学入試は全廃すべきと言い、歴史の分析力を問うような論述問題、小論文を入試で作問することを推奨している。こうした歴史教育論に全面的に共感し、彼と一緒に世界史教科書を書き替える仕事をしてみたいという動機から、私の場合は教科書の執筆を引き受けたということになる。

また、これに加え執筆を引き受けた第二の理由としては、アメリカ史研究者としてはたぶん異例のことだと思うが、近代ヨーロッパ史のパートや（誰も書き手のいない）「人類の誕生」の章についても執筆できるという好条件でのお話だったことがある。旧版・新版世界史Bの教科書執筆者をすべてリストアップしてみるとわかるのだが、各社とも一〇名前後の執筆陣がおり、内訳では西洋史に三〜四名、イスラム史に一名、中国史三名ぐらいはほぼ固定しており、近代ヨーロッパ史のパートは、実教での旧版を担当したのが遅塚忠躬先生であったように、これまでフランス史、ドイツ史、イギリス史の研究者が執筆することが多かった。最近になって、油井大三郎先生が山川出版社の執筆陣に加わったのでだいぶ状況は変わってきたが、私が執筆を引き受けた段階では、三省堂世界史Bで私の指導教員であった新川健三郎先生が執筆陣にいたほかは、アメリカ史研究者はほぼ皆無であった。これは、戦後六〇年のこの社会科教育の中で、日本の歴史学、西洋史学に築かれた見えざるヒエラルキーを反映しており、アメリカ史研究者は、いかに二〇世紀が「アメリカの世紀」であっても、アメリカ合衆国が現代史において圧倒的なプレゼンスを持っていたとしても、教科書執筆に関わるチャンスは極めて限られていたといっていい。裏を返せば、このような状況下で、アメリカ史の専門家でないヨーロッパ史の研究者がアメリカ史のパートの執筆をしてきたことが、旧版までのアメリカ史に共通する、通り一遍のつまらない歴史記述の根本的な原因である。ちょっと古いデータではあるが、麻布中学・高校の鳥越泰彦先生がまとめてくれた資料（表4-1）に基づくと、旧版の世界史Bの教科書一一種類に載ったアメリカ史で頻度一〇以上の用語はおよそ九〇個ある。そもそも教科書全体の中で割当枚数が少ないアメリカ史のパートにこれだけの用語を詰め込んで執筆したことで、各社ほとんど同じ記述になっていったのだと思われる。

**表4-1　世界史B教科書一一種類のうち、頻度一〇以上のアメリカ史の用語（～二〇一四年教科書に拠る）**(6)

フルトン、蒸気船、一三植民地、植民地議会、大陸会議、印紙法、「代表なくして課税なし」、茶法、ボストン茶会事件、ルイジアナ買収、アメリカ＝イギリス（米英）戦争、アメリカ＝スペイン（米西）戦争、フィラデルフィア、ワシントン、独立宣言、ジェファソン、アメリカ合衆国憲法、アメリカ大統領、ジャクソン、カリフォルニア、西部、フロンティア（辺境）、インディアン、南部、プランテーション（大農園・大農場制度）、奴隷制、北部、保護関税政策〔アメリカ〕、リンカン、アメリカ連合国（連邦）、自由貿易、南北戦争、ホームステッド（自営農地）法、奴隷解放宣言、大陸横断鉄道、ペリー、グアム島、ハワイ、門戸開放、アメリカ合衆国の参戦、十四カ条（十四カ条の平和原則）、国際連盟不参加〔アメリカ〕、ケロッグ、債権国アメリカ、移民法、ニューヨーク株式市場、ウォール街、フランクリン＝ローズヴェルト、ニューディール、農業調整法（AAA）、全国産業復興法（NIRA）、テネシー川流域開発公社（TVA）、封じ込め政策、ケネディ、ケネディ暗殺、ジョンソン、キング牧師、ニクソン、ブッシュ、クリントン、同時多発テロ（九・一一事件）、善隣外交、望厦条約、日米和親条約、日米修好通商条約、真珠湾奇襲、ミッドウェー海戦、日本本土空襲〔アメリカ〕、沖縄本島上陸、広島に原爆投下、長崎に原爆投下、日米安全保障条約、ニクソン訪中、マーシャル＝プラン、大西洋貿易、移民、ワシントン会議、ワシントン海軍軍縮条約、世界恐慌、第一次世界大戦、第二次世界大戦、大西洋会談、大西洋憲章、太平洋戦争、ノルマンディー上陸、ヤルタ会談、ポツダム宣言、ドイツ分割占領、NATO、ジュネーヴ協定、サンフランシスコ講和会議、北ベトナム爆撃（北爆）、ベトナム戦争、ベトナム（パリ）和平協定、アメリカ軍のベトナム撤退、ベトナム介入、ベトナム撤退

（出典）　著者作成。

## 二　教科書執筆における新しい試み

では、次に私が手がけた教科書では具体的にどのような新しい試みをしたのか、紙幅も限られているが五

図 4-1　人種の定義

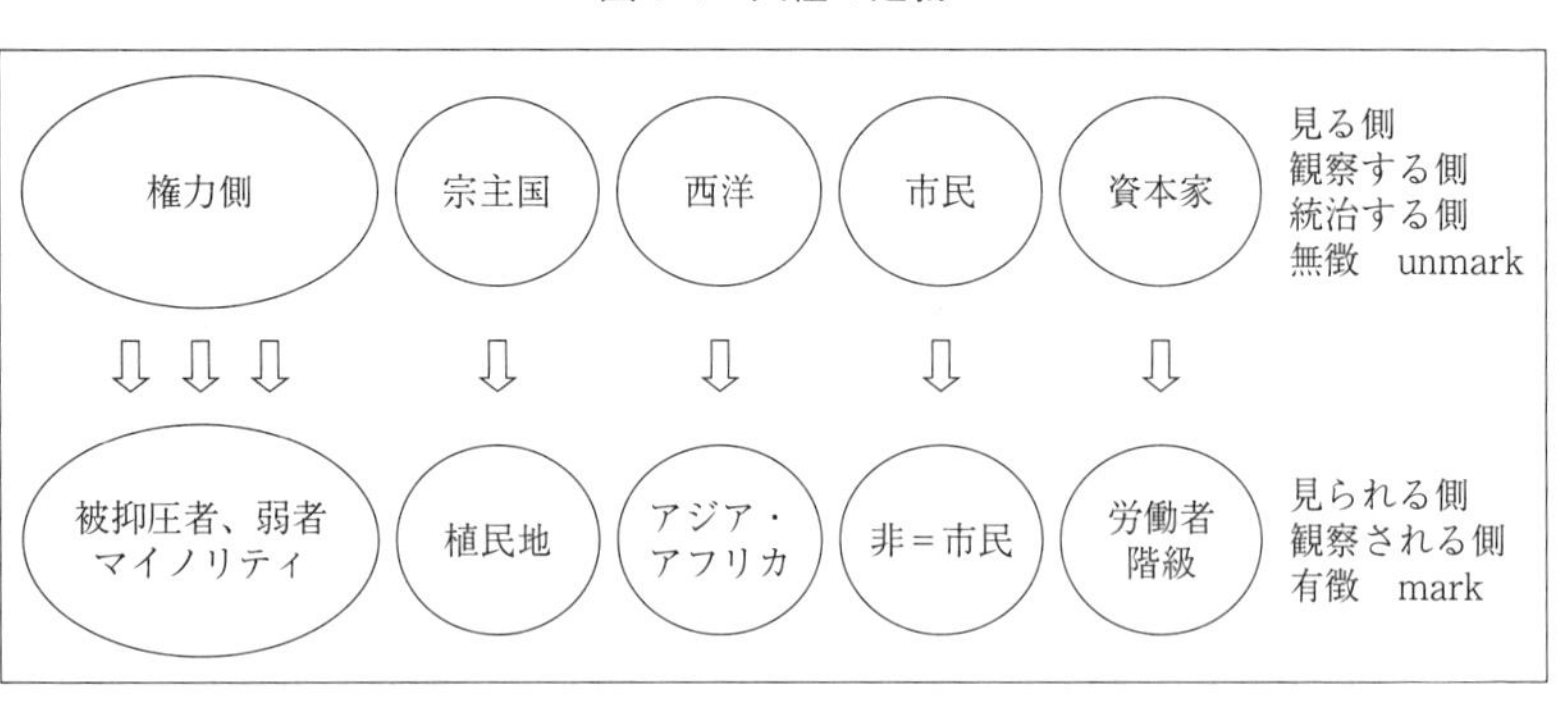


（出典）筆者作成。

点に分けて紹介したいと思う。

## 1 「人種」の定義について

まず、これはアメリカ史というよりも、より大きく世界史全体に関わる大問題だと私は思っているのだが、「人種」の定義を欧米流に変更した点があげられる。私が「人類の誕生」を専門外ながら書かせてもらったのは、この人種の定義を変えたかったからである。それまで、どの教科書でも人類の起源の章の最後の部分には、人種・民族・語族の説明があり、人種については三大人種が語られ、「人種ということばは、身長・頭形・皮膚の色・毛髪といった生物学上の特徴で人類の集団を分類する場合に用いるもの」と生物学的決定論で説明が加えられてきた。これが、実際の近代の人種主義の暴力が生じる歴史的過程を説明するには適しておらず、大事な点は**図4−1**のように、権力を持つ側がその劣位の人種に意味を付与し名付ける社会的構築の過程であることはいうまでもない。この点、実教の教科書は大きく書き換えた。

そもそもこの人種の定義に関して、最初に筆者が問題提起をしたのは拙論「アメリカ合衆国のネーション・人種・移民―ホワイトネス研究を中心に―」『歴史と地理――世界史の研究』（五六九号、二

図4-2　世界史のなかの「ものさし」

世界史の探究

**世界史のなかの「ものさし」**

人種・民族にかぎらず，歴史用語には，客観的・中立的にみえても，実際には，その成立の経緯からして権力のある側がその支配を正当化するためにつくりだした，政治的・社会的な含みをもつ用語が多い。世界史を学ぶ目的の一つは，歴史をさまざまな角度から理解するまなざしを養うことである。世界史における時間軸の座標が，どうしてキリストの誕生年を元年とする西暦(キリスト紀年)なのか。「中東」や「極東」といった地理的区分は，どういう基準なのか。発展途上国が第三世界ならば，第一・第二世界とはいったい何なのか。こういった座標軸や分類・整理に使われている世界史のなかの「ものさし」を，注意深く探究することも大切な作業である。世界史の「ものさし」が，西洋や白人・男性・健常者の視点を基準にしてつくられてきたものが多いとすれば，これらをどうしたら相対化できるのか。別の角度から歴史を眺めて，歴史における進歩とは何か，本当の豊かさ，平和とは何かを考えること，これが世界史学習の醍醐味（だいごみ）である。

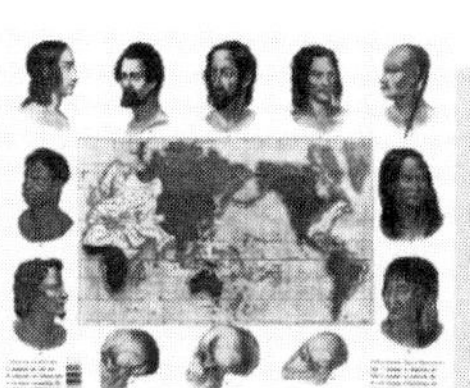

◀**19世紀の人種分類図**　肌の色，頭蓋骨の形や大きさをもとにして人種を意図的に分類し，優劣をつけようとした。

（出典）『新版高校世界史B』実教出版、2017年、21頁。写真提供：PPS通信社。

〇〇三年）においてであった。山川の世界史教科書の人種の記述を生物学的決定論の典型として時代遅れだと批判したところ、その部分を担当執筆された著者からレスポンスがあり、改訂版での訂正をそのときに確約してくださったのを懐かしく思い出す。実際、山川の新版では、「人種による分類とは、身長……といった身体の特徴によって、人類をおおむね白色人種、黄色人種、黒色人種にわけようとする考え方である。このような人種の違いを優劣と結びつける考えは、一九世紀以来ヨーロッパやアメリカで盛んになった。しかし、今日では、人類を人種によって分類したり、人種間に優劣の差があると考えることには、科学的根拠がないとされている」と書き改められた。

日本の人種研究は、戦後歴史学の中ではほとんど成果物がない状況だったが、近年になってようやく、京都大学の竹沢泰子氏を中心としたプロジェクトなどで人種神話の解体が日本社会の文脈でも展開し始め、黒川みどり氏が部落差別を「人種」で語るなど特筆すべき研究も登場している(7)。歴史用語を暗記することに懸命な高校生にとって、大切なのは、人種の分類が初めから決まったものではなく、自分が黄色人種だという認識そのものも社会的・歴史的に作られたものであることを理解することである。その際、アメリカで日系移民が経験した人種的排斥運動の歴史を学んだり、アメリカの国勢調査の人種分類を学ぶことは、人種を他人事ではなく自身の切実なアイデンティティの問題として考察する端緒となるだろう。社会の中での恣意的な分類について、有徴・無徴、社会構築主義などという言葉は高校生には使えないわけで、それをわかりやすくコラムにしたのが、図４-３の「世界史の探究」というコラム、「世界史のなかの「ものさし」」という文章である。こうした自明と思える分類項の座標を一度、疑ってみること、「ものさし」の基準をゆさぶるところにこそ、歴史研究の醍醐味があると私は思っている。

## 2　アメリカ合衆国史における人種規定の重要性について

第二のポイントは1とも関連することだが、アメリカ合衆国史のこれまでの通史のナラティブ、独立革命の意義を述べて、領土拡張で大陸国家となり、南北戦争をへて、米西戦争へというこのワンパターンの叙述に、アメリカの社会秩序形成の核をなす人種規定に関する記述を組み入れたことである。教科書の記述では、意識して「自由な白人」男性とか、側註には、帰化法に「自由な白人のみ」に市民権が付与される規定があって、そこからＷＡＳＰ中心の国になる方向が定められたのだと書き、合衆国憲法の中の「五分の三条項」についても盛り込んだ。こうした「白人であること」＝「アメリカ人であること」という等式の上に成立した人種的ナショナリズムについて学び、これまでのように人種差別についてのみ学ぶのではなく、その特権的な人種性、ホワイトネスについても学ぶことを必須とした。

## 3　社会史的視座の大幅導入

三点目は、暗記中心となっている世界史という教科をどうしたら高校生たちに楽しんで学んでもらえるかということで、社会史研究で蓄積されてきた史資料を用いながら、統計的な資料や絵を読み込んで問いかけ（クイズ）に答えてもらい、歴史の面白さを実感してもらうとともに、我が身に置き換えて歴史事象を考えるトレーニングができるように工夫した点である。

例えば、テーマ学習「資料から読みとくアメリカの黒人奴隷制度」では、綿花の生産高と奴隷人口の増加の連関を統計資料で考えてもらい、奴隷オークションのポスターでは、三一名の奴隷リスト（名前、年齢、できる仕事や健康状態の特徴）とその値段から、なぜそういう値段になったのかを教室で議論してもらい、市場での売買の実態を学び、現代の人身売買にまで拡げてテーマ学習することをねらっている。

高校生たちがリストを眺めながら、高い価格帯の奴隷につけられた千ドルが当時の移民労働者の生涯賃金と比してどのような意味を持つのかを考えたり、その高い価格帯に男性の働き盛りの人々とともに、なぜ女性にも高価格帯の者がいるのか疑問に思ってもらえれば、そこから教師には話を膨らませてもらって、当時の家内奴隷の仕事内容や主人との性的関係についても触れてもらいたい。また、男女を問わず、三歳以下の子どもが格安であることから、当時の乳幼児死亡率の高さなどについても類推できれば、当時の奴隷たちの生活世界が少しずつみえてくるだろう。また、私が設定している教室での議論の到達点としては、オークションの口上にある「一人でも複数でも、買い手の必要とする数」を購入できるという表現から、この奴隷主が亡くなったことがきっかけで開催された奴隷オークションでは、常に奴隷達の親子関係が切り裂かれる可能性があったことに気づき、奴隷達には家族を持つ基本的な権利すらなかったところまで理解を深めてもらえれば、大成功だと思っている。国家財政の話としても、奴隷という商品が、仮に奴隷の平均価格を一〇〇ドルと想定しても、南北戦争前に四〇〇万人に達していた黒人奴隷の商品総額は四億に達するわけで、その額たるや国家財政でどのような意味をもったのか、そこまで発展して考察できれば、高校生たちも関心を持って学ぶことができるのではないだろうか。

### 4　移民史の記述強化

四つ目のポイントとしては、移民史の記述、とりわけ日系移民を含むアジア系移民の記述の強化があげられる。アメリカ史では、移民については二〇世紀転換期の新移民（その対としての旧移民）の話が中心でヨーロッパ移民が記述の核となっている。しかし、1の人種や2のアメリカという白人性を核とした人種的想像の共同体の歴史を学んだ上で、被抑圧者としてのアジア系移民や近代日本人の経験を追体験することは、近年のヘイトスピーチなど日本型排外主義の展開をみるにつけ、歴史教育としての重要性が増しているように思えてならない。大学生ですら、アメリカにおける日系人の歴史はあまり知らない状況であるが、高校レベルから、国際関係や政治史レベルの日米関係とはまったく別位相の、人種差別を経験した日系人の歴史をしっかりと学ぶことは大切であろう。一九二四年の移民排斥法はもちろんのこと、第二次大戦中の強制収容所での生活、日系二世兵士の活躍など、テーマ学習として学ぶことはすべての教科書において盛り込まれるべきだと思う。

### 5　セクシュアリティ、ジェンダーの視点の積極導入

最後にもう一点挙げるとすれば、ジェンダーやセクシュアリティの視点を積極的に導入したことがある。実教の世界史Bでは、「世界史のなかのジェンダー」というコラムが全時代に亘って十四掲載されており、

他の教科書とは大きくことなる特徴となっている。コラム以外の叙述でもその点は教科書全体を通じて一貫しており、例えば私の担当した「独立宣言と奴隷制」という第三代大統領トマス・ジェファソンを扱ったコラムでは、ヴァージニアの奴隷農場主であった彼が、先妻を亡くした後、サリー・ヘミングスという黒人女性と親密な関係になった点にふれ、独立宣言の起草者としてのジェファソンのもう一つの顔を浮かび上がらせた。

これまでの奴隷制に関する教科書記述では、性についてはほとんど触れられてこなかったが、奴隷貿易がストップしたあとも、黒人奴隷人口がアメリカで急増するのは黒人女性の「産む性」としての性的搾取があるからであり、奴隷の性についてここで理解し、現代の奴隷や性との関係についても理解することが大切である。

## おわりに

以上、私なりの歴史教育での新しい試みについて述べてきたが、最後にこの成果が問われる大学入試問題の改善についてふれて結ぶことにしたい。すでに多くの者が指摘しているように、世界史入試はこの六〇年で難化傾向を強めている。その大きな要因には、皮肉にも歴史研究が深化し、その最新の成果を出題して高校生たち（あるいは高校教員）に刺激を与えようと啓蒙的な精神を大学教員が発揮してしまったことがある。一橋の世界史はとりわけ予備校界隈では奇問・難問が多いことで知られており反省しきりであるが、今後の改善のためにも、出題を担当する大学教員は、自分の大学の過去問だけではなく、他大学の問題傾向にも目配せすることが必要であり、それによって大学入試問題の改善のための気づきも生まれてくると思われる。

冒頭で触れたシンポジウムの報告では、過去二十年分ほどの東京大学、一橋大学、大阪大学、京都大学のアメリカ史関連の過去問を巻末資料として付けた。これら国立大の出題は論述問題であり、私大マークシート方式の（結果として暗記を問う形になっている）出題と比べれば格段に良問だとは思う。だが、より歴史の奥深さや面白さを問う出題に全体がレベルアップしていくにはどうしたらいいのか。例えば史学雑誌の「回顧と展望」が各国史の毎年の成果を論評するように、世界史や日本史の入試問題についても、毎年、批判的に検証する機会をつくることなどもあってもいいだろう。こうした試みが、高大連携で制度化できれば、入試問題改革から現状打開の道がひらけるかもしれない。

## 註

（1）『アメリカ合衆国と中国人移民——歴史のなかの「移民国家」アメリカ』名古屋大学出版会、二〇一二年。「アメリカ合衆国のネーション・人種・移民―ホワイトネス研究を中心に―」『歴史と地理　世界史の研究』五六九号、二〇〇三年、一～一四頁。「アメリカ移民史研究の現在」『歴史評論』六二五号、二〇〇二年、一七～三〇頁。

（2）樋口映美・貴堂嘉之・日暮美奈子編『〈近代規範〉の社会史——都市・身体・国家』彩流社、二〇一三年。竹沢泰子編『人種の表象と社会的リアリティ』岩波書店、二〇〇九年。歴史学研究会・日本史研究会編『「慰安婦」問題を／から考える——軍事性暴力と日常世界』岩波書店、二〇一四年。有賀夏紀・小檜山ルイ編『アメリカ・ジェンダー史研究入門』青木書店、二〇一〇年。「移民国家アメリカの優生学運動―選び捨ての論理をめぐって―」『歴史評論』七八〇号、二〇一五年、二八～三九頁。

（3）竹沢泰子編『人種の表象と社会的リアリティ』岩波書店、二〇〇九年。貴堂嘉之「風刺画家トマス・ナストのライフヒストリー—サンタクロースとアメリカ大統領をつくる—」『立教アメリカン・スタディーズ』三七号、二〇一五年、五五～八〇頁。

（4）本章では紙幅の関係で詳しく論じることはできないが、筆者は、世界史教科書に埋め込まれた無数の人物画、挿絵は、一面で生徒の学習上、理解の助けとなり有益なものであることは認めつつも、それらは本来の視覚表象が持つ多義的な読みを排除した提示のされ方がされており、多くの問題を孕んでいると考えている。絵を読み解く訓練は、歴史を学ぶ上で必須のものである。

（5）この論考で、小川氏は①先住民の歴史を意識したアメリカ史を展開すること、②アメリカ独立革命で実現した「自由」と「民主主義」をさまざまな観点から検討すること、③「白人性」（ホワイトネス）を問い直すようなアメリカ史を描くこと、④アメリカ外交を世界史的な視野で分析すること、の四つの具体的提言をしている。

（6）二〇一三年六月二日、アメリカ学会第四七回年次大会　部会Ａ「連続企画　アメリカの教え方（教科書を作る）」における鳥越泰彦先生の報告レジュメより抜粋。

（7）竹沢泰子編『人種概念の普遍性を問う――西洋的パラダイムを超えて』人文書院、二〇〇五年。黒川みどり『創られた「人種」――部落差別と人種主義』有志舎、二〇一六年。

# 第Ⅱ部　高校世界史教科書記述の再検討㈡

## イスラームとアジア

# 第5章　高校世界史とイスラーム史

森本　一夫

## はじめに

この章では、科目としての「世界史」の全体的な物語のなかに「イスラーム史」の物語を組み込むという、現に教科書やそれにもとづく教育実践において少なくとも部分的には行われている営為をめぐり、イスラーム史研究を専門とする立場から若干の所見を述べてみたい。

ここでのイスラーム史は、イスラーム教の深い刻印を受ける形で成立した文明という意味でのイスラーム文明の歴史、そうした宗教・文明をアイデンティティの構成要素の一つとするムスリムたちが構成してきたムスリム諸社会の歴史を広く指す。また、イスラーム教という宗教自体の歴史も、その政治的・社会的意味合いに着目する限りにおいて対象に含まれる。研究の個々の局面においては、ある王朝の軍事制度や官僚制度を研究する場合など、イスラーム教という要素を考慮することにさしたる意味がないことも少なくない。しかし、枠組み全体としてはイスラーム教とイスラーム文明、そしてその担い手としてのムスリムという存在への着目が前提となっている。歴史的にムスリムが多数を占めてきた諸地域、あるいはイスラーム教・イスラーム文明が社会で優位を占めてきた諸地域をまとめてイスラーム世界と呼ぶならば、イスラーム史が主として対象とする地理的範囲は、おおむねイスラーム世界と重なると言うことができよう[1]。

イスラーム世界という概念、またそれと深く関連するイスラーム史という右のような考え方には強い批判も寄せられている。[2] しかし筆者は、実に多様な形で設定可能なはずの歴史研究における枠組みの一つとして、右のような意味でのイスラーム史は充分に意味を持つだけでなく、むしろ必要なものであると考えている。それは、イスラーム教やイスラーム文明の広がりによって多くの宗教的・文化的特徴を共有するようになった人間集団が現に広く存在し、それらの人々の間には、実際上・想像上の宗教的・文化的一体性に基盤を持つ交流が歴史的に存在してきたからである。また、そのことが培ってきたムスリム意識というものが、無視できないレベルで現代世界に広がりを持っていると考えるからである。この枠組みの必要性は、ムスリムの少なくとも一部の間で、ある種の極端なムスリム意識が強まっている近年の世界の状況によって、いままさに高まっているとさえ言えるかもしれない。

もちろん、イスラーム史という枠組みでの歴史研究が有効であるということと、そうした枠組みにもとづいて構築されたイスラーム史の物語をそのまま高校世界史の大きな物語に組み込むのが良いかという問題とは別物である。この文脈では、世界史教科書を織りなす他のさまざまな物語が世界の地理的な区分を前提として作られているなかで、イスラーム史の物語だけが一つだけ宗教への着目に依拠して構築されたものであることから、そのことが「イスラーム」特殊論に力を与えてしまう危険性が危惧される。[3] しかし筆者は、イスラーム教・イスラーム文明の歴史的展開という要素は、科目としての高校世界史においても捨象されるべきではないと考えている。現にイスラーム教・イスラーム文明をアイデンティティの重要な柱としている人々が世界に多数存在することを考えれば、それを捨象することは実用的な市民的教養の育成を阻害することになると考えるからである。また、イスラーム教・イスラーム文明に着目した物語を高校世界史から消し去ろうとする試みは、歴史の展開それ自体に対しかなり強引な解釈を加えてやらなければ無理であろう。それは端的に言えば、イスラーム史初期の大征服とそれによる巨大国家と文明圏の建設という、その長期的な影響に鑑みて世界史の物語において決して無視することのできない重要な出来事が、まさに宗教の名によって成し遂げられたという事情による。これをイスラーム教・イスラーム文明という文脈抜きで語ることはそう簡単ではない。

筆者は、高校世界史が呈示する歴史の大きな物語は、もちろん色々と問題はあるものの、多くの関係者が長年にわたって参画し、さまざまな試みが積み重ねられた結果として、尊重すべき一つの現実的な姿を示していると考えている。筆者個人の事業として世界史を書けと言われれば、あるいは全く違うものを構想したくなるかもしれないが、公教育の科目ということを考えると、保守的にならざるをえないと感じる。したがって、本章では、現行の大きな物語は維持することを前提として、イスラーム史という考え方とその物語はそこにどのような形で場を占めるのがよいかという問題につき若干の提案を述べることとしたい。筆者の立場は、劇的な改変はなくても良いが改善の余地は色々あるというものである。なお、以下の議論は学習指導要領と指導要領解説に加えて実際の世界史Bの教科書を踏まえているが、この章は個々の教科書の細かな記述内容の批評を目的とするものではない。以下に提案として記す内容には、教科書によってはすでに実現されていることもかなり含まれていることをあらかじめお断りしておきたい。教育現場に立っておられる読者の方々には、ご自身が使っておられる教科書と実際に教えておられる内容を振り返る際などに、あるいは有用なところがあるかもしれないと期待している。

筆者の提案は、簡単に述べるならば、(一) 全体にわたり、なかでも七世紀のイスラーム教の発祥と大征服に始まるイスラーム世界の成立を扱う「イスラーム世界の形成と拡大」(指導要領中の(3)ア)において特に、イスラーム教やイスラーム文明に対する本質論的なアプローチを示す記述を抑えること。(二)「イスラーム世界の形成と拡大」で成立したとされる「イスラーム世界」という概念が持つ多分に分析概念的な性格について説明を加えるとともに、それが教科書の他の部分でイスラーム化が扱われるさまざまな場にも適用可能なものであることを示すこと。（三）「イスラーム世界の形成と拡大」末尾のイスラーム文明の特質を扱う部分では、その内容の少なからぬ部分が地域や時代をこえた形で広くイスラーム世界一般に妥当することを示すこと。また、イスラーム世界それ自体における文化的展開により目配りをすること。（四）近代以前に関する部分に散見される、「イスラーム世界の形成と拡大」以外の、イスラーム世界が関係するもののいわば「泣き別れ」になっている箇所において、目下学習している内容はイスラーム史的な文脈においても意味を持つのだということを適宜補足し説明してやること。（五）なかでもオスマン・サファヴィー・ムガルという近世の三帝国が扱われる部分については、この部分がイスラーム世界の中核部分における歴史の展開を比較的まとまった形で扱う箇所であり、その意味で「イスラーム世界の形成と拡大」に続く部分であることが生徒に明確に理解されるように手当してやること、ということになる。感覚的に言えば、すでにイスラーム史的な色彩が強く出ている部分ではその出方が本質論的にならぬように調子を抑え、その色彩が弱いところではやや補ってやるということになる。このように「匙加減」を調整することによって、「イスラーム」特殊論の危険性と「イスラーム」無視の非現実性の両方を回避しつつ、イスラーム教とイスラーム文明の展開を教えることができるのではないかと考えている。

なお、以下で提案する内容の一部は、イスラーム文明を古代ギリシアと中世盛期ヨーロッパの学問を繋いだ仲介者として（のみ）評価するという、現行の教科書にひそかに組み込まれた西洋中心的な歴史観の是正にも資するものと思われる。また、研究の進展を科目内容に適切に反映させるという観点から言うならば、アラブ世界中心、初期・古典期（およそ十世紀頃までを想定）偏重であったかつてのイスラーム史研究を反映した姿から、歴史の展開をより広い地理的・時間的枠組みのもとで見ていこうとする現在のイスラーム史研究に適合した姿への転換を志向するものとも評価できるであろう。

## 一　高校世界史におけるイスラーム史の現れ方

以前に別の場所で述べたことがあるが、筆者は、日本においてイスラーム教やムスリムに対する認識を深化させようという試みは一つの隘路を進まざるを得ないと感じている。すなわち、イスラーム教やムスリムに対する偏見を問題視し、イスラーム教・イスラーム文明についての基本的知識を普及させようという、それ自体きわめて良心的でその正当性にも議論の余地がないように思われる試みは、バランス良く進めなければ壁に突き当たると考える。それは、イスラーム教やムスリムを主語とせざるをえないその語りそれ自体の作用によって、教わる側のイスラーム教やムスリムに対する画一的で本質論的な認識を知らず知らずのうちに増幅しかねないからである。これを避けるためには、「イスラーム」に関する知識の不足とその問題性を指摘し実際に基礎的な知識を伝えるのと同時に、多面的な生を営む人間としてのムスリムを理解する際には、「イスラーム」という要素だけを見ていても一面的に過ぎず、全く不充分であるということも伝えなければならない。この、後者が前者の基盤を掘り崩してしまうかにも見える二つの命題を同時に受け手に伝え、両方が上手に組み合わされた形でイスラーム教認識ないしムスリム認識が進むようにするには、ほどよい匙加減が必要となる(4)。

このようなことを書くのは、高校における世界史教育においても、イスラーム教・イスラーム文明についてしっかりと教えられることが大事だと考えるのと同時に、その際に「イスラーム」という要素があまり強調されすぎてしまうと、今度はそれが「イスラーム」特殊論に棹さすことになってしまうのではないかと危惧するからである。ここにも、世界史教科書にイスラーム教・イスラーム文明という要素を組み込みたいが、同時にそれを何か特殊なものであるかのようには呈示したくないという意味で、隘路があると感じている。

ここで教科書に示される高校世界史の全体的な構成を見回すと、イスラーム世界と呼べる地域の歴史は、大きく二つの登場の仕方をするように見受けられる。一つは、指導要領では「(三)諸地域世界の交流と再編」中の「ア　イスラーム世界の形成と拡大」に当たる箇所における登場の仕方である。言うまでもなく、ここではイスラーム教・イスラーム文明という要素が前面に押し出されている。もう一つはそれ以外の場所におけるものであり、総じてそこでは「イスラーム世界の形成と拡大」におけるアプローチとは対照的に、イスラーム教・イスラーム文明という要素、あるいはイスラーム世界という枠組みは、目下そこで語られつつある別の物語の蔭に退いてしまう。

筆者がこの章で考えたいと思うのは、どうすればこの二つの登場の仕方の間に見受けられる落差を減らすことができ、より適切な匙加減に近付けることができるかということである。筆者は、「イスラーム世界の形成と拡大」で正面からその形成が扱われたイスラーム世界が、それ以外の場所、特にそれに続く時代の記述において後景化してしまい、いわば尻切れトンボのような形になっている状況には改善の余地があると考えている。また、「イスラーム世界の形成と拡大」での記述では、「イスラーム」という要素が強調されすぎることがあり、それには「イスラーム」に対する本質論的なアプローチを強めてしまう危険性があると感じている。

以下、高校世界史の大きな物語のなかでのイスラーム世界の二つの登場の仕方に即して、「イスラーム世界の形成と拡大」の内容とそれ以外の部分の内容との二つに分け、より詳しく私見を述べていくこととする。

## 二 「イスラーム世界の形成と拡大」に関する提案

ムハンマドによるイスラーム教の創始とメディナでの国家建設に端を発するアラブ・ムスリム勢力の大征服が七世紀前半に始まり、ウマイヤ朝支配期の八世紀前半中までにイベリア半島からインダス河畔にいたる巨大な圏域が一つの巨大国家の支配するところとなったことは、やはり世界史上の一大事件と言うほかない。その重要性は、単に事件史的な意味でのその規模の大きさによるのではなく、そのことがイスラーム教・イスラーム文明という要素を現在までの世界史に挿入することになったという、その長期的な影響による。したがって筆者は、アラブ・ムスリムによる大征服とその後の政治的・社会的・文化的展開が、一民族の影響圏の膨張とその後の展開という形ではなく、イスラーム教・イスラーム文明に注目する形で展開する「イスラーム世界の形成と拡大」での記述の大枠は、妥当なものであると考える。以下に述べるのは、この大枠は認めた上で考える時に、改善の余地や留意の必要があると感じられる事柄である。

まず、この部分の記述には往々にして「イスラーム」に対する本質論的なアプローチを反映した記述や言葉づかいが紛れ込みがちなことを指摘したい。教科書中には、たとえば「当時のムスリムの間では」と人を主語にして、場を限った形で発話するのが適当と思われる文脈において「イスラーム社会では」というような語りが用いられる事例がまま見受けられる。あるいは、（ムスリム勢力と対立したのと同様に）異教徒の勢力と（も）対立したムスリム王朝の軍事活動を説明する際に、不用意に「イスラーム世界の防衛」というような表現が用いられることもある。[5] 筆者の意図は個別の批判ではないので、さらに事例を挙げることは控えるが、教科書の書き手も、それを使う教え手も、「イスラーム」に関する本質論的理解を増幅しかねないこうした言葉づかいはできるだけ避けるのがよい。イスラーム教・イスラーム文明の展開への着目に依拠したイスラーム史という枠組みで歴史の流れを説くことと、そこで起こっていることがすべて「イスラーム」で説明できるかのように述べてしまうこととは別物である。これは科目全体に当てはまることであるが、「イスラーム」という要素が前面に出ている「イスラーム世界の形成と拡大」においては特に注意が必要である。

次に「イスラーム世界」という概念の扱われ方について述べる。ここに何らかの「地域世界」（指導要領中の用語）が成立したと認め、それを「東アジア世界」というような他の「地域世界」と対比させる以上、筆者は教科書中に「イスラーム世界」という言葉を使うことはここでの議論の前提としてよいと考える。また、初期の大征服の対象となった中東・北アフリカ・中央アジアに、サハラ以南のアフリカ・南アジア・東南アジアといった地域の一部が加わってイスラーム世界の輪郭が形づくられていったという流れは、ここで扱われる一五世紀頃までの展開の記述としておおむね妥当であろう。しかし、その扱い方にはいくつかの点において工夫の余地があるのではないかと感じられる。なお、この問題も「イスラーム」に対する本質論的アプローチの問題と部分的に関係していることを最初に述べておきたい。

まず、イスラーム世界の形成を扱うこの部分のどこかで、問題のイスラーム世界という枠組みが、地理を最終的な拠り所として定義される他の「地域世界」とは異なる、宗教や文明に依拠して設定されたやや異質な「地域世界」であること、「イスラーム」という要素が優勢な場は広くイスラーム世界の一部と見なすことができるということも説明しておいた方が良いと思う。そうすることで、イスラーム世界という概念が、教科書中の記述がこの枠組みに依拠している時代と地域（つまり、現行の形では「イスラーム世界の形成と拡大」で扱われている時代と地域）だけに当てはまるのではなく、もっと広く捉えられるべき概念であることを生徒に伝えておきたい。このことには二つの効用が期待できるであろう。まず、すでに述べた、教科書のこの部分で扱われるイスラーム世界が、一旦この部分が終わってしまうと再び同じような形で前景化することがないという、尻切れトンボとも言える状況に対する一定の手当となることがある。生徒が、教科書のさまざまな場でさまざまな地域のイスラーム化について読む際に、それをイスラーム世界のさらなる展開という視点から捉え、「イスラーム世界の形成と拡大」の記述と結びつけて考えるという可能性が拓けるのではないだろうか。次に、「イスラーム」を本質論的な形で表象する表現を削るという先の提案と併せ行うことによって、生徒にイスラーム世界という枠組みが帯びたやや微妙な性格を理解してもらえるのではないかという期待がある。すなわち、「イスラーム世界」という枠組みは、あくまでも我々が「イスラーム」という要素に着目するがゆえに前景化している枠組みなのであって、そこで行われていることがすべて「イスラーム」で理解できるというわけではないということを伝えられるのではないだろうか。

もちろん、これを正面から行おうとすると、歴史においては同じ地理的領域について語る場合でも着眼点によってさまざまな枠組みの設定が可能であるということを説明する必要が生じる。これについては、多くの高校生には難しすぎるという意見も出るかもしれない。しかし、筆者としてはかえって、人間社会に対する複眼的なものの見方についてだけでなく、複雑な現実を一筋の物語として語ることが否応なく抱える限界（教科書での整理の仕方が唯一無二の見方というわけではない）についても生徒に考えてもらう意味で、この試みは積極的な意義を持ちうるのではないかと考えたい。

これとも関連するが、「イスラーム世界の形成と拡大」における記述のそこここに、イスラーム世界という概念を、それがあたかも一つの確固としたシステムであるかのように捉えた表現が紛れ込みがちなことも問題として指摘しておきたい。例えば、一〇世紀頃にバグダードが衰退し、かわってカイロが繁栄するようになったことを述べる部分では、カイロがイスラーム世界の中心となったというような言い回しが用いられることがある。筆者の感覚では、ウマイヤ朝のダマスクスからアッバース朝のバグダードへの都の移動、つまりその時代のイスラーム世界をほぼ覆い尽くしていたと言える巨大帝国の間での首都の移動に関してさえ、それをイスラーム世界の中心の移動と言われると違和感がある。政治的な一体性を失った後のイスラーム世界についてこのような表現が用いられる場合はなおさらである。ここでは単に、バグダードにかわってカイロが繁栄するようになったと表現する方がより適切であろう。イスラーム世界にさまざまな意味での中心が存在するという事態は事実としてありうる。しかし、イスラーム世界という枠組みを設定したからといって、そうして設定されたイスラーム世界が、必ず明確な境界や中心を持たなければならないかと言えば、そのようなことはないはずである。

イスラーム世界とされているものが、実はアラブ世界、さらにはその中核部分しか指していないことがままあることも是正されるべきである。再び同じ例を取り上げるならば、イスラーム世界の中心がバグダードからカイロに移動したという際、そこで意識されているのは、せいぜい西はエジプトから東はイラク程度までの地域であろう。同じ時代に栄えていたコルドバやニーシャープール、ブハラなどは明らかに意識の外に置かれている。全体としてはサハラ以南のアフリカや東南アジアへの拡大も扱っているにもかかわらず、「イスラーム世界の形成と拡大」中の具体的な記述の端々には、はるかに狭い見方によるイスラーム世界認識が現れることがあるのである。これは、かつてイスラーム史研究に顕著であったアラブ中心かつ初期・古典期偏重のアプローチを引きずったものと考えられる。せっかくそうした限定的なアプローチを乗り越える形で全体の枠組みが設定されているのであるから、その残滓もできるだけ取り除いていくのがよいだろう。

次に「イスラーム世界の形成と拡大」の最後に置かれることが通例の、イスラーム文明についての文化史的な説明について述べたい。筆者は、この部分についても、後の時代との連続性が見通せるような工夫が欲しいと考える。実は、この箇所では、後の時代にも（あるいは現代にさえも）当てはまるような事柄がかなり説明されている。例えば、ワクフ制度という寄進制度がモスクやマドラサ（学院）といったさまざまなインフラストラクチャーを整備するのに用いられたこと、年々のメッカ巡礼がヒト・モノ・情報のイスラーム世界大の環流を支えたことなどがこれに当たる。しかし、そのような事柄に関する説明が「イスラーム世界の形成と拡大」の最後に、直前までその展開が説明されたおおよそ一五世紀までのイスラーム世界に関わる文化史的説明として置かれているために、それらが後の時代のイスラーム世界、別の箇所でそのイスラーム化が触れられる諸社会にも当てはまるということが、にわかには理解しがたいつくりになってしまっている。この問題は、しかるべき箇所で、ここで説明される制度や特徴がより広い意味でのイスラーム世界にも当てはまるのだということを一言述べてやるだけで比較的簡単に解消できるであろう。右で述べた、イスラーム世界概念のより適切な理解に向けた手当が同時になされるならばなおさらである。

　この部分でなされている説明の内容にもやや立ち入って触れたい。イスラーム文明についての説明がこの場所で集中的に行われる形になっている理由としてまず思いつくのは、教科書中で「地域世界」としてのイスラーム世界がまとめて扱われているのはこの部分のみであり、他に適当な置き場所がないという事情である。そしてそれは、高校世界史の大きな物語構成を維持する限り仕方がないように思われる。しかし、おそらく理由はそれに尽きるものではない。この部分の記述からは、いま述べたような現実的な理由と表裏一体となった形で、歴史観のあり方に根を持つ要因もまた作用していることが見てとれる。その要因とは以下の二つ、すなわち、世界史におけるイスラーム文明の役割とは古代ギリシアの文化を西洋中世に伝えた仲介者としての役割であるとする歴史観、そしてアラブ世界と初期・古典期を重視し古典期以後を衰退期と見なす、イスラーム史に対する上述の古びたアプローチである。容易に見てとれるように、これら二つは互いに絡み合い、互いを支え合っている。このうちイスラーム文明を仲介者として見る歴史観の介在は、フワーリズミー、イブン・スィーナー、イブン・ルシュドといった人々が紹介される際にそのラテン語名が言及されるという慣習に端的に見てとることができる。もちろんこれらの人物はイスラーム世界における学問・文化の展開を考える上でも重要であるが、彼らが教科書記述の常連となっていることに、後の西洋の学問における彼らの重要性が作用しているのは間違いない。

この二つの要因を踏まえるならば、イスラーム世界それ自体の後の文化的展開に大きな影響を与えたことを選択基準として、何人かの学者や思想家の名前をこの箇所に追加するという発想が湧いてこよう。ここでは、イスラーム教の伝統における存在論的な神秘哲学の確立者であり、以後のイスラーム神秘主義思想の展開に大きなインパクトを与えたイブン・アラビー（一二四〇年没）と、同時代的には決して幅広い支持は受けなかったものの近代以降のスンナ派イスラーム主義の展開の中で脚光を浴びる存在となったイスラーム法学者イブン・タイミーヤ（一三二六年没）の二人を、追加されるべき人物の候補として挙げておきたい。

筆者は、次節において、オスマン・サファヴィー・ムガルの三帝国が扱われる部分について、そこでの記述が「イスラーム世界の形成と拡大」に続く時代のイスラーム世界の主要部分における歴史展開を扱っていることを意識的に明示するという提案を行うつもりである。それと関連する提案も記しておきたい。一つは、教科書にそのような言葉を織り込むことまではしないにしても、一〇世紀以降のユーフラテス川以北・以東の広大な地域において「ペルシア語文化圏」の輪郭が明確化し、そこにあるまとまった歴史の展開が見られるようになったことを盛り込むことである。[6]最近は教科書にもペルシア語の広範な普及を示唆する記述が見られるようになっているが、もう一歩踏み込んでもいいのではないか。いま一つは、モンゴル帝国支配期のイスラーム世界の状況とそこでの展開を、モンゴル帝国を扱う箇所（指導要領（3）ウの一部）だけでなく、

「イスラーム世界の形成と拡大」においてもまとめて記してやることである。程度の差こそあれ、オスマン・サファヴィー・ムガルの三帝国はこの二つの要素が絡み合う中で成立してきたものと言えるので、この二点の追加は、これら近世の三帝国に関する記述へのスムーズな連結という意味で有用であろう。アラブ中心、初期・古典期偏重のイスラーム史記述の是正にもなる。

以上で述べてきたことの要点を箇条書きすると以下のようになる。（一）「イスラーム」という要素が前景化している唯一の場所であるこの部分では特に、「イスラーム」の本質論的理解を惹起しかねない記述を意識して避けること。（二）それに加えて、イスラーム世界という概念の分析概念的な性格を説明すること、またイスラーム世界概念が教科書中のこの部分以外にも適用可能な概念であることを示してやることによって、生徒が、本質論に陥らない形で、しかしより広い視点から、イスラーム史の流れを見渡すことができるように手当てすること。（三）アラブ中心、初期・古典期偏重のかつてのイスラーム史研究の残滓を記述の端々から意識して取り除くこと、また、そのような古いアプローチと深く結びついた、イスラーム文明を古代ギリシアと西洋中世の仲介者として（のみ）評価するような記述のあり方にも反省的に対処すること。これに加えて、節の最後ではペルシア語文化圏とモンゴル帝国期の展開という二つの要素を盛り込むことも提案した。

最後の提案が次節で述べようとする提案の下準備に当たるものであったように、ここで提案した改変が活きてくるためには、それ以外の場所でもそれと呼応した改変がなされる必要がある。ここで節を区切り、「イスラーム世界の形成と拡大」以外の部分に関わる提案に移ることとしたい。

## 三　「イスラーム世界の形成と拡大」以外の部分に関する提案

「イスラーム世界の形成と拡大」以外でイスラーム世界に関わる部分については、それらを大きく三つに分けて話を進めたい。まず、近世以前の記述中での関連箇所、すなわち「(三)　諸地域世界の交流と再編」の「ウ　内陸アジアの動向と諸地域世界」中、トルキスタンの成立とイスラーム化が触れられる箇所、そしてモンゴル帝国に関する記述のうちイスラーム世界に関連する箇所とがある。次に、近世を扱う「(四)　諸地域世界の結合と変容」中の「ア　アジア諸地域の繁栄と日本」のうち、オスマン・サファヴィー・ムガルという三つの帝国、そして教科書によってはそれと密接に関連付ける形でインド洋や東南アジアの海域世界が触れられる箇所が二番目となる。そして三番目は、「(四)　諸地域世界の結合と変容」中の「エ　世界市場の形成と日本」のうちの関連部分、また、「(五)　地球世界の到来」に含まれる「ア　帝国主義と社会の変容」と「イ　二つの世界大戦と大衆社会の出現」中の関連部分である。

これらのうち、最初の（三）のウに含まれる箇所は、トルコ系遊牧民の西漸、モンゴル帝国の成立とその後の展開といった別の物語が途中からイスラーム史の物語と重なるようになるものの、そのことが必ずしも明確には示されていない箇所である。これらについては、そうして物語が重なっている箇所で語られている内容が同時にイスラーム史の一部としても読めるのだということを、文中で「こうしてトルキスタンはイスラーム世界の一部ともなった」というような表現をあえて使ってやったり、「イスラーム世界の形成と拡大」中の関連箇所に対して行間の参照表示（「→p. 98」というような、いわゆる見よ参照）を出してやったりすることを通じてより積極的に示してやれればと考える。[7] なお、モンゴル帝国史のイスラーム史関連部分については「イスラーム世界の形成と拡大」でまとめて触れておきたいということは先に述べた通りである。

次に、順番は入れ替わるが、三番目の、(四)の「エ　世界市場の形成と日本」以降の記述について述べたい。これはおおむね近代以降、現代までを扱う部分であり、ことイスラーム世界に関して言えば、強大化して勢力を伸ばしてくる西洋との対峙が一つの大きなテーマとなる。この部分に関しては、イスラーム世界という枠組みや「イスラーム」という要素は決して前景化しているとは言えないが、筆者は、イスラーム史という視点から見てもここはこれで良いと考えている。それは、この時代については、多くの局面において、イスラーム世界という文脈でのダイナミズムよりも、地域単位、国家単位の動き、例えば近世的な帝国の近代帝国への脱皮の試み、あるいはナショナリズムの高まりと国民国家建設への動きといった動向を、それぞれの事例に即して追う方が重要だと思われるからである。しかも、パン＝イスラーム主義や後のイスラーム復興、さらには今日のイスラーム過激派へと繋がる流れも、そうした地域・国家単位の記述と平行してそれなりに物語に織り込まれており、決して等閑視されているわけではない。アタテュルクの諸改革を説明する際にはそれらが全体として脱「イスラーム」的な方向性を示していることを一言述べることにしてはどうかといった細かな提案はあるが、大筋は現行の形で良いと考える。

筆者が、イスラーム史の視点から見るときに、そこでの匙加減について特に意見を述べておきたいと思うのが、オスマン・サファヴィー・ムガルという近世の三つの帝国を扱う、(四)アのうちのかなりまとまった部分である。この箇所の記述は、イスラーム史の視点から言うならば、そのかなり枢要な部分の近世における歴史的展開を、政治・経済・文化という諸側面からそれなりに詳しく扱っている箇所ということになる。指導要領の該当箇所でも「イスラーム諸帝国」という言葉が使われており「イスラーム世界の形成と拡大」についで「イスラーム」が前景化している部分と言える。しかし、この部分における現行の教科書記述のあり方は、徐々にその色彩は弱まってきているようには見受けられるが、全体に個別的な王朝国家史の色彩が強く、それら三帝国の横の連関を捉える視点に強化の余地があるように感じられる。

三帝国を個別に扱う記述が定着した背景は色々考えられる。しかし、すでに何度も指摘しているアラブ中心、初期・古典期偏重のイスラーム史観がそうした背景の一つであることはおそらく間違いなかろう。三帝国がすべてムスリムの支配層をいただき、それまでにイスラーム世界に定着していた諸伝統にもとづく統治を行った国家であったことは説明されていながら、しかしそれらがイスラーム史的な視点からは描かれないという記述が定着したのには、これらはもはやイスラーム史の主対象ではないという意識が作用していたと考えられるのである（トルコ史、イラン史、インド史という意識が強かったのではないか）。しかしながら、先に述べたように、最近のイスラーム史研究においては古典期以降の研究が進んでいる。そのような動向の一つの表れがペルシア語文化圏への注目であるが、ここで扱われる三帝国は、この視点から見るならば、当該時代のペルシア語文化圏の主要な構成要素ということができる。つまり、この部分はイスラーム史の近世における重要な展開の一つを示すことができる部分と見ることが可能なのである。このような研究動向上の変化も考え合わせると、この箇所の内容には、三帝国を束ねる、あるいは結びつけるようなしかけが適宜組み込まれるようにするのが良いと思われる。

具体的には、すでに一部の教科書でなされているように、三帝国の記述を一つの枠にまとめ、それに「イスラーム」という語が入った見出しをつけてやることが考えられる。指導要領中の「イスラーム諸帝国」という言葉を使うことができるかもしれない。あるいは、これも一部の教科書でなされているように、三帝国に関する記述に同時期のインド洋・東南アジア海域世界の記述を適切な範囲で加えたものを一つの枠とするならば、その枠には「イスラーム世界での展開」というような題をつけてやることも考えられる（南アジアは「イスラーム世界」かという問題はあるが）。

三帝国それぞれに関する政治や国制などについての記述とは別に、三帝国をまとめた形で文化史を呈示するのも一案である。そこでは、現在は別々に、しかも単に記念碑的にのみ言及される傾向があるイスファハーンの王のモスクとタージ・マハルの間に見られる建築様式上の関連に触れてやったり、オスマン・サファヴィー・ムガルの人士が共通のペルシア語文学作品を学んでいたこと（サアディーの『薔薇園』など）をコラムで説明してやったりというように、三帝国を横に束ねるような情報を補ってやることができよう。また、この時代の思想家として、サファヴィー朝下における神秘主義的哲学の代表的な学者モッラー・サドラー（一六四〇年没）、あるいは南アジアのスーフィー・イスラーム改革者であるアフマド・スィルヒンディー（一六二四年没）とシャー・ワリーユッラー（一七六二年没）というような人物への言及を追加してやるのも一案である。イスラーム文明一般に共通するさまざまな要素は、ここまでの筆者の提案に従うならば、すでに「イスラーム世界の成立と拡大」において後の時代にまで敷衍可能な形で記述されていることになるので、ここでことさら強調することはないであろう。要は、この部分の記述が、「イスラーム世界の成立と拡大」に続く、（そのすべてを覆っているとはとても言えないものの）イスラーム世界の展開を描いた部分であることがより明確に示されれば良い。なお、私見では、教科書中でその置き場所がどうも定まっていないように見受けられるティムール朝についてのメインの記述は、三帝国が扱われるこの部分の冒頭に置くのが良い。「イスラーム世界の形成と拡大」でモンゴル統治下の展開が扱われることを前提に、ここではティムール朝から説き起こし、いずれもティムール朝の存在を踏まえなければ語ることができない三帝国の記述に移っていくのが自然であろう。

## おわりに

現行の世界史教科書におけるイスラーム史の物語は、いまだにアラブ中心かつ初期・古典期偏重という色彩を強く帯びている。イスラーム世界は、「イスラーム世界の形成と拡大」を終えると、確かにそこにあるようで、しかしはっきりとは見えないものへと後景化してしまう。この問題に関し、本章で筆者が提案したのは、教科書中で「泣き別れ」になっている、前近代を対象とするイスラーム世界に関係するいくつかの部分に関しては、それらがイスラーム史としても読めることを示してやること、近年のイスラーム史の研究動向も踏まえ、近世の三帝国の記述に、イスラーム史の記述としても読めるような工夫を加えてやることである。近世の三帝国の記述にイスラーム史的な要素を加えてやることは、近代以降にパン＝イスラーム主義あるいはイスラーム復興の問題などが扱われる際に、そこにいたるイスラーム史の大まかな流れを踏まえやすくするという効用もあるであろう。

世界史の大きな物語を組み立てる際に、その部分部分を構成する物語にどのようなものを採用するかという問題は、ひとえに科目内容を構想する者の選択の問題である。本章では、イスラーム教とそれに関連する諸要素は、現に世界を見回した際に無視できるものではなく、世界史の大きな物語はぜひその物語を含んでいなければならないという前提に立って所見を述べた。しかしながら、筆者は決して「イスラーム」という要素を強く打ち出せば打ち出すほど良いと考えている訳ではない。本章では、「イスラーム世界の形成と拡大」以外の部分に関しイスラーム史の色彩を強める方向での提案を行ったが、同時に「イスラームとはこうだ」というような本質論的な記述をできるだけ取り除いていくことの重要性にも触れたつもりである。イスラーム史を、当たり前の人々による当たり前の人間的営為の集積として、かつそれなりに満遍なく伝えていくにはどうすればよいか。筆者が本章で取り組んだ課題はこう表現できるかもしれない。

筆者はまた、イスラーム文明の意義を古代ギリシアと西洋中世との間の仲介者であったことに見出す見方は西洋中心的であると述べたが、だからそれを消し去るべきであるとは主張しなかった。筆者が述べたのは、それに加えて、イスラーム世界それ自体における文化的展開にも、もう少し光をあてておきたいということである。現代世界が西洋文明を主たる参照軸として動いているのは厳然たる事実である。我々には、現実に対する好悪はさしあたり脇に置き、まずはそのような現実を踏まえた冷静な市民的教養の涵養を目指す必要があるであろう。その上でこそ、より地に足の付いた形で、では次はどうするかという議論ができるのではないか。筆者の述べていることはあるいは微温的な現状追認主義と感じられるかもしれない。しかし、筆者には、世界史という複雑さを秘めた科目の内容を考える際には特に、こうした匙加減の絶え間ない微調整こそがとるべき道であるように思われる。

謝辞　本章の草稿にコメントを下さった新井和広氏（慶應義塾大学）に謝意を表する。

## 註

（1）しかし、イスラーム世界で起こっていることすべてがここで述べた意味のイスラーム史の直接的な対象となるわけではない。例えばエジプトのコプト教会の歴史は、特にエジプトに関心を持つイスラーム史研究者にとっては知識を持っておくことが望ましいテーマであるが、イスラーム史の直接的なテーマとは言えないであろう。逆に、北京のムスリム・コミュニティの歴史は、（さすがに北京はイスラーム世界の一部ではないであろうが、）ここで述べた意味のイスラーム史の一部となりうるであろう。

（2）羽田正『イスラーム世界の創造』東京大学出版会、二〇〇五年。筆者が本章で述べる内容は、羽田の視点からは、自らが徹底的に批判し切った内容を無反省に繰り返しているように見えるであろう。読者諸氏には羽田の所論もぜひ参照していただきたい。

（3）本章では、宗教としてのイスラーム教だけでなくそれと関係するさまざまな事柄をまとめて指す用法にしたがって「イスラーム」という語を用いる際には、かぎ括弧をつけてそのことを示すこととする。「イスラーム史」「イスラーム文明」「イスラーム世界」などという熟語の場合の「イスラーム」もおおむね同様の用法であると考えられるが、こちらはそれぞれに定着した熟語であると考え、必要と認めた場合には簡単な語釈を与えた上で、かぎ括弧なしで用いている。

（4）森本一夫「『イスラームを知る』という隘路」福井憲彦・田尻信壹編『歴史的思考力を伸ばす世界史授業デザイン――思考力・判断力・表現力の育て方』明治図書出版、二〇一二年、三七〜四二頁。

（5）仮に当の王朝自体がそのようなレトリックを用いていたとしても、それをそのまま教科書記述の言葉づかいに反映させるかどうかは書き手の判断によるはずである。

（6）ペルシア語文化圏については、森本一夫編著『ペルシア語が結んだ世界――もうひとつのユーラシア史』北海道大学出版会、二〇〇九年などを参照。

（7）単に文中で触れられている事項が別箇所にも出ていることを示すための参照表示ではなく、物語自体が重なっていることを示せると良い。

# 第6章　高校世界史における日中関係

上田　信

## はじめに

現在の高校カリキュラムでは世界史必修であるが、日本史を必修にすべきであるとの議論が起きている。義務教育である中学において、社会科「歴史」は日本史を中心として、日本に影響を与えた中国史・西欧史を学ぶ内容となっている。これに対して、高校での教育はそもそも義務教育ではなく、教養教育である。とはいえ日本において高等教育を受けるものが必ず身につけるべき教養として、どのような歴史を学ぶべきであるのか、考察を深める必要がある。

二〇一〇年（平成二二年）に文部科学省は新しい高等学校学習指導要領を公布し、二〇一六年度の大学入学生はその指導要領のもとで学習して来た。本章では新旧の指導要領を比較し、文部科学省がどのような方向を目指しているのか、まず検討したのちに、日中関係を歴史的に学ぶ上で、誤解を生じさせている「朝貢」という用語について、各教科書を比較する。最後に、中国の正史に現れた日本に関する記述を整理することにしたい。

新指導要領に基づく世界史Bの教科書で、どこが変わったのか。私が専門としている明代に関する記述をみると、王直という人物が新たに登場している。新しい山川出版社の『歴史用語集』を見ると①とあり、採用教科書一件ということになる。王直を教科書の記述に初めて取り上げた一冊は、最も多くの高等学校が採択している山川出版社『詳説世界史Ｂ』である。明清時代の通史として執筆した拙著『海と帝国』[1]のなかで、王直についてはかなりのページを割いて詳しく紹介したことがある。教科書にも取り上げられたことは、国家間の日中関係だけではなく、民間レベルの交流も視野に収めようとしていることを示している。

現在の日中関係は、非常に厳しい状況にある。こうした状況のもとでは、日本の中国史研究がどのように進められているのか、中国の一般の方に知ってもらい、相互の理解を深めるということが、非常に重要であろうと考えている。幸いなことにこの講談社から出した拙著を含む「中国の歴史」シリーズは大陸と台湾でそれぞれ中国語に翻訳され[2]、中国と台湾で発行部数を伸ばしている。拙著も『海与帝国』というタイトルで翻訳されている[3]。日本の中国研究が中国に紹介されて、日本の中国の歴史をみるまなざしに対する中国人の認識が深まるのであれば、日中関係の改善にも寄与するのではないか。このように言うのは、「朝貢」という言葉について、日本の一般人の中に大きな誤解があると同時に、中国でも本来持っていた「朝貢」という意味が忘れられており、中国にたいして朝貢していた国を、中国が属国として支配していたというような誤解が拡がっているのではないかと、私は危惧しているからである。

朝貢というものが前近代においてどういうものであったのかということを正確に認識していくということが、歴史教育の中で日中関係を考えていく上では一番重要なポイントであろうと考えている。

## 一　高等学校学習指導要領における世界史Ｂ

二〇一六年四月に、新しい指導要領によって学習してきた高校現役生が大学に入学して来た。大学教員にしても、指導要領が変わったことを意識せざるを得ないタイミングであった。世界史Bの「目的」の項目を、新旧の指導要領で比較すると、次のようになる。新指導要領で旧と変わったところを、傍点を振って明示する。[4]

【旧】

世界の歴史の大きな枠組みと流れを、我が国の歴史と関連付けながら理解させ、文化の多様性と現代世界の特質を広い視野から考察させることによって、歴史的思考力を培い、国際社会に主体的に生きる日本人としての自覚と資質を養う（平成一一年版）

【新】

世界の歴史の大きな枠組みと展開を諸資料に基づき地理的条件や日本の歴史と関連付けながら理解させ、文化の多様性・複合性と現代世界の特質を広い視野から考察させることによって、歴史的思考力を培い、国際社会に主体的に生きる日本国民としての自覚と資質を養う（平成二一年版）

新しい指導要領と古い指導要領がどう違うのか。「目標」が微妙に変わっていることが確認できる。旧では「大きな枠組と流れ」とあったものが、新では「展開を諸資料に基づき地理的条件や」と、かなり具体的に書き込んでいる。重要な変更点は、「諸資料に」という点に漠然とした歴史の流れではなく、日本以外の文化圏で蓄積された諸資料を全面に取り上げなければならないというメッセージが入って来ていることにある。さらに「多様性・複合性」という文言で、「複合」という言葉が新たに挿入されている。これらの変更点が、どういう意味合いを持つのかということを、今後の歴史教育を大学で進めていく上で考えていかなければならないだろう。

なかでも最も注意すべき変更点として、古い指導要領のほうでは「日本人としての自覚と資質を養う」ということが、新しい指導要領では「日本国民」と微妙に変わっているということである。これは政治的な配慮があったものと推定される。高等学校の教育が、はたして「日本国民のための教育」なのかという点について、わたし自身としては、日本国民というよりは、日本列島に住んで高等学校の教育を受けているすべての生徒にとっての、同じ列島というものを共有し共存している人々にとっての教育であるべきだろうと考えている。具体的には、日本の高等学校で教育を受ける外国籍の生徒たちをも、視野に含めた教育の目標が必要であると考えている。

新しい指導要領では、「日本国民」という形で限定した考え方が前面に出ている。それは具体的にどういう場面で現れてくるか。日韓間で問題となっている「独島」か「竹島」か、という記述、あるいは日中の間で問題となっている「魚釣島」か「尖閣諸島」か、という点において、「日本国民としての」という文言に基づいて、国の主張というものを教科書に盛り込み、教室でも教えなければならないのだ、というように、「国民」という言葉が一言入ったことによって、かなり大きな変更が強制される恐れがあると思われる。

こうした指導要領の変化が、実際の教科書の記述に影響を与えているのだろうか。私が専門としている領域は、中国の明・清を中心とする時代、岸本氏が提示した「近世」という時代になる。(4) 自分の専門のところで、具体的に教科書の記述の変化を跡づけていきたい。

## 二　山川『詳説世界史B』の新旧比較

そもそも日本における世界史研究は、明治以降、東洋史と西洋史という枠組みで展開してきた。明治期の日本がなぜ東洋史・西洋史という枠組を作ったのか、それについてはいろいろ議論があるが、基本的な要点は日本の国をどのようにデザインするかという点と密接に関わっていると思われる。

西洋史という枠の中では、フランス革命などを頂点として、近代国民国家とは何かという点を問うことが、大きな課題になっていた。そのために私の世代が習った世界史では、「フランス革命」に関わる部分が、非常に細かいところまで記入されていた。これは簡単に言うと、個人が国家に対してどのように関係を持つのか、個人が国家をどのように構築するかということと深く関わってくるかと思われる。

一方、東洋史の場合、そのほとんどが中国史であった。さらに中国史で論じられている内容は、ほぼ中国の正史に基づいて記載がなされている。それは単純に述べるならば、中国の国家制度というものがどのように構築されてきたのか、個人が国家に対してどのように関わるのか、極端に単純化して言えば、どのように国家に忠誠を尽くすのか、という内容となっていた。要するに朱子学に基づく大義論に基づいた国家と個人との関係に収斂していたように思われる。基本的な東洋史・西洋史のいずれもが、教育の現場では国家と個人との関係を基本的な軸として展開していたのである。

新しい指導要領では、「日本国民」にとっての世界史という点が明確に打ち出されている。これが実際に教科書にどのような影響を与えているのか、山川出版社『詳説世界史B』を取り上げて、確認していきたい。

序章にあたる「世界史を学ぶみなさんへ」からアジアと日本の位置付けに言及している箇所を取り上げる。

【旧】東アジアの東端にあって孤立していたかにみえる島国日本が、古くからアジア大陸や東南アジアの人々と多彩な交流をかさねてきたこと、そして日本社会の枠組みがこうした交流の中からつくりだされてきたことを、改めて思い起こしてください。

【新】日本史では、主として日本と直接交流があったり、日本にさまざまな影響を与えてきた東アジアの諸地域や欧米諸国の動向が取り上げられてきました。つまり、日本という窓からみえる世界を扱ってきたということです。それに対して世界史では、世界の諸地域の主要な歴史の流れをそれ自体として広くみていきます。なかには、日本とはあまり関係が無いように思われる地域や時代も登場するでしょう。……世界史の学習をつうじて、私たちが当然だと思っていた事柄や考えが、地域や時代によってはけっしてそうではないことも分かるでしょうし、日本の歴史の特色もいっそう深く理解できるようになるはずです。

旧の場合には日本の社会の枠組が海外との世界史的な地域との交流の中からどのように作られてきたのかということを見るのがこの教科書であると叙述されている。これに対して、新しい教科書では、「中には日本とはあまり関係がないように思われる地域や時代も登場するでしょう」というところで、指導要領に記載された「複合性」の要請を引き取っている。「あるいは世界史の学習を通じてわたしたちが当然と思っていた事柄や考えが、地域や時代によっては決してそうではないことも分かるでしょう」というところに、日本というものの歴史を相対化して考えるということが重要である、というメッセージが込められている。

続いて、内容の相違点を目次からたどってみよう。

旧：第3章　東アジア世界の形成と発展
　第4章　内陸アジア世界の変遷
　　モンゴル民族の発展
　第7章　諸地域世界の交流（→新では分散して記述）
新：第3章　内陸アジア世界・東アジア世界の形成
　第6章　内陸アジア世界と東アジア世界の展開
　　モンゴルの大帝国

具体的な記述を比べてみると、あまり大きな違いはない。しかし、注目されることは、内陸アジア史が独立した形で取り扱われている点である。例えば「東アジア世界」について、旧では東アジア世界の後に内陸アジア遊牧社会が取り上げられているのに対して、新しい教科書では、遊牧社会、内陸アジアに関する記載が先に来て、それに対する東アジア側の対応という形で教科書が編成されている。これは京都大学の杉山正明氏の『クビライの挑戦』[6]から始まる一連の著作が、大きなインパクトを与えたものと推定される。

杉山氏の研究の背景として、中国史以外の他のアジア史に関する研究が、一九八〇年代以降に大きく進化したということを挙げなければならない。本書が編まれる契機となったシンポジウムにおいて、小澤実氏から高校世界史教科書について、「西洋史の記述はあまり変化が見られないのに対して、アジア史やそれ以外の地域については、紙幅に占める比率が激増し、一九七〇年代の教科書と比較するとほとんど原型をとどめていない、まさに隔世の感がある」という発言があった。こうした変化の社会的な要因としては、一九八〇年代に日本が円高になったということが一番大きい。つまり、八〇年代に、日本の若手の研究者が、大学院生の段階か大学院修了から間もない年代のときに、研究対象としている現地の大学院などに留学し、現地社会を見ながら研究する傾向が現れ、そうした動向を背景として、独自の視点に基づく研究成果が問われるようになったのである。

私が一九七〇年代なかばに東京大学の教養学部でイスラーム史や東南アジア史を習ったとき、教官が参考文献として挙げた書籍は、ほとんどすべてドイツ・フランス・イギリスなどの欧米の研究者が著した概説書を日本語に翻訳したものか、英語の文献であった。現在もし同じような授業に臨んだとしたら、教員が用意する参考文献リストには、日本人の研究者が書いた、宗教・思想から始まって社会・文化・政治といった分野を横断するさまざまな書籍が、並べられると思われる。

現地の社会での生活、あるいは現地の文化というものを実体験している研究者であれば、その経験に基づいて従来の欧米経由のイスラーム史や東南アジア史、南アジア史、アフリカ史を、地元の側から批判的に読み解くことも可能である。欧米のアジア理解は、エドワード＝サイードが「オリエンタリズム」[7]と批判したように、「オクシデントではないもの」、例えば「（西欧の民主に対して）専制」「（西欧の能動性に対する）受動性」などをことさらに誇張した多様性であった。指導要領で「多様性」と併記する形で、あらたに追記された「複合性」は、その文化・社会に内在することによって初めてその重層性を自覚することが可能となる。非西欧の文化・社会には、西欧的な要素も含まれており、複合性として認識されうるものなのである。

このようなことが恐らく一つの流れとして、指導要領にある「諸資料に基づき地理的条件や」という形で、多様な世界中の多様な文化・社会というものに根差しつつ、日本に最終的に戻ってくる視点を必要とするという要請に反映されているのである。

## 三　朝貢に関する記述（山川〈新〉・東京書籍・実教・三省堂の比較）

高等学校歴史教育における中国史に焦点を絞った場合、日本の歴史と関連付けながら理解させるという指導要領の要請に関わるポイントは、「朝貢」という用語であろう。朝貢は日中関係を理解する上で重要であるばかりでなく、東アジア史を考える上でも非常に重要な要素であることは間違いない。しかも、しばしば誤解されているが故に、教育の現場で最も注意を要する用語でもある。

朝貢という用語を正確に理解することの重要性を特に強く感じた契機は、「新しい歴史教科書をつくる会」が作った中学校歴史分野の教科書において、朝貢をするということが中国の属国になることだという文脈で書かれていることを確認したことである。

実を言うと中国でも近代以降、朝鮮・ベトナム・琉球に対して、中国歴代王朝に朝貢した属国であるとして、西洋帝国主義的な文脈で「朝貢」を理解する流れも既に清末には現れている。現在の中国において、習近平の体制の下で進められている「中国の夢」キャンペーンの中で、中国が世界の大国になるべきだという文脈にそって、過去に遡って朝貢していたところは中国の属国、あるいは準属国だというような認識が、中国社会で拡がっている。

高等学校世界史教科書で、朝貢がどのように扱われているか、複数の教科書を検討してみよう。

教科書における朝貢に関する記述というものを並べてみると、漢代のところで論じられている場合もあるし、隋・唐時代で論じられている場合もあるというように、教科書によって相違がある。また、その記述も

共通点はあるものの、精粗の差は大きいという印象を受ける。また、どの時代の記述において取り上げるか

**表6－1　高校世界史教科書の「朝貢」に関する記述**

|  |  |
|---|---|
| 山川：魏晋南北朝を扱う節に置かれた項目（傍点は旧から増補された内容） | 〈朝鮮と日本の国家形成〉……分裂時代の中国の諸王朝の側でも、みずからの権威を高めるために周辺の新興国家とのつながりを強化しようとした。その結果、周辺諸国から中国王朝への朝貢使節の派遣や、中国王朝から周辺諸国への支配者への官職・称号の授与など、国家間の関係が積極的に結ばれた。中国の王朝の権威を周辺諸国がみとめ、従属的関係を結ぶというこのような国家間関係のあり方は、東アジアの国際秩序の特徴として、一九世紀にいたるまで存続することとなる。<br>朝貢→脚注：周辺国が貢物をもった使節を定期的に中心国におくり、中心国の君主が使節に接見して返礼品を与える制度。国際秩序を確認する外交儀礼であるとともに交易の側面ももつ。 |
| 東京書籍：隋唐時代を扱う節に置かれた項目 | 〈冊封体制と世界帝国〉中華帝国と周辺諸国との間の交渉は、朝貢という独特の交易方式を通して行われた。漢帝国は、諸侯王に一定の地域を封土として与える（冊封）という郡国制をとったが、この方式を国際関係にも拡大適用して、朝貢国の首長に爵位など官位を与え、その地域の統治を承認した。東アジア世界に成立した、中華帝国を中心にすえるこのような国際秩序を冊封体制とよび、この体制は唐を世界帝国へと発展させる原動力の役割を果たし、二〇世紀に皇帝支配体制が崩壊するまで、歴代の王朝にひきつがれた。<br>朝貢という独特の交易方式→脚注：中華文明の外側にある諸民族（夷狄）が、世界の中心たる中華帝国の君主の徳をしたって貢ぎ物をもって来訪する、という中華思想の徳治主義の原理で支えられた方式。 |
| 実教：漢代を扱う節に置かれた項目 | 〈朝鮮・日本の動向〉五七年には倭の奴国が後漢に朝貢して……<br>朝貢→脚注：……中国の皇帝が周辺諸民族の首長に「王」の称号を与え、そのことを示す印綬を賜ることは、のち唐代に完成された「冊封」の制度の始まりと思われる。<br>〈唐代を扱う節に置かれた項目〉<br>周辺の諸民族国家に対しては臣従や朝貢をさせ、唐を中心とした東アジア世界を形成した。<br>脚注：周辺諸国の君主に中国の官位や称号を与えて支配下におく独特の国際関係は漢以来あり、冊封体制とよばれるが、唐代にいたって東アジア全域にひろがった。 |

| 三省堂：隋唐時代を扱う節に置かれた項目 | 〈隋・唐と東アジア世界の成立〉唐は、帝国領内の諸部族に対して、安西や安南などに都護府をおいて監察する間接統治政策（羈縻政策）をとる一方で、南方のチャンパー、クメール、シュリーヴィジャヤとは貿易を目的とする外交関係をきずいた。これに対して、東・西突厥やウイグル、渤海、新羅、吐蕃、南詔などに対しては、各国から皇帝に貢ぎ物を献上されるとともに（朝貢）、各国の首長を皇帝の臣下と位置付けて皇帝から王位をさずけ、その国の支配を認める冊封関係を結んだ。このような君臣関係によって構成される東アジア世界における中国中心の国際秩序を冊封体制とよぶ。<br>冊封関係➡脚注：冊封関係は、中国皇帝の威徳の下に朝貢国が臣従し、その恩恵に浴するという国際関係であり、後漢以降、清末まで存続したが、朝貢国の統治は実質的に当地の王によってなされていた。 |
|---|---|

（出典）著者作成。

に応じ、その内容が異なっている点にも、注意を払う必要がある。朝貢は時代によって、その運用方法に違いがあるため、冊封に偏った記載となる場合、貿易との関連で説明がなされる場合など、力点の置き方が異なるのである。

朝貢を説明するときに、本質的なポイントから、制度として整備された形式、そして運用の実態と、段階的に組み立てる必要がある。最も本質的な点は、国家間の関係ではなく、国家の君主間の関係であるということである。また、近代の外交とは異なり、条約に基づくものではないということを明確にする必要がある。

朝貢は儀礼的な序列を定めるものであり、家族関係になぞらえられた儀礼の応酬に基づいて維持され、持続してきた。中国の皇帝と周辺国の君主との間の上下関係に止まらず、朝貢関係にあるすべての国々の君主の間で、中国皇帝との擬制的親族関係の距離に応じた序列が形成され、その序列が世界の儀礼的な秩序を形づくる。現象としては、君主間で公的に取り交わされる書簡で、叔父に対する書式を用いるのか、甥に対する書式とするのか、といった差異として現れる。

この儀礼的な序列を制度的に安定させるために、爵位を与えた場合には、冊封となる。序列関係に応じた贈答品の往復に裏付けられた貿易が、朝貢貿易だということになる。したがって、爵位制度をともなわない朝貢もあり得るし、貿易を重視しない朝貢も存在した。また、贈答品として何を貢納すべきなのか厳しく規定された場合には、支配と従属としか表現できないような関係も生じる。しかし、その場合でも皇帝は朝貢国の君主に下賜品を与えている。それは宗主国と属国との関係ではなく、あくまでも君主間の儀礼的な関係なのである。

## 四　中国正史における「倭」「倭国」と「日本」

指導要領では世界史を「日本の歴史と関連付けながら理解させ」ることが要請されている。前近代でこの要請に応えるとしたら、まず中国の漢籍が日本をどのように取り上げてきたのか、という点から始めることが考えられる。

『漢書』『後漢書』では、倭についてその存在が言及されるに過ぎない。『三国志』の「魏書・東夷伝倭人条」、いわゆる「魏志倭人伝」と日本で一般化して呼ばれている箇所で、倭の内情が詳細に記載され、それからかなり長い間、中国の「倭」に関する記述のスタンダードという形でずっと引き継がれているということが、確認できるであろう。

『隋書』にいたり、「日本」という自称が姿を現す（章末【史料①】）。日本で有名な「日出づる処の天子、日没する処の天子に書を致す。恙無しや」という箇所がそれである。この国書に対して隋の皇帝が怒った（「喜ばず」）と書いてある。先ほど紹介した「新しい歴史教科書をつくる会」の中学校社会科歴史分野の教科書は、コラムとしてこの部分だけを切り出し、この時代に日本は中国に対してはっきりと属国でないと主張したと述べている。しかし、『隋書』ではどういう文脈に置かれているかを確認すると、皇帝は「日本は辺境の国であって、礼というものを知らない。だからこのような非常識な文言を気にする必要はない」と考え直して怒りを鎮め、その翌年に使節を日本に派遣して日本と交渉をする。そうすると日本側は喜んで、「わたしは海の西に大隋というものがあって、それは儀礼の国である。だから朝貢した。わたしは異人であって海を隔てて礼儀というものを未だ聞いたことがない。というわけで、朝貢することにした」と述べている。『隋書』といっても、唐代に書かれたものであるが、隋の皇帝は太っ腹のところを見せている、というようなトーンで話が進み、日本はこの時に初めて中国的な儀礼というものを学ぶきっかけになったのだという文脈に、「日出づる処の」という国書が置かれているのである。

わたしたちは史料を教科書の中で紹介するときに、自分たちの国の文脈に応じて切り貼りしてしまうということの危険性を、自覚する必要がある。

## 五　中国人が真剣に調べた日本――鄭舜功『日本一鑑』

中国からみた日本というテーマを考察するにあたって、誰が日本の情報をもたらしたのか、という点が重要である。世界史を考える、特に史料に基づいて世界史を考えるといったときに、我々がつい見逃しがちなことは、違う文化、あるいは違う国の状況というものが、必ずしも正確に伝わるわけではないということである。[8]

二〇一三年に刊行した拙著では、「蜃気楼王国」とタイトルに記載した。[9]「蜃気楼」とした理由は、中国から海を隔てて見える日本は、両国の間に蜃気楼が入ることによって歪んで見える可能性がある、ということを示したかったからである。要するに国と国との関係において、相手の政治・文化・社会に関する情報がダイレクトに伝わるわけではなく、誰がどのように伝えるかによって、情報が選別されるし、場合によっては意図的に改ざんされることがある。海を隔てた日本と大陸諸国との間には、漠然とした空間、情報を屈折させてしまうような空間があるという感覚を持って、日中関係・日朝関係を見ていく必要がある、このような意味合いで「蜃気楼」という言葉をタイトルに用いた。

要するに、日中関係と直接に連結させるのではなく、日本と中国の間に何か漠然とした蜃気楼のような、相手の正確な姿が直接に伝わるのではなく、両者のあいだに存在して、相手の姿を屈曲させたり歪曲させたりする媒介物があって、その存在の中で日本と中国との関係が展開しているという感覚を持たないと、恐らく間違ってしまうであろう、ということである。現在に引き付けて言うならば、日本のメディアは中国の反日的な動きを基準にクローズアップし、例えばコピー商品が非常に多いというような報道が際立っている。中国においても日本の安倍首相の見解というものが日本人すべての見解であるかのように紹介されている。歴史学者は媒体がどのようなものか、正確に認識すべきであろう。このことを近世史において明示するために、「蜃気楼」という言葉をタイトルに冠したのである。

中国は基本的に、日本は東夷の国であるという認識があり、日本に対する積極的な好奇心というものをほとんど持たなかった。ところが前近代に中国が真剣に日本情報を集めた時期が一回だけあった。これは後期倭寇、先ほど言及した王直などが海で活躍した時代である。倭寇対策をどうすべきか、明朝が真剣に考えたとき、日本に関する情報を集めなければならない、という方向が現れた。その中で編まれた日本研究の成果の一つが、鄭舜功が著した『日本一鑑』である[10]。

『日本一鑑』には詳細な日本情報が記載されている。興味深いことは、中国の論理で分析が加えられているところである。例えば、日本の地理を説明した「地脈」という項目は、非常に興味深いもので、中国の風水観に基づいて日本の国土というものを説明している（章末【史料②】）。日本の地脈は中国大陸から九州に渡って、九州を中心としてめぐった後、中国地方の山地を経由して京都（山城の国）に流れている、京都の風水を護っているものは四国の山々で、この山々によって京都に良い気が留まっている、というような大きなスケールで日本の地理が解釈されているのである。

新しい指導要領において「展開を諸資料に基づいて地理的条件や」などと要請されている点については、このような形で外から見えた日本というものはどうなのかというようなところを、世界史ではもっと意図的に自覚して論ずるべきであろうというのが、私の一つの結論ということになる。

## おわりに

高校世界史に求められていることは、漠然とした教養ではなく、また年号を多く覚えているということでもない。外国から日本人が、あるいは日本列島に住んでいる我々が、どのように見られているのかを自覚することである。近年、日本史を必修にすべきだという議論の中で、自己中心的な歴史観に偏らないためには、何をなすべきか、ということになる。自己中心的なものの見方は、「子どもの歴史観」である。今必要なのは「大人の歴史観」、簡単に言うと他者が自分をどのように見ているのかということを踏まえた上で、他者との関係を作っていくということである。このようなことを考えながら歴史教科書というものを書いていくべきであろう。

一例として、山川出版社の『詳説世界史B』について、新版と旧版の間で、近現代史の記載が微妙に変わったことがある。日中全面戦争が始まったのが、旧版では「一九三七年の七月」と書かれていたものが、新版では「七月七日」と日付まで書き込まれている。日付を書いてある教科書は、山川出版社の新版が初めてではないものの、山川出版社の教科書で日付まで書いた項目というのは、「三・一独立運動」などの歴史的な用語の中に日付の入っているものは別として、恐らくこの一九三七年七月七日しかない。

中国にとって「七月七日」というのは七夕の日ではない、日中の関わる重大な日[11]だということを日本人として知っておく必要がある、中国滞在のときに「七月七日」を迎えたとしたら、身を正して中国人と接しなければならない、というようなメッセージが、このような記述に、明らかに込められている。

本章では日中関係を軸にして論じたが、オランダにとっての日本とはどういうものなのか、オーストラリアにとっての日本はどういうものなのか、ということは日本ではあまり知られていないが、アジア太平洋戦争の時の捕虜の問題等について、やはりさまざまな未解決の問題があるということを、教科書でも言及すべきであろう。

他国にとって、他の文化・社会にとって、日本というものがどのように映っているのかということを、良い面と悪い面の両方を含めてどのように認識していくのか。世界史の教科書、あるいは議論が進んでいる新科目「歴史総合」でも、そういった点を明確に意識していかないと、非常にエゴセントリックな歴史観に陥りかねない状況が、今の日本の教育に関する議論の底流としてはある。心したいものである。

【史料①】『隋書』／列傳　凡五十巻／巻八十一　列傳第四十六／東夷／倭國

……大業三年、其王多利思比孤遣使朝貢。使者曰「聞海西菩薩天子重興佛法、故遣朝拜、兼沙門數十人來學佛法。」其國書曰「日出處天子、致書日沒處天子。無恙」云云。帝覽之不悅、謂鴻臚卿曰「蠻夷書有無禮者、勿復以聞。」明年、上遣文林郎裴清使於倭國。度百濟、行至竹島、南望身・冉羅國、經都斯麻國、迥在大海中。又東至一支國、又至竹斯國、又東至秦王國、其人同於華夏、以為夷洲、疑不能明也。又經十餘國、達於海岸。自竹斯國以東、皆附庸於倭。倭王遣小德阿輩臺、從數百人、設儀仗、鳴鼓角來迎。後十日、又遣大禮哥多毗、從二百餘騎郊勞。既至彼都、其王與清相見、大悅、曰「我聞海西有大隋、禮義之國、故遣朝貢。我夷人、僻在海隅、不聞禮義、是以稽留境內、不即相見。今故清道飾館、以待大使、冀聞大國惟新之化。」清答曰「皇帝德並二儀、澤流四海、以王慕化、故遣行人來此宣諭。」既而引清就館。其後清遣人謂其王曰「朝命既達、請即戒塗。」於是設宴享以遣清、復令使者隨清來貢方物。此後遂絕。

【史料②】『日本一鑑』／窮河話海／巻一／地脈

日本之脈、起自閩泉永寧間。間抽一枝、去深滬、東渡諸海、結澎湖等島、再渡結小東島、一名小琉球、彼云大恵国。自島一脈、西南渡海、乃結門雷等国。一脈東北起、釣魚黄蔴赤坎古米馬歯等島、乃結大琉球国。自大琉球一脈、東北渡海、起硫磺田嘉大羅七島、屋久種島間島白不硫磺等島、乃結日本首。自大隅至豊前、中分九国、自豊前渡長門、東行結陸奥、中枝盤旋、南結山城、旁枝南行、結紀伊。又渡海、結阿波即南島、為山城之案。此所以言日本之彊域畧可考矣。

但此夷島、陰極中所生、雖突起硫磺等、蓋由陰極而陽濁、其気鬱蒸、不能尽洩、発為燥火、山勢巃嵸、生産諸夷、賦性凶狼。尋龍経云、凡物之精、上応天星、世以峯為星、峯者以其峯応列星故也、人亦感地之気而生焉。故此倭夷、賦性凶狼、実地気使然也。按此東夷、累代入朝、実以地脈由中国、而性余枝帰向祖宗蓋亦不忘其本、其理然也。

註

（1）上田信『海と帝国──明清時代』講談社、二〇〇五年。

（2）大陸版の出版元は広西師範大学出版社、台湾版は台湾商務印書館。

（3）大陸版『海与帝国』については私自身の校閲が不十分なところがあり、誤訳もある。例えば「カントリートレーダー」という用語について、本来は「地方商人」などと中国語で訳すべきところを、「国家商人」というふうに訳されていたことを見落としていた。翻訳の水準は、台湾版の方が高い。

（4）岸本美緒『東アジアの「近世」』（世界史リブレット　一三）、山川出版社、一九九八年。

（5）文部科学省『高等学校学習指導要領解説　地理歴史編』実教出版、一九九九年。文部科学省『高等学校学習指導要領解説　地理歴史編』教育出版、二〇一〇年。

(6)　杉山正明『クビライの挑戦——モンゴル海上帝国への道』朝日新聞社、一九九五年。『遊牧民から見た世界史——民族も国境もこえて』日本経済新聞社、一九九七年。『逆説のユーラシア史——モンゴルからのまなざし』日本経済新聞社、二〇〇二年など。

(7)　エドワード・W・サイード(板垣雄三・杉田英明監修、今沢紀子訳)『オリエンタリズム』平凡社(平凡社ライブラリー)、一九九三年。原著は Edward W. Said, *Orientalism*, Georges Borchardt, NY 1978.

(8)　武安隆・熊達運『中国人の日本研究史』六興出版社、一九八九年。

(9)　上田信『シナ海域蜃気楼王国の興亡』講談社、二〇一三年。

(10)　神戸輝夫「鄭舜功と蒋洲——大友宗麟と会った二人の明人」『大分大学教育福祉科学部研究紀要』二一巻二号、一九九九年。神戸輝夫「鄭舜功著『日本一鑑』について(正)」『大分大学教育福祉科学部紀要』二二巻一号、二〇〇〇年。神戸輝夫「鄭舜功著『日本一鑑』について(続)」『大分大学教育福祉科学部紀要』二二巻一号、二〇〇〇年。中島敬「鄭舜功の来日について」『東洋大学文学部紀要　史学科篇』一九号、一九九四年。中島敬「『日本一鑑』の日本認識」『東洋大学文学部紀要　史学科篇』二一号、一九九六年。中島敬「『日本一鑑』研究史」『東洋大学文学部紀要　史学科篇』二二号、一九九六年。

(11)　中国では七夕は〈乞巧節〉〈七夕〉などと呼ばれ、農暦(日本の旧暦に相当する)の七月七日に祝われる。二〇一五年の新暦の七月七日に在中日本大使館が中国版ツイッター「微博(ウェイボー)」で七夕を祝うメッセージを書き込んだところ、ネットユーザーから「中国を愚弄するのか」といった猛批判を受けたという事件があった。こうした無知による衝突を避けるためにも、日本の国外に対する負の出来事については、日付まで教科書に記載すべきであろう。

# 第7章　高校世界史教科書と東南アジア

松岡　昌和

## はじめに

筆者は現在、東南アジアに関する研究を行い大学で主として歴史系の科目を担当する傍ら、高等学校の非常勤講師として主として世界史を担当している。本章では、高等学校地理歴史科で使用される世界史教科書を取り上げ、東南アジアの記述について筆者の視点からの課題を示していく。その際、紙幅の関係上、大学入試でも多く選択される世界史B、特に採択率が高く冊数で過半数を占める山川出版社『詳説世界史 改訂版』（二〇一六年三月一八日文部科学省検定済、二〇一九年度占有率五〇・六パーセント）について中心的に記述していくが（以下、『詳説世界史』と略記）、必要に応じて東京書籍『新選世界史B』（二〇一七年三月七日文部科学省検定済、占有率一六・八パーセント）、帝国書院『新詳 世界史B』（二〇一七年三月七日文部科学省検定済、占有率八・六パーセント）、東京書籍『世界史B』（二〇一六年三月一八日文部科学省検定済、占有率八・四パーセント）、山川出版社『高校世界史』（二〇一七年三月七日文部科学省検定済、占有率八・一パーセント）、実教出版『世界史B 新訂版』（二〇一六年三月一八日文部科学省検定済、占有率六・五パーセント）も参照する[1]。

## 一　世界史教科書における東南アジア記述

では、世界史教科書の東南アジアについての記述については、どのような課題があるのだろうか。最初に、東南アジアが世界史教科書においてどのような位置付けになっているのかを確認したい。まず、最大の占有率を誇る『詳説世界史』について取り上げる。この教科書における東南アジアの記述は決して他地域に比べて多いとは言えず、また、時期ごとに区切られているため、一つ一つの時代の記述が細切れになってしまう傾向がある。『詳説世界史』では以下の節で標題に「東南アジア」と明記されている。

第2章　第2節「東南アジアの諸文明」
第4章　第3節「インド・東南アジア・アフリカのイスラーム化」
第7章　第4節「ムガル帝国の興隆と東南アジア交易の発展」
第12章　第2節「南アジア・東南アジアの植民地化」

東南アジアが独立した節となっているのは「東南アジアの諸文明」のみであり、その他は主としてインドと抱合せで記述されていることがわかる。

また、節の標題には「東南アジア」ということばが見られないが、項目の標題として「東南アジア」あるいは東南アジア地域内の固有名詞が現れる箇所には以下のものがある。

第13章　第3節「アジア諸国の改革と民族運動」のうち「東南アジアにおける民族運動の形成」

第14章　第3節「アジア・アフリカ地域の民族運動」のうち「東南アジアにおける民族運動の展開」
第15章　第1節「戦後世界秩序の形成とアジア諸地域の独立」のうち「東南アジアの独立」
第15章　第3節「第三世界の台頭と米・ソの歩み寄り」のうち「ベトナム戦争とインドシナ半島」および「第三世界の開発独裁と東南・南アジアの自立化」

一九世紀末以降の記述において顕著に見られる傾向で、ベトナム戦争についての記述を除き、東南アジアが植民地支配に対して抵抗・独立していく様子が他のアジア・アフリカ地域と合わせて記述されている。東南アジアの独自性を強く打ち出す記述ではなく、植民地が民族運動によって独立し、第三世界を形成していく一コマとなっている。

その他、節や項目の標題にはその名が見られないものの、東南アジアについてまとまった記述が見られる箇所として以下のものがある。

第7章　第1節「東アジア世界の動向」のうち「明朝の朝貢体制」および「朝貢体制の動揺」
第9章　第2節「ヨーロッパ諸国の海外進出」のうち「アジア市場の攻防」
第16章　第2節「途上国の民主化と独裁政権の動揺」のうち「途上国の民主化」および「アジア社会主義国の変容」

第7章での記述は明代の中国についての解説の一環として、第9章については近世ヨーロッパ諸国の海外への展開の一環として記述されている。また、第16章の記述は、第13〜15章での記述と同様、途上国の事例として取り上げられていると言える。

東南アジアは独立した内容として扱われることが少なく、またそれぞれの時代の記述のなかで細切れになってしまっているため、欧米や中国など他の大国の記述の中で埋没してしまいかねない。東南アジアの地域としての特質は、第2章の「東南アジアの諸文明」の最初に地理や通時的な流れについてごく簡潔に解説されているほか、東南アジアについて独立して記述している節のはじめで時代の概略を記述している。しかし、それらは東南アジアの当該時期についての全体的な見取り図を得るにはあまりに短すぎる記述である上、独立した項目がない箇所については、概略を得ることさえできない。その結果、東南アジアを一つのまとまった地域と捉えるにあたって、そのイメージが得にくくなっていると言えよう。

同様の傾向は、『詳説世界史』と執筆者の多くが重複する山川出版社『高校世界史』でも見られる。『高校世界史』の構成は『詳説世界史』と類似しており、目次や項目名における「東南アジア」や東南アジア関連の固有名詞の使われ方についてもほぼ同じ傾向を示していると言える。『詳説世界史』に続く占有率を誇る東京書籍『新選世界史B』は、第2章の標題を「南アジア・東南アジア世界の形成」としており、「東南アジア」という単語が章の標題となっている点で前述の二点と異なっている。しかし、東南アジア関連の節・項目の位置付けについては、時期ごとに区切られているため、一つ一つの時代の記述が細切れになってしまうという、前述の二点と類似した傾向を示している。

この点で、これらと異なる傾向を示しているのが東京書籍『世界史B』と帝国書院『新詳 世界史B』である。これらはいずれも東南アジアを独立した章として取り上げており、時期ごとに細切れになる記述を回避している。『世界史B』の東南アジア関連の章・節・項目を列挙したい。

標題に「東南アジア」と明記されている章は以下のとおりである。

第6章「東南アジア世界」
第11章「海域世界の発展と東南アジア」
節の標題としては、以下の箇所で「東南アジア」という単語が用いられている。
第17章　第2節「南アジア・東南アジアの植民地化と民族運動の黎明」
また、項目の標題として「東南アジア」あるいは東南アジア地域内の固有名詞が現れる箇所には以下のものがある。
第12章　第1節「アジア交易世界の再編と活況」のうち「マラッカの繁栄」
第12章　第3節「大交易時代の世界」のうち「東南アジアの活況」
第17章　第3節「清の動揺と変貌する東アジア」のうち「東・東南アジアをめぐる国際情勢の変容」
第18章　第4節「アジア・アフリカでの国家形成の動き」のうち「東南アジアの民族運動」
第19章　第2節「植民地の独立と世界政治」のうち「東南アジア諸国の独立」
第19章　第4節「合衆国の覇権の動揺と再編」のうち「『自由世界の防衛』とベトナム戦争」および「ベトナムの統一とその後」
第20章　第2節「冷戦の終結と新たな世界秩序」のうち「ASEAN＋3とAPEC」

特に前近代について、横のつながりを重視しながらも、東南アジアを一つの世界ととらえ、まとまった形で記述していることがうかがえる。インドを中心とした南アジア世界と同じ文脈で記述することを避けており、国際市場との強い関係や「独自の文明」としての東南アジア世界といった像を強力に打ち出している。

東京書籍『世界史B』と帝国書院『新詳 世界史B』は、それぞれ東南アジア研究者が執筆にかかわっているという点でも、『詳説世界史』などと異なっている。筆者が参照した二〇一七年検定済の『世界史B』では東南アジア研究者が直接執筆していないものの、これのもとになっている旧版ではベトナムを専門とする故桜井由躬雄が執筆者をつとめている。『新詳 世界史B』では同じくベトナムを専門とする桃木至朗が執筆者として参加している。そのほか、東南アジア研究者が執筆に加わっている教科書としては、東南アジア島嶼部を専門とする深見純生が執筆者をつとめる実教出版『世界史B』もある。

東南アジア研究者が執筆にかかわった教科書は、そうでない教科書と比べて、東南アジアに関する記述の分量が多くなっている傾向も見られる。『詳説世界史』で第Ⅰ部から第Ⅱ部に至るまでの時代、つまり「大航海時代」ないし「世界の一体化」の時代より前の時代について、東南アジアに関する記述は五頁程度である。それに対して、東京書籍『世界史B』では該当する時代の東南アジアの記述が一〇頁程度、実教出版『世界史B』では六頁程度である。この二つの教科書は『詳説世界史』よりも大きなサイズであるため、一頁あたりの情報量の差を考慮に入れれば、さらにその差は大きくなるだろう。帝国書院『新詳世界史B』は五頁程度であるが、やはり『詳説世界史』よりも大きなサイズであるため、前近代の東南アジアについての情報は多くなっている。

以上のように、教科書における東南アジアの位置付けは、教科書によって大きな差が見られる。特に東南アジア研究者がかかわった教科書については、東南アジアを南アジアなど他地域に従属的な位置付けではなく、独自の文明として位置付け、その記述も丁寧になっていることが指摘できる。

## 二　「受動的」な東南アジア

次に、東南アジアについての記述の内容についてその課題を二点ほど指摘したい。第一に、王朝の変遷や中国への朝貢、欧米列強による植民地化とそこからの独立など外来の文化や勢力についての記述が多くを占めており、地域の文化的特質が軽視され、受動的なイメージを与えかねないという懸念が存在するという点である。

例えば、『詳説世界史』第2章第2節の「東南アジアの諸文明」では、「4世紀末から5世紀になると、インド船の盛んな活動を背景として、広い地域で『インド化』と呼ばれる諸変化が生じ、各地の政権のなかに、インドの影響が強くみられるようになった」（六三頁）とあり、東南アジア地域がインド文明に対して一方的に受動的であるという印象を与えかねない。また、外来文化を受容した東南アジア各地の主体性が描き出されていないために、どのような文脈で外来文化を受容したのかといった点が軽視されているのみならず、そうした外来文化が変化することなしに受容され、現在に至っているかのような印象を与えかねない(2)。これは、現代東南アジア地域に対する偏ったイメージを教科書の読者である高校生に与えかねず、国際理解や異文化コミュニケーションの観点からも問題を含んだものと言うことができよう。

近代についての記述では、第12章第2節のなかの「東南アジアの植民地化」で一九世紀における各地の島嶼部・大陸部双方での植民地化の進展について記述しているが、そこではタイの記述を除き、ほとんど植民地宗主国が主語として書かれており、現地社会の主体性をうかがい知ることが難しい。

一八世紀から一九世紀にかけての東南アジアが「華人の世紀」と呼ばれているように、この時代の東南アジアにおいて積極的に活動した主体として、華人の存在が指摘できよう。[3] 一九世紀の東南アジアにおける華人については帝国書院の『新詳 世界史B』において、「労働力需要の多くは、インド・中国・日本などの人口過剰地域からの、女性を含む出稼ぎ労働者や移民によってまかなわれ」たこと、「少数のヨーロッパ人による支配を維持するために、インド人や中国人を経済面で優遇」したこと、「汽車などの交通・通信の発達は、華僑や印僑を急増させた」ことについて記述しており（いずれも二二一頁）、東京書籍の『世界史B』においても、「マレー半島には、支配の安定とともに鉱山の労働者として大量の華僑が移住し」たことが言及されている（三二八頁）。一方で、『詳説世界史』においては、「イギリスは主に出身地域別に組織されて対立抗争をくりかえしていた中国人秘密結社やマレー人スルタンたちの間の錫をめぐる利権争いに介入し」たと記述されているにとどまる（二九三頁）。[4] 現在の東南アジアにおける民族構成や民族政策、言語的多様性という観点からは、この時代の東南アジアの華人のさらなる明確な位置付けが求められるのではないだろうか。

さらに、続く第13章に入ってから「東南アジアにおける民族運動の形成」、さらに第14章に入ってから「東南アジアにおける民族運動の展開」という項目で各地の反植民地運動について記述している。これを第12章の「東南アジアの植民地化」と連続して読むと、欧米による支配とそれに対する抵抗という単純な図式で捉えることができてしまう。

## 三　日本とのかかわり

第二に、日本とのかかわりである。二〇一四年一月に一部改訂された学習指導要領では、世界史Bの目標の中で「日本の歴史と関連付けながら理解させ……」とある。世界史Aにも同じ記載がある。その後段には

「歴史的思考力を培い、国際社会に主体的に生きる日本国民としての自覚と資質を養う」とあるが、解説によれば、「自国と世界とのかかわりを学び、日本の歴史や文化をより客観的に見る目を養う」ことがねらいとなっているようである。日本と東南アジアとは前近代から現代に至るまで直接的なかかわりが深く[5]、それゆえ日本において東南アジアの歴史を学ぶことは、学習指導要領に定められた目標に照らしても、特に重要な意味を持つと考えられる。

では、世界史教科書において東南アジアと日本との関わりはどのように記述されているのであろうか。『詳説世界史』にみられる両者の直接的なかかわりについて指摘してみたい。最初に言及されるのは、朱印船貿易である。第7章第1節「東アジア世界の動向」では「秀吉の死後実権をにぎって江戸に幕府を開いた徳川家康は、朱印船貿易を促進し、日本人は東南アジアの各地に進出して日本町をつくった」（一八五頁）とあり、同章第4節「ムガル帝国の興隆と東南アジア交易の発展」では「16世紀末以降、日本は朱印船を盛んにフィリピン・ベトナム・タイなどに来航させたこともあって、東南アジアの交易活動はさらに活発化した」と、その効果にまで言及して記している。またそれと同時期の出来事として、第9章第2節「ヨーロッパ諸国の海外進出」のなかのアンボイナ事件（一六二三年）についての記述で、殺害されたイギリス商館員のなかに日本人雇用者が含まれている旨が脚注で言及されている。

次に両者の直接的なかかわりが記されるのは、一九世紀末から二〇世紀初頭にかけての東南アジアの民族運動の文脈である。第13章第3節「アジア諸国の改革と民族運動」において、まず「これ（引用者注：フィリピン革命）にアメリカ合衆国が介入すると、アギナルドを中心とする革命軍は、日本に武器援助を求めるなどして解放をめざす運動をすすめ」（三二九頁）というフィリピンの動きを紹介している。またベトナムのファン・ボイ・チャウについての記述として「日本へ留学生をおくって新しい学問や技術を学ばせようとするドンズー運動も組織」されたが「日本への留学生は、日本とフランス両当局の弾圧にあって国外退去となり」（三二九頁）と、いずれのケースにおいても、アジアにおいていち早く「近代化」を行った日本に対する東南アジアの民族運動側の期待とその挫折が描かれている。

その後、近代から現代にかけての日本の南進については言及されず[6]、太平洋戦争へと飛んでしまう。太平洋戦争についての記述は、日本と東南アジアとの直接的なかかわりのなかで最も詳しい。やや長くなるが、第14章第5節「第二次世界大戦」の日本と東南アジアの記述の部分を引用する（三六六～三六七頁）。

一方、日本は日中戦争の長期化で国力を消耗させたので、状況を打開するため南方への進出をくわだてた。1940（昭和15）年9月、フランスの敗北に乗じてフランス領インドシナ北部に軍を派遣し、また三国防共協定を日独伊三国同盟へと発展させた。41（昭和16）年4月には北方の安全確保のため日ソ中立条約を結び、フランス領インドシナ南部にも軍をすすめた。（中略）

日米衝突を回避するため、41年4月から行われていた日米交渉がいきづまると、同年12月8日、日本軍はハワイのパールハーバー（真珠湾）にある米海軍基地を奇襲し、マレー半島に軍を上陸させて、アメリカ・イギリスに宣戦し、太平洋戦争に突入した。開戦後半年間で、日本は、マレー半島・香港・シンガポール・インドネシア・フィリピン・ソロモン諸島を占領し、ビルマを征服した。日本は「大東亜共栄圏」をとなえ、占領下のフィリピン・ビルマでは親日政権を設立させ、インドネシアでは親日組織をつくらせた。またインドシナ・タイには、日本との協力を声明させた。（中略）

東南アジアの占領地では、当初、日本を欧米諸国の植民地支配からの解放者として迎えたところもあった。しかし、日本の占領目的は資源収奪とそれに必要な治安確保であり、軍政のもとで、日本語教育や神社参拝の強制など、現地の歴史や文化を無視した政策がおこなわれた。さらに、シンガポールやマレー半島、フィリピンでは住民への残虐行為や捕虜を含む強制労働が多発したため、住民の激しい反発を呼び、日本軍は各地で抵抗運動に直面した。

パールハーバーへの奇襲とマレー半島のコタバル上陸の時間的な順序が逆転しているという点が指摘できるものの[7]、「資源の戦争」としての太平洋戦争の性格[8]、東南アジア各地での軍政、そこでの残虐行為などについて盛り込まれている。

戦後については、日本と東南アジアとの直接的なかかわりについての記述に乏しい。第15章第1節「戦後世界秩序の形成とアジア諸地域の独立」において、戦時期の日本の支配と、そこでの民族運動・抗日運動を基礎とした独立について、フィリピン、インドネシア、ベトナムの事例をあげている。特にフィリピンについては「抗日運動がもっとも活発であったフィリピンは、１９４６年フィリピン共和国として独立した」（三七七頁）と書かれ、戦時期の抗日運動と独立との連続性が示唆されている。戦後についてのもう一つの記述はベトナム戦争についてである。「日本では沖縄の米軍基地がベトナム戦争に利用されていたことへの批判が高まり」と、あくまで日本における沖縄返還問題の文脈で紹介されている。戦時期に日本によって与えられた独立の問題や日本による賠償の問題については触れられていない[9]。

以上の日本と東南アジアとのかかわりのなかで特に注目したいのは太平洋戦争である。上述のように、太平洋戦争については、『詳説世界史』において最も詳細に記されている日本と東南アジアとのかかわりであるが、具体的事例に乏しく、どのような形で「現地の歴史や文化を無視した」のか、どのような「残虐行為」があったのかについて事例が述べられていない。この点で、東南アジアにおける歴史教育と大きな情報の非対称性が発生し、問題化することが懸念される。筆者の手元には二〇一八年現在シンガポールの中学校で使用されている歴史教科書があるが、そこでは、捕虜の強制労働、華僑粛清[10]、日本軍によるプロパガンダ、日本化教育、食糧事情、抗日運動など、豊富な事例とともに、戦後復興まで含めるとおよそ五〇頁にわたって記述されている[11]。かつてシンガポールは政治的・経済的な理由から歴史教育を軽視してきた歴史があるが、現在となっては、日本とのかかわりについてはシンガポールのほうが質的にも量的にも圧倒していると言わざるをえない[12]。こうした歴史的知識の非対称性があることは承知しておく必要があるだろう。

## おわりに

世界史教科書における東南アジアの扱いは、紙幅の問題もあるためか、ヨーロッパや中国といった大国と比べると周縁的な存在となってしまうのは否めないであろう。また、今後の学習指導要領の改訂やそこで導入される新科目のなかでさらに大幅に情報量を増やして記述することも難しいと考えられる。現状では、断片的な知識が細切れに記述されているという傾向が見られ、読者となる高校生にとってみれば、それらは単に暗記すべきものとしてしか見られないとしても無理はないだろう。むしろ、覚えるべき王朝や固有名詞の多さから、「面倒なもの」とすら感じられるかもしれない。実際、筆者が高等学校教員として接する高校生の中でそのような印象を抱いているであろう生徒も存在する。こうした傾向を改善するためには、今後の学習指導要領の改訂や新たな教科書の登場にあたって、語句を削減するだけでは課題の解決にはならないだろう。現行の学習指導要領が目標として掲げている、「文化の多様性・複合性と現代世界の特質を広い視野から考察」することを達成するには、東南アジアを単に受動的な存在として描き出すのではなく、主体性を持った地域として描き直すことが必要であろう。受動的な東南アジアという描き方は、読み方によっては現地に対する偏見を生じさせかねず、熱心に教科書を読み込んでいけばいくほど偏見を増幅させるという事態に陥る危険性すらもっていると言えよう。今後の学習指導要領の改訂に向けて、偏見を生じさせかねない記述ではなく、それを打破する教科書記述を期待したい。

註

（1）『内外教育』時事通信社、二〇一九年二月五日による。

（2）前近代の東南アジアにおいて、外来の宗教や文化が選択的に受容されていったことについては、池端雪浦編『変わる東南アジア史像』山川出版社、一九九四年、第1章「借り着の王権」の各節の解説を参照。

（3）一八世紀、中国における海禁政策の緩和により、華人の移民や東南アジアとの貿易が拡大し、一八世紀半ば以降の東南アジア貿易が発展した。こうした、「中国ファクター」を重視する立場から、アンソニー・リードらは一八世紀から一九世紀を「華人の世紀」と呼んでいる（Anthony Reid ed. *The Last Stand of Asian Autonomies*, London: Macmillan 1997）。「華人の世紀」の中国市場志向型貿易構造は、一九世紀半ばになっても維持され、それに西洋の植民地経済が結びつく新たな貿易構造が誕生していることを、外島オランダ港を対象とした太田淳の研究が明らかにしている（太田淳「ナマコとイギリス綿布」秋田茂編『アジアから見たグローバル・ヒストリー――「長期の一八世紀」から「東アジアの経済的再興」』ミネルヴァ書房、二〇一三年、八五～一一七頁）。

（4）なお、華人については『詳説世界史』でも、清代の社会と文化を記述した項目において、「東南アジアとの貿易をおこなう福建や広東の人々の一部は、清朝の禁令をおかして東南アジアに住み着き、農村と国際市場を結ぶ商業網をにぎって経済力をのばし、のちの南洋華僑のもとになった」と記されている（一九一頁）。しかし、同時代の東南アジアを扱った項目への参照の指示もなく、東南アジアの歴史のなかで明確に位置づけられているわけではないという点は注意すべきであろう。

（5）近年では、日本や東南アジアを含む地域を「海域アジア」として、陸の歴史で区切られた「東アジア」「東南アジア」

「南アジア」という枠組みとは異なった地域像・歴史像を描き出す試みが進展している。「海域アジア」の視点により、中世から一九世紀初頭までの当該地域についての研究をまとめたものとして、桃木至朗編『海域アジア史研究入門』岩波書店、二〇〇八年がある。

(6) 日本の南進については、矢野暢の古典的著作（『「南進」の系譜――日本の南洋史観』千倉書房、二〇〇九年）のほか、「大東亜共栄圏」へといたる歴史的経緯をたどった河西晃祐の著作（『帝国日本の拡張と崩壊――「大東亜共栄圏」への歴史的展開』法政大学出版局、二〇一二年）も参照。

(7) 桃木至朗もこの問題を指摘しており、パールハーバーを戦争の起点として重視することは「戦後日本人がアメリカの視点に縛られている」例であると断じている（桃木至朗『わかる歴史・面白い歴史・役に立つ歴史――歴史学と歴史教育の再生をめざして』大阪大学出版会、二〇〇九年、八八頁）。

(8) 「資源の戦争」としての太平洋戦争の諸相、特に東南アジア地域における実態については、倉沢愛子『資源の戦争――「大東亜共栄圏」の人流・物流』岩波書店、二〇一二年を参照。

(9) 賠償問題をはじめとした、日本・東南アジア間での戦後処理の複雑な問題については、例えば倉沢愛子によるインドネシアの事例（『戦後日本＝インドネシア関係史』草思社、二〇一一年）を参照。

(10) シンガポールにおける華僑粛清については林博史の著作（『シンガポール華僑粛清――日本軍はシンガポールで何をしたのか』高文研、二〇〇七年）に詳しい。

(11) シンガポールの中学校で用いられる教科書は、二〇一四年発行の版では一三〇〇年から一九七五年までを上下二巻（各巻約二〇〇頁）にまとめており、二年かけて学ぶ形式になっている。Curriculum Planning & Development Division, Ministry of Education, *Singapore: The Making of a Nation-State, 1300-1975*, Singapore, 2014 (Secondary One); 2015 (Secondary Two). なお、第二次世界大戦および日本占領期を扱った章は、Secondary Two 所収の Chapter 5, "Did the Japanese Occupation Change the Way People Viewed Singapore?" pp. 6-55.

(12) シンガポールにおける歴史教育、特に戦争についての記述については渡辺洋介が簡潔にまとめている（「歴史教科書に見る『戦争の記憶』――どう語りつがれてきたか？」田村慶子編著『シンガポールを知るための65章』明石書店、二〇一六年、三三五～三三九頁）。

# 第8章　日本史教員から見た世界史教科書
## ——世界史教科書の日本に関する記述をめぐって

大西　信行

### はじめに

本章の目的は、二〇一八（平成三〇）年から全国の高等学校で使われる予定の世界史B教科書に、近代以前の日本がどのように書かれているかを確認することである。稿を進めるにあたり、筆者の立ち位置を明らかにしておきたい。筆者は大学で日本史を専攻し、現在は高等学校で日本史を主に担当している。[1] 近代以前を対象とするのは、筆者が大学時代に卒論・修論を書いた時代だからというわけではない。近現代に関する日本史と世界史の「相互乗り入れ」は、これまでもさかんに行われており多くの成果が公になっている。筆者の勤務校でも、第二次世界大戦後の世界と日本の歩みを「戦後世界」という一つの科目の中で統合して扱っている。[2] その一方で、近代以前に関しては研究の場に身を置くわけではない筆者にもまだ発言の余地があるように思われるからである。

周知の通り、日本の歴史学界は、日本史・西洋史・東洋史に古くから区分され、研究や中等教育の教員養成はそれらの枠組みの中で行われてきた。その一方で、近年のいわゆる「グローバル・ヒストリー」の隆盛もあいまって、これらの枠組みを越える成果が数多く出されている。その成果は近年盛んに出版されている歴史学の初学者向けの手引書や大学教養課程向けの教科書に盛り込まれるようになった。[3] ただ、グローバル・ヒストリーのような巨視的な歴史像は、中等教育の現場においてこそ語られるべきだと考える。そのことも拙稿をものしようと思った動機である。

もちろん、グローバル・ヒストリーの成果だけではなく、近年の研究の進展をうけて、高等学校の教科書の叙述も確実に変わりつつある。[4] このような状況の中で、二〇二二年には新科目「歴史総合」が必修科目として開設されることになっている。この科目では、従来明確に区分されてきた「世界史」と「日本史」が一つの科目で扱われることになる。この科目が主要な対象としているのは近現代ではあるが、近代以前の時期においてもこのような作業をしておくことはあながち無駄ではあるまい。現行の「世界史A／B」や「日本史A／B」にかわって設置される「世界史探究」と「日本史探究」では、それぞれ、「日本の／世界の歴史と関連付けて広く深く探究する。」と明記されており、[5]「世界史」と「日本史」の相互乗り入れが「広く深く探究する」中で求められるだろうからである。

次章では、世界史B教科書の日本に関する記述を紹介していきたい。

## 一　世界史B教科書の日本に関する記述の概略

平成三〇年度より高等学校で使用する世界史Bの教科書は、四社（実教出版、帝国書院、東京書籍、山川出版社、五十音順）から合計七種類が出版される。なお、日本史Bについては、五社（実教出版、清水書院、東京書籍、明成社、山川出版社、同）から合計八種類が出版される。以下、それぞれの出版社の日本に関する記述とそれについて筆者が受けた印象や特徴について、簡単にまとめていきたい。

**①実教出版『世界史B』**（木畑洋一、松本宣郎ほか一四名、世B　309）

「世界史への扉」のうちの一つのテーマが「歴史上に見る日本と中国の民間貿易」であり、日宋貿易と日元貿易について、政治・外交との関係まで含めて説明されている。また、東アジア世界を扱った章の最後にそれぞれ「○世紀～○世紀までの朝鮮半島と日本列島」という項があり、旧石器時代からそれぞれ時期ごとの状況を概観し、通時的に朝鮮半島と日本の歴史を並列している。さらに、「世界史のなかの日本」というコラムのうち、「朱子学と日本」というコラムでは、朱子学の受容のあり方が日本と朝鮮でどのように異なっているかを述べ、「世界史の探究」の一項目として、「近世日本の朝鮮外交と対馬」と題するコラムを掲載するなど、日朝関係に力点を置いている印象を受ける。

また、「世界史のなかの日本」というコラムが合わせて一一本ある。そのうち前近代のものは、先に述べた「朱子学と日本」を含めて四本であり、近代の世界と日本のつながりを重視しようとしていると思われる。

**②帝国書院『新詳世界史B』**（川北稔ほか一〇名、世B　312）

「世界史への扉」が三テーマあり、そのうちの一つが「日本の歴史と世界の歴史のつながり」であり、「世界をめぐる銀」などの三つのコラムが本文の該当する時代におかれている。

本文では、東アジア周縁地域の国家形成の項目を皮切りに、主には朝鮮半島とともに登場する。その中で特筆すべきは、「琉球王国とマラッカ王国の繁栄」という項目で、明の海禁政策をうけて、中国産品を手に入れるための中継貿易の拠点として、両者が並列して記されている。また、この教科書も、「世界史の中の日本」というコラムを合計一九本掲載している。そのうち前近代を扱ったものが、「アジアの「国風文化」

の時代」など一四本あることが特徴的である。それぞれのコラムも、華北や朝鮮半島の武人政権と日本の武家政権を並立・比較する「武人政権の時代」など、多様な世界と日本の関係が示される。

前近代の世界と日本とのつながりを強く意識した教科書だといえるだろう。

③東京書籍『世界史B』(福井憲彦ほか一二名、世B　308)

同社が出している二種の教科書のうち、分厚く情報量が多い教科書である。国公立大や難関私大入試を意識していると思われる。「世界史のとびら」のうちの一つのテーマが、「東アジアでの日本の位置」であり、合計三ページにわたって、古代から近代までの日本と東アジア世界との関係を通観している。なお、古代・中世・近世・近代の時代区分は学習指導要領のそれ(同時にほとんどの日本史教科書とも同じである)によっている。本文では、隋・唐帝国を扱ったあとに、稲作技術の伝来から「遣唐使の停止」と国風文化までを述べ、次は「元朝と東アジア」へと飛んでいる。本文で扱う時代がとびとびになっているのは、「世界史のとびら」で日本の通史を語っているからということであろうか。その結果、共時的な世界と日本のつながりを学習者がつかむことはやや難しい印象を受ける。

④東京書籍『新選　世界史B』(三浦徹ほか七名、世B　311)

「世界史への扉」のテーマの一つを「日本の歴史と世界の歴史のつながり」と題して、天正遣欧使節のことを扱っている。本文では、縄文時代晩期から書き始め、断片的ながらも五世紀までの冊封体制や遣隋使・遣唐使・蒙古襲来や日明貿易など、アジアとの関係を示すことがらが説明されている。また、中国の明から清を扱ったあとに、「東アジア諸国の発展」と題して、ベトナム・朝鮮・琉球・日本をまとめて扱っていることが特徴的であろうか。また、「日本とのつながり」というコラムが一六本あるが、そのうち前近代のものは、九本と約半分である。その中には、「イスラームとの出会い」と題した、イスラーム文化の日本への伝播や、新井白石のイスラームに関する知識など、なかなか日本史では触れる機会のない内容にも言及している。また、「世界を結んだ銀」というコラムではメキシコ銀と並んで石見銀にも触れている。

**⑤山川出版社『詳説世界史』**（木村靖二・岸本美緒・小松久男ほか一〇名、世Ｂ　３１０）

改めて言うまでもない、圧倒的シェアを誇る教科書である。「世界史への扉」のテーマの一つを「漂流民の見た世界」と題して、日本近世の世界知識や、大黒屋光太夫や越前国出身の国田兵右衛門などの足跡を紹介している。本文では、倭人の使者が後漢の光武帝から金印を受けたことを起点とし、「明朝の朝貢世界」という項目で、琉球とマラッカを海上の中継貿易の要として並列して紹介していることは注目に値する。ただ、全体としてみれば他の教科書に比べて日本に関する記述の量は少ない。シェアが大きく、大幅な変更をすると高校の歴史教育の現場に大きな影響が出ることを慮り、従前の叙述をできる限り踏襲している結果であろうか。

**⑥山川出版社『新世界史』**（木村靖二・羽田正・久保文明・南川高志ほか五名、世Ｂ　３１３）

「世界史への扉」のテーマの一つを「日本の歴史と世界の歴史のつながり」と題して、屏風や漆器、浮世絵などがヨーロッパで受け入れられたことを紹介している。また、「日常生活に見る世界の歴史」では、日本の茶道の写真が使われている。本文では、日本の古代国家の形成として邪馬台国・大和政権から書き始めている。筆者の興味を引いた記述は、二度の蒙古襲来が日本社会に大きな影響を与えたことを明記していることや、元末明初期の日本国内の変化を紹介していること、そして、「琉球とマラッカ」「近世日本の対外関係」というコラムを掲載していることである。日本を含む海域アジアの交易ネットワークを重視するようになった研究動向を反映したものと考えられる。山川出版社の教科書の中では最も新しい研究動向を反映させる編集方針からくるものであろう。

⑦**山川出版社『高校世界史』**（木村靖二・岸本美緒・小松久男ほか九名、世B　314）

「世界史への扉」のテーマの一つを「日本の年中行事・祭りと世界」と題して、日本各地の祭りにみられる世界とのつながりを紹介している。本文では、邪馬台国とヤマト政権からはじまり、遣唐使と遣隋使、国風文化・倭寇・勘合貿易・琉球の統一と島津氏による征服・江戸幕府による対外統制と、日本と東アジアの関係を、簡略にではあるが時代を追って記述している。

以上、各教科書の日本記述についてごく簡単にではあるが概観してみた。

全体として言えるのは、山川出版社の『詳説世界史』に代表される、新しい研究成果を反映しつつも、従前の教科書記述との連続性を重視する編集方針を採用していると思われる教科書よりも、章構成などの工夫によって、新しい歴史学の研究動向やそれがもたらす歴史像の変化をより踏み込んだ形で反映させようとする編集方針の教科書の方が、日本に関する記述の分量が多く、また興味深いテーマ設定や切り口からの叙述が多く見受けられる。

さて、次章では、紙幅の都合上二点に絞り、筆者が気づいた点について考えてみたい。

## 二　世界史B教科書の日本に関する記述の検討

### 1　遣唐使の「停止」について

すべての教科書が隋唐の項で遣隋使・遣唐使を扱い、唐末・五代に関連して遣唐使が送られなくなることとその後の文化の展開に触れている。その中で、筆者が気になったのは、九世紀末に遣唐使が「停止」されたという表現が七種中六種の教科書で用いられていることである(6)。

しかし、この表現が適切とは言いがたいことはしばしば指摘されている。八九四（寛平六）年九月に菅原道真の建議を受けて朝廷において決まったのは、彼を大使とする遣唐使の派遣の「中止」であって、遣唐使の停止でも廃止でもない(7)。また実際に派遣された最後の遣唐使は八三八（承和五）年である。仮に遣唐使の「停止」が文化の「国風化」をもたらすならば、八三八年こそが「国風化」の出発点にならなければならないはずであるが、日本史も含む各教科書の記述はそのようになっていない。また、遣唐使が派遣されなくなってからも、大陸からの文物の流入は続き、また、仮名による日本語表記の出現が漢字・漢文を駆逐したわけではないことは、あらためて言うまでもないことであろう。遣唐使の「停止」という表現は、やはり大陸からの文化・制度の流入がそれによって止まり、「大陸風文化」にかわって「国風文化」が隆盛した、というナラティブにつながりがちである。しかし、かな文字やそれを用いた文学の隆盛が漢字・漢文学を駆逐したわけではなく、一一世紀半ばに『本朝文粋』といった漢文のアンソロジーが編まれたことからもわかるように、公的な場を中心に、漢字・漢文は使われ続けた。また、同じく国風文化の指標の一つとされる浄土教の広がりについても、中国大陸からの影響下におこったことが指摘されている(8)。これらの理由から、「遣唐使の「停止」によって「国風文化」が隆盛した」という表現は修正されなければならないと考える。

## 2　江戸時代の対外関係について

江戸幕府が作り上げた対外関係の枠組みは、従来「鎖国」と表現されてきた。[9]
すべての教科書が明清の王朝交替に関連して、江戸時代の対外関係を取り上げている。
その中で、「「鎖国」政策が完成した」と表現している教科書[10]や、「江戸幕府はキリシタン禁止と貿易独占のため鎖国令を出した」としている教科書がある。[11]これらの表現は果たして妥当であろうか。
江戸幕府が、対外関係を中国・オランダ・朝鮮・琉球に限定すると表明したのは、一八〇四（文化元）年にレザノフが長崎に来航して通商を要求したとき、それに対する幕府の回答においてである。また、周知のように「鎖国」という言葉自体も、一八〇一年に長崎オランダ通詞を務めたこともある志筑忠雄によって、ケンペルの『日本誌』の付録の論文の一つを翻訳した際にタイトルとしてつけたものである。一六三九年にはポルトガル船の来航を禁止し、一六四一年にはオランダの商館を長崎の出島に移した。それでも、まだこの段階では唐人は長崎市中に雑居していたし、貿易額も一六八〇年代のいわゆる定高仕法で年間貿易額に制限が課せられるまでは増え続けていた。そして、これらはすべて中国南方の海上勢力の動向とも密接に関連している。寛永年間での「鎖国の完成」という表現は、これらの動きを見落とす危惧があるといえよう。また、江戸時代の日本列島の対外関係の窓口となった「四つの口」のうち、幕府が管理したのは長崎のみであり、他は薩摩藩・対馬藩・松前藩が管理していた。幕府が海外貿易を「独占」したとは言えないのではないだろうか。また、「鎖国令」という表現については、幕府自身が用いたわけではなく、右にも述べたとおり（そして多くの日本史・世界史教科書でも指摘しているとおり）「鎖国」という表現自体が同時代にあったわけではないので、あくまで便宜的な呼称にすぎない。「鎖国令」という表現は、「鎖国令」によって鎖国が完成したという文脈で用いられてきたものであり、ポルトガル船の来航禁止を「鎖国の完成」ととらえない現状では、「鎖国の完成」という表現や「鎖国令」という用語は、人口に膾炙しているとはいえ、誤解を招く表現だといえよう。事実として、現行の多くの日本史教科書では「鎖国令」という言い方は用いていない。

## おわりに　新テストと世界史教科書

二〇一七年一二月四日、文部科学省は二〇二〇年度から現行の大学入試センター試験に変わるテストとして導入される予定の「大学入学共通テスト」の試行調査（二〇一七年一一月実施）の結果速報を公表した[13]。世界史Bについてみると、第一問で題材となった「漢委奴国王」の金印に関する問題や第2問の世界の人口移動に関する図に日本が含まれていることなど、世界の一地域としての日本が新テストの「世界史B」の問題に出題されるであろうことは想像に難くない。小田中直樹氏も指摘するように[14]、高校世界史で（日本史でも同様と筆者は考えるが）涵養すべき力は「つなぐ力」と「くらべる力」だといえる。その「つなぐ」「くらべる」対象から日本を排除すべき理由はまったくない。だとすれば、可能な限り正確さを担保した記述・表現が目指されるべきであろう。前節で述べたようなことは日本史教育に携わる者の間では常識とも言えることであり、日本史を主に担当している高校教員が確認すればただちに意見が出るところである。世界史教科書を出版している四社のうち三社は日本史教科書を出版しており、残りの一社も資料集を出版している。それらの著者・編集協力者あるいは編集担当者に確認すれば解決するように筆者には思えるのだが、いかがであろうか。

世界史教科書の日本に関する記述がより深まっていくことは、生徒の歴史認識の涵養のためだけではなく、高等学校の日本史教育にとっても意義のあることと考えている。(15)

**註**

(1) 本章では、便宜的に学習指導要領の日本史の項目に従ってペリー来航以降を「近代」とする。「世界史」で近代をいつからいつまでとするかは議論があろうが、本章の直接の目的の外になるので、ここではその問題は触れない。

(2) 「戦後世界」の授業実践については、大西信行「戦後世界のこころみ―「日本史」「世界史」の枠組みを超えて―」『紀要（中央大学杉並高等学校）』一七、二〇〇八年を参照されたい。

(3) 桃木至朗編『海域アジア史研究入門』岩波書店、二〇〇八年、大阪大学歴史教育研究会編『市民のための世界史』大阪大学歴史教育研究会、二〇一四年、村井章介ほか編『日明関係史研究入門――アジアのなかの遣明船』勉誠出版、二〇一五年など。

(4) 神奈川県高等学校教科研究会社会科部会歴史分科会『世界史をどう教えるか――歴史学の進展と教科書』山川出版社、二〇〇八年、高橋秀樹・三谷芳幸・村瀬信一『ここまで変わった日本史教科書』吉川弘文館、二〇一六年など。

(5) 文部科学省中央教育審議会初等中等教育分科会教育課程部会　高等学校の地歴・公民科科目の在り方に関する特別チーム（第5回）配布資料8「高等学校学習指導要領における歴史科目の改訂の方向性（案）」(http://www.mext.go.jp/b_menu/shingi/chukyo/chukyo3/062/siryo/1373833.htm、二〇一八年二月九日閲覧)。

(6) 丸囲み数字は二節の教科書ごとに付した番号に対応する。
①一七九頁、③一六頁の年表、④一〇二頁、⑤一五七頁、⑥一〇〇頁、⑦一〇一頁。
なお、②については、「9世紀を最後として遣唐使が送られなくなった日本では」とするし、「9世紀末に遣唐使が停止された」という表現を避けている。

(7) 木村茂光・樋口州男編『新編史料でたどる日本史事典』東京堂出版、二〇一二年の「国風文化」の項目（六二～六三頁、皆川雅樹執筆）が関連史料の読み方をコンパクトに解説している。

(8) たとえば、横内裕人「王古撰『新修浄土往生伝』小考」『仏教がつなぐアジア――王権・信仰・美術』勉誠出版、二〇一四年、二七六～二八九頁は浄土教の中国大陸からの伝播のあり方を具体的に描いている。

(9) 「鎖国」という表現は、「鎖国」が「完成」したとされる一七世紀に存在した用語ではないことや、江戸時代の日本が外国との関係を「鎖し」たわけではなく、関係を持った国・地域別に四つの窓口を持っていたことから、明朝・清朝の海岸線管理政策となった「海禁」政策の一類型とみなす議論がでて久しい（荒野泰典「海禁と鎖国」『アジアの中の日本史Ⅱ　外交と戦争』東京大学出版会、一九九一年など）。その一方で「鎖国」概念の有効性を指摘する見解も根強く（藤井譲治『戦国乱世から太平の世へ』岩波書店、二〇一五年、二〇〇頁）、また、明朝史の研究者からは、中国の海禁が十分に概念化されているとは言えない状況で日本に適用することへの疑問も提示されている（檀上寛『明代海禁＝朝貢システムと華夷秩序』京都大学学術出版会、二〇一三年、一七～一八頁）。本章では、いずれが研究のレベルにおいて妥当であるかという判断はしないし、いずれの立場にも立たない。高等学校の歴史教育について考えるという本章の目的と、専門研究者ではない筆者の能力を大きく超えるからである。

(10) ①二四二～二四三頁。

②・③は「のちに「鎖国」とよばれた」（②一三一頁・③一三二頁）、⑤は「いわゆる「鎖国」」（一八五頁）と表現している。また、⑥では鎖国は当時の用語ではないことを説明するコラムがある（二〇二頁）。⑦では江戸幕府が「対外貿易をきびしく統制した」と記している（一一九頁）。

(11) ④一二一頁。

(12) 鶴田啓「徳川政権と東アジア国際社会」『日本の対外関係５　地球的世界の成立』吉川弘文館、二〇一三年、九四頁

(13) http://www.dnc.ac.jp/news/20171204-01.html（二〇一八年一月九日閲覧）。

(14) 小田中直樹『世界史の教室から』山川出版社、二〇〇七年、八一～九二頁。

(15) 高等学校日本史教科書の世界史記述については、ある時代の国際的背景などをほとんどの教科書が編や章の扉のページで短く触れる程度である。そして、実際の授業ではほとんど触れられることがないのが実態である。そのことの問題については、本章の主題からは外れるので、稿をあらためて論じたい。

# 第Ⅲ部　高校世界史教科書の制作と利用

# 第9章 「世界史」教科書の出発

茨木 智志

## はじめに

高等学校の「世界史」は社会科の選択科目として一九四九年四月に授業が開始された。これは、それまでの「東洋史」「西洋史」という科目による外国史教育が廃止され、新たな科目である「世界史」による世界史教育が始まったことを意味する。本章においては、この「世界史」の教科書がどのような状況のもとで、どのように出発したのかを見ていくこととする。具体的には「世界史」実施前後に当たる一九四五年から一九五二年頃を対象とする（表9－1参照）。

「世界史」実施前後は、第二次大戦後の世界情勢が激しく変貌する中で、教育を含めた日本社会が大きく転換していった時期である。学校や教科書の制度も旧から新へと紆余曲折を経て変わっていった。これと重なって、敗戦という事態に対応して戦争終結後にふさわしい歴史研究と歴史教育が目指され、新たな東洋史・西洋史による外国史教育が出発していた。そのようなとき、突然に「世界史」設置が発表された。科目を設置した文部省も「世界史」とは何かを十分に提示できなかった中で、「世界史」の必要性と可能性を正面から受けとめた教師と研究者が手さぐりでこれに取り組み始めたのが「世界史」の出発点であった。

表9－1　「世界史」実施前後の外国史・世界史教科書の概要（一九四五～一九五二年度）

| 年度 | 学校制度・科目等 | 使用された教科書等 | その教科書の状況や制度、その他 |
|---|---|---|---|
| 一九四五年度 | 旧制中等学校<br>歴史科「東洋史」「西洋史」 | 敗戦までは、『中等歴史一』（内容は東洋史・西洋史）など | 国定教科書など。敗戦後は一部で墨塗りがなされた。 |
| 一九四六年度 | 旧制中等学校<br>歴史科「東洋史」「西洋史」 | 『暫定中等歴史一』（東洋史）<br>『暫定中等歴史二』（西洋史） | 国定教科書（暫定教科書） |
| 一九四七年度 | 旧制中等学校<br>歴史科「東洋史」「西洋史」 | 『西洋の歴史（1）』 | 一種検定本教科書。『西洋の歴史（2）』『東洋の歴史（1）（2）』は発行されなかった。 |
| 一九四八年度 | 新制高等学校<br>社会科「東洋史」「西洋史」 | 『西洋の歴史（1）』 | 一種検定本教科書。『西洋の歴史（2）』『東洋の歴史（1）（2）』は発行されなかった。 |
| 一九四九年度 | 新制高等学校<br>社会科「世界史」 | 各種の「世界史」準教科書 | 検定教科書制のもとにあったが、発行された「世界史」検定教科書はなかった。 |
| 一九五〇年度 | 新制高等学校<br>社会科「世界史」 | 各種の「世界史」準教科書 | 検定教科書制のもとにあったが、発行された「世界史」検定教科書はなかった。 |
| 一九五一年度 | 新制高等学校<br>社会科「世界史」 | 各種の「世界史」準教科書 | 検定教科書制のもとにあったが、発行された「世界史」検定教科書はなかった。 |
| 一九五二年度 | 新制高等学校<br>社会科「世界史」 | 5種の「世界史」検定教科書 | 検定教科書 |

（出典）筆者作成。註：「科目等」について、旧学制下では厳密に言うと国民科歴史の中の「東洋史」「西洋史」であった。

## 一 「世界史」授業開始前の状況（一九四五〜一九四八年度）

### 1 敗戦以後の旧制中等学校における「東洋史」「西洋史」

一九四五年八月に敗戦をむかえたとき、中学校・高等女学校・実業学校などの旧制中等学校では、下級生には一九四四年発行の国定教科書である『中等歴史二』[1]（内容は東洋史と西洋史）、上級生には「東洋史」「西洋史」検定教科書があった。[2] 敗戦以後の「東洋史」「西洋史」の授業では、教科書は使わなかった、または、特に記憶にないという回想が多い。『中等歴史二』に「墨塗り」をした学校があった一方で、戦前の「西洋史」教科書を使って授業をしたという回想もある。このような一種の混乱の中で、敗戦以後の「東洋史」「西洋史」の授業が始まった。

一九四五年一二月末に占領軍から「修身、日本歴史及ビ地理停止ニ関スル件」の指令が出された。これはそれぞれの新教科書が完成するまで授業を停止するという内容であった。「日本歴史」とあるように、外国史である「東洋史」「西洋史」は停止されることなく授業は継続した。占領軍は、従来の偏狭な国史（日本史）教育を相対化するものとして「東洋史」「西洋史」による外国史教育に一定の価値を見出していた。[3]

戦時中の教科書を一気にすべて書き直すことは膨大な作業であった。そのため、文部省は、一九四五年度中は「墨塗り」等で対応し、一九四六年度用には戦時中の教科書から都合の悪い部分を削除しただけの暫定教科書を急いで編集し、新聞用紙に印刷して製本もせずに配布して使用させた。そして、その間に新しい教科書を編集して一九四七年度に間に合わせる計画であった。歴史の暫定教科書は、一九四六年一月には原稿の検討が始められている。ここで文部省が作成した「国史」の原稿は最終的に占領軍から拒否され、文部省外の執筆者による『くにのあゆみ』[4]等の発行につながっていく。これとは対照的に、「東洋史」「西洋史」の暫定教科書は戦時中の『中等歴史一』をもとにして比較的すんなりと一九四六年四月以降に発行された[5]。削除・修正の箇所を見ると、戦時中に加えられた教材の削除に加えて、これまで従属していた国史教育からの独立の側面も認められる[6]。

## 2　新制高等学校の教科課程における「東洋史」「西洋史」

一九四六年四月頃から新しい教科課程の検討が占領軍と文部省の間で開始される。教科課程はさまざまな議論を経て最終的に九月頃に合意を見た[7]。最大の特徴は、これまでの地理、歴史、修身・公民などの枠をなくした新教科の社会科であった。初等中等教育の一学年～一二学年に社会科が導入され、一～一〇学年では総合的な内容の社会科、一一・一二学年で社会科の選択科目が設置された。同時に、日本の通史を教えるべきという意見との一種の妥協がなされ、八・九学年で「国史」（後に「日本史」と改称）が別枠で置かれた[8]。学校制度の検討の結果、一～六学年の小学校と七～九学年の中学校が義務教育となり、一〇～一二学年が高等学校という六・三・三制が決定した。新しい学校制度は、小中学校が一九四七年度から、高等学校が一九四八年度から発足となった。

高等学校では一学年で「社会」（後に「一般社会」と呼ばれた）五単位を全員が履修し、二・三学年では各五単位の「東洋史」「西洋史」「人文地理」「時事問題」の四つの選択科目から最低一科目を履修することとなった。「東洋史」「西洋史」はここで新たに社会科選択科目という位置付けを得て継続した。ただし、単なる継続ではなく、戦前への批判をもとに模索されていた科学的な方法による新しい東洋史学・西洋史学が基盤にあって、社会科としての「東洋史」「西洋史」の教育が目指されることになる。他方で、義務教育での

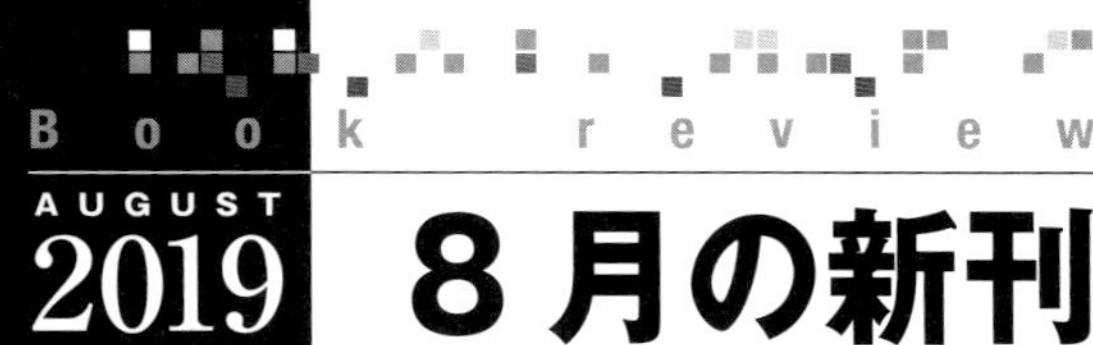

勁草書房
〒112－0005 東京都文京区水道２－１－１
営業部 03－3814－6861 FAX 03－3814－6854
ホームページでも情報発信中。ぜひご覧ください。
http://www.keisoshobo.co.jp

表示価格には消費税は含まれておりません。

## 図書館情報学概論

デビッド・ボーデン
リン・ロビンソン 著
田村俊作 監訳・塩崎 亮 訳

図書館情報学の中心となる「情報」に関し主要領域を解説した基本テキスト。最新の情報管理・情報政策、デジタルリテラシー等を詳説。

A5 判上製 448 頁　本体 4300 円
ISBN978－4－326－00046－3

## 世界を満たす論理

フレーゲの形而上学と方法

荒畑靖宏

形而上学との関連においてこそ見えてくる、時代を超えた哲学者フレーゲの真の姿！　彼が最後まで手放さなかった「汎論理主義」とは。

A5 判上製 228 頁　本体 3500 円
ISBN978－4－326－10276－1

## 植物の生の哲学

混合の形而上学

エマヌエーレ・コッチャ 著

双書現代倫理学５

## 道徳的な運

哲学論集一九七三～一九八〇

バーナード・ウィリアムズ 著

## 8月の新刊

### 変貌するコーポレート・ガバナンス
企業行動のグローバル化, 中国, ESG

花崎正晴 編著

制度と実態の両面において近年大きく変革を遂げているコーポレート・ガバナンスの新たな視点に焦点を当て有意義な示唆を与える。

A5 判上製 416 頁　本体 5000 円
ISBN978−4−326−50464−0

### 教育格差のかくれた背景
親のパーソナルネットワークと学歴志向

荒牧草平

教育格差を生む背景に、親の学歴志向の差異があり、それが親族や友人に影響されていることを質問紙調査に基づき実証的に析出する。

A5 判上製 260 頁　本体 3800 円
ISBN978−4−326−60319−0

### 子育てをめぐる公私再編のポリティクス
幼稚園における預かり保育に着目して

清水美紀

### 移民受け入れと社会的統合のリアリティ
現代日本における移民の階層的地位と社会学的課題

是川 夕

歴史教育を国史に限定すること、国史・東洋史・西洋史という認識の枠組みが歴史教育で継続することなどの側面もあった[9]。

教科課程の決定後、学習指導要領と教科書の作成が開始された。「東洋史」「西洋史」は一九四六年一一月に教科書執筆から着手されている。文部省の担当者を一〜一〇学年の総合的な社会科に専念させるため、中等学校教科書株式会社（のちの中教出版）が移管を受け、歴史研究者を集めて占領軍と協議しながら作業が進められた。新制高等学校に移行を予定していた旧制中等学校での使用のため、いちはやい発行が求められていた。「東洋史」と「西洋史」の学習指導要領は一九四七年七月と一〇月に発行された[10]。これは一九四七年度版学習指導要領と総称される中の二冊である。社会科学習としての東洋史・西洋史を目指したものであるが、同時に作成された教科書の教師用解説書的な性格が強い。各二分冊の「東洋史」「西洋史」の教科書は、まず『西洋の歴史（1）』が一九四七年八月に一種検定本教科書として発行された[11]。しかし、その中のキリスト教記述が一二月以降に政治問題化したため、残りの『西洋の歴史（2）』『東洋の歴史（1）』『東洋の歴史（2）』の発行は占領軍により停止された[12]。

このときの「東洋史」「西洋史」の教科書（一部は未発行）と学習指導要領を見ると、種々の問題点を抱えながらも、従来の外国史教育を新たな内容と方法を持った社会科の外国史教育に改めていく意図を見出すことができる。ただし、東洋史・西洋史という枠組みの中での改善にとどまり、「西洋文明」と近代化という新たな主題が中心に据えられることとなった。

このような状況下で一九四八年四月の新制高等学校発足以後も「東洋史」「西洋史」の授業が継続された。留意すべきは、「東洋史」「西洋史」による教育は、社会科選択科目という位置付けと、学習指導要領と教科書の作成により、制度的に確立したという点である。教える教師も揃っており、その後も継続されるだけの条件を備えたと見なすことができる。「世界史」はこのような中で登場する。

## 二　「世界史」授業開始時の状況（一九四九年四月前後）

### 1　「世界史」設置の決定

一九四七年四月発表の高等学校の教科課程には不備があった。特に職業課程では普通教科の履修が保障されておらず、職業教科の単位制すら実現していなかった。そこで、一九四八年四月の新制高等学校発足時に「新制高等学校教科課程研究委員会」が組織されて、高等学校教育の理念を教科課程の一元化として実現するための検討が始められた[13]。委員会では普通教科の検討も進め、この中で「世界史」が「国史」（実施時には「日本史」と改称）とともに五月に案として決定している。この「世界史」の決定経緯については当時から実に多くの不確かな言説が存在するが、その詳細はここでは省略する。ただ、すべての高校生が履修する「国民の共通の教養」としての共通必修教科目の検討の中で「世界史」が決定している点、科目名が「外国史」ではなく「世界史」であった点を強調しておきたい。八月の文部大臣への答申を経て、一〇月に新年度からの教科課程の改正についての通達が出され、その表の中で「東洋史」「西洋史」ではなく「国史」「世界史」と書かれた[14]。これが「世界史」設置の発表であった[15]。

### 2　「世界史」実施のための文部省の準備

一九四九年四月から急に「世界史」とする通知は、高等学校にとって唐突なことと受けとめられた。文部省でも何の準備もできていなかった。文部省は新科目「世界史」を無理なく始めるため、一九四九年度の一年間は暫定的な措置で「世界史」をとりあえず出発させ、その間に準備をして一九五〇年度の始まりまでには学習指導要領と検定教科書を高等学校の生徒と教師に届けるという計画を進めた。実際に準備は着手されるが、結論から言うと、暫定的な措置は一年では済まず三年間継続する結果となる。

まず、新科目「世界史」を検定教科書制度に組み込む作業が進められた。一九四九年二月に教科書検定基準が初めて制定されたが、このときはまだ「東洋史」「西洋史」であった。「世界史」については翌月に「補遺」として追加された[16]。この「世界史」教科書検定基準では、「世界史の指導目標」として「過去を通じて現在を理解する能力を養わせること」、「人類に対する価値評価を理解させること」などの一三項目を掲げている。このような科目の指導目標を記載することは異例なもので、検定基準を通じて新たな「世界史」を示そうとした意図がうかがわれる。一方で、学習指導要領発行までは「暫定的に従来の東洋史西洋史別であってもよいが、……」という文言もあるように、東洋史と西洋史を組み合わせただけの「世界史」を許容せざるをえない実情も示されていた[17]。

一九四九年四月の「世界史」実施時に「高等学校社会科日本史、世界史の学習指導について」という通達が出された[18]。内容の要点は以下の三点であった。

①学習指導は、従来の歴史教育とは異なる社会科歴史学習であるべきこと。
②学習指導要領は作成中で、完成は一九四九年度末の予定。「概要」を完成以前に発表の予定。それまでは「東洋史」「西洋史」の学習指導要領を参照してよい。
③教科書は、『西洋の歴史（1）』しか発行されていないので、他は「教授者によつて適当に考慮されたい」。

この通達は、前記①の部分では、「事実を合理的、批判的に取り扱う態度と技能を育てること」、「史実の理解を通し、現在の社会並びに経済、政治の問題解決に必要な能力を発達させること」、「生徒の自主的学習活動を刺激するように単元学習たることが望ましく、概説の学習におちいらぬよう留意されたい」など、社会科歴史学習の理念を高く掲げた文面でよく知られ、戦後の歴史教育を振り返る際に必ず取り上げられる重要なものである。[19] しかしながら他方で、前記②と③のように何も準備ができていない状況を示している。

前記②にある学習指導要領は一九四九年度に入って作業が始まる。しかし、「世界史」は授業がすでに開始された新科目であるにもかかわらず学習指導要領がないという状況であったため、完成版の発行前に、その「概要」（後には「要綱」とか「アウトライン」などとも呼ばれた）を教師のもとに届けることが述べられている。

学習指導要領の委員会は、一九四九年六月から作業が始まっている。[20]「世界史」は、西洋史研究者の尾鍋輝彦を委員長とした六名の委員が一二月末の原稿完成を目指して作業を進めた。[21] しかし、一九四九年度中の発行は実現しなかった。また「概要」も出すことができないまま、一九五〇年四月を迎え、尾鍋を含めた四名の委員を交替して作業が続くことになる。[22]

一九四九年度は、文部省が作成してきた教科書に加えて、民間で作成された検定教科書が使用されたときである。当時の検定は日本側の委員会での審査に加えて占領軍の検閲をも必要とした。一九四九年度用教科書の検定は非常に厳しい結果に終わり、一九四八年夏に発行された一九四九年度使用の教科書目録には、小・中・高の社会科の検定教科書は一冊もなかった。[23] そのため文部省による教科書が引き続き使用された。「世界史」については科目設置発表前の目録であったこともあり、すでに発行されていた『西洋の歴史（1）』に加えて、未発行であった『西洋の歴史（2）』『東洋の歴史（1）』『東洋の歴史（2）』が前年度と同様に掲載されていた。いずれにせよ「世界史」教科書はなかった。

## 三　「世界史」の授業の始まりと準教科書（一九四九～一九五一年度）

### 1　「世界史」授業の始まり

「世界史」授業が始まったとき、前述した簡単な通達だけで、教師のもとには何もなかった。ある教師は一九四九年夏の座談会で「混迷状態」と表現していた。[24] 当時の教師や生徒の回想によれば、「世界史」五単位を二名の教師が西洋史三単位と東洋史二単位に分けていた例、若い教師が苦労して「世界史」の授業形態や内容を模索していた例、東洋史と西洋史の割合が話題となっていた例も見られる。

社会科としての「世界史」授業を追求した実践も進められた。東京都立文京高等学校の橘高信は、「社会科世界史」としての理論を検討しつつ、学習活動の指導を構想して授業を実践した。[25] 世界史の探究のあり方と社会科としての世界史学習活動のあり方という二つを不可分のものとして検討した「社会科世界史」の模索であった。広島大学附属高等学校の上野実義は、自己の実践をもとに社会科としての世界史の教育の全体像を追求し、社会科と歴史の特色をともに生かすことを目指した「世界史学習プラン」を独自に立案した。[26] これは後述する教科書作成につながっていく。「世界史」授業については、生徒として「世界史」でのグループ学習やレポート作成、映画を見てのディスカッションを経験したという回想もある。

苦悩する教師の姿が目立つ一方で、「世界史」に期待を寄せる生徒の様子もうかがえる。選択科目の中でも「世界史」の人気が一番高かったという回想があり、この点は当時のいくつかの調査でも「世界史」が最も多くの生徒に履修された科目となっていたことが確認できる。[27]

## 2 「世界史」準教科書の発行

授業は始まったが、教科書は『西洋の歴史（1）』の他は「教授者によつて適当に考慮されたい」と文部省も教師に指示することしかできなかった。このような中で、正式な意味での教科用図書ではないが、教室での授業用に作成された「世界史」の書籍が数多く発行された。これを「世界史」準教科書と呼んでいる[28]。ただし、使用していた生徒も教師も正式な教科書ではないと意識したことはなかったという回想もある。「世界史」検定教科書の使用が始まる一九五二年四月までは、「世界史」準教科書が世界史教育を担うことになった。このように重要な意味を持った「世界史」準教科書ではあるが、目録もなく十分な実態把握ができていない。教養書や参考書との違いは曖昧であり、区別を特に意識していないものも散見される。「世界史」準教科書としての役割を果たしていたと、現時点で筆者が判断した書籍は以下のようなものである。

## 3 準教科書にみる「世界史」の模索

表9－2に掲載したものだけでも、一九四九年度と一九五〇年度の二年間で二七種四五冊の「世界史」準教科書が発行されている（改訂版を含む）。注目すべきは、この種類数の多さである。多くの「世界史」が各地で執筆された様子がうかがえる。

執筆者について見ると、戦前の基本である東洋史・西洋史の研究者の個人名による教科書と、後の「世界史」検定教科書での基本である東洋史・西洋史の研究者の共著による教科書という両者が、「世界史」準教科書では混在しつつ共著となっていく過程にある。著名な歴史研究者を中心に各地の大学を単位とする学会・研究会による執筆が目立つ。他方で、戦前には存在せず、その後の「世界史」検定教科書でも見られなくなる執筆者も散見される。例えば、教員の組合・団体によるもの（表9－2の【11】【16】）、キリスト教のカトリックやプロテスタントを背景としたもの（表9-2の【3】【21】）などがある。このように非常に多様な執筆者が「世界史」を検討していた。

**表9-2　一九四九～一九五〇年度に発行された主な「世界史」準教科書**

一九四九年度前半

【1】『世界史概説』上巻・下巻、今井登志喜監修、日本出版協同（東京）、上巻：一九四九年四月五日、下巻：同年四月一五日。

【2】『世界史概観』、東京大学文学部史学会編（村川堅太郎・山本達郎・林健太郎）、山川出版社（東京）、一九四九年四月一五日（上製版）。

【3】『世界史　西洋史篇』上・下、上智大学内教育協議会編（代表・小沢謙一）、エンデルレ書店（東京）、上巻：一九四九年四月一五日、下巻：同年一〇月三〇日。

【4】『新制世界史』第一分冊～第四分冊、世界史研究会（代表・藤枝晃）編、平安文庫（京都）、第一分冊：一九四九年五月一日、第二分冊：同年五月二五日、第三分冊：同年六月一五日、第四分冊：同年六月二〇日。

【5】『世界史読本』上巻・下巻、文部省内世界史研究会編、大地書房（東京）、上巻：一九四九年六月一〇日、下巻：同年一〇月三〇日。

【6】『新修世界史』、内藤智秀著、富士書店（東京）〔教養書か〕、一九四九年六月二五日。

【7】『世界史　西洋史編』、板倉勝正著（今井登志喜監修）、中等学校教科書（東京）、一九四九年七月一九日。

【8】『世界史　東洋史編』、三上次男著、中等学校教科書、一九四九年八月三日。

一九四九年度後半

【9】『１００ページの世界史』、尾鍋輝彦著、新教育事業協会（中教出版株式会社内）（東京）、一九四九年一二月二〇日。

【10】『新綜合世界史』上巻・中巻・下巻、山崎宏責任編集・東京文理科大学世界史研究会編、金星堂（東京）、上巻：一九五〇年二月一五日、中巻：同年六月一五日、下巻：〔筆者未見〕。

【11】『新考世界史』上巻・下巻、日教組近畿協議会高等学校教科書編纂委員会編（執筆責任・原随園）、教育タイムス社出版部（大阪）、上巻：一九五〇年二月二五日、下巻：同年四月二五日。

【12】『世界史研究』上巻・下巻、広島史学研究会編（責任編集・杉本直治郎・千代田謙・上野実義）、柳原書店（京都）、上巻：一九五〇年三月五日、下巻：同年八月二五日。

【13】『世界史概説（増補改訂版）』上巻・下巻、今井登志喜監修、日本出版協同、一九五〇年三月二八日増補改訂。

一九五〇年度前半

【14】『改訂版　世界史概観』、東京大学文学部史学会編（村川堅太郎・山本達郎・林健太郎・榎一雄）山川出版社、一九五〇年四月一〇日。

【15】『新制世界史　1950年版』上巻・下巻、京大人文科学研究所内世界史研究会（代表・藤枝晃）編、平安文庫、上巻：一九五〇年四月一〇日、下巻〔筆者未見〕。

【16】『新稿世界史』、信濃教育会編、信濃教育会出版部（長野）、一九五〇年四月一五日。

【17】『高校世界史』上巻・下巻、井上智勇・田村実造・豊田武共著、大阪教育図書（大阪）、上巻：一九五〇年四月一五日、下巻：同年八月一〇日。

【18】『高等学校世界史』一〜三、尾鍋輝彦著、三省堂出版（東京）、一：一九五〇年四月二〇日、二：同年七月五日、三：同年一一月一〇日。

【19】『世界史　西洋史編（学生版）』、板倉勝正著（今井登志喜監修）、中教出版、一九五〇年四月二五日。

【20】『世界史　東洋史編（学生版）』、三上次男著、中教出版、一九五〇年四月二五日。

【21】『世界の歴史』上巻・下巻、満江巌著・基督教教育同盟会編、清水書房（東京）、上巻：一九五〇年五月三〇日、下巻：同年一二月一〇日。

【22】『新泉世界史』上・下、歴史教育研究会編、新泉書房（名古屋）、上：〔筆者未見〕、下：一九五〇年五月二〇日。

【23】『新しい世界史』、東京文理科大学世界史研究会編（著作代表者・山崎宏）、金星堂、一九五〇年九月二五日。

一九五〇年度後半

【24】『新世界史入門』、古今書院編集部編、古今書院（東京）〔参考書か〕、一九五〇年一二月二〇日。

【25】『世界史』上巻・下巻、三上次男・尾鍋輝彦共著、中教出版、一九五〇年一二月二五日。

【26】『世界史』、村川堅太郎・江上波夫著、東京大学文学部内史学会編、山川出版社、一九五一年一月一日。

【27】『世界史』、九州大学世界史研究会編、世界社（東京）、一九五一年三月三一日。

（出典）著者作成。
註1：一九四九年度と一九五〇年度に発行された世界史に関する書籍の中から、準教科書としての役割を果たしたと判断した主なものを、発行年月日を基準に並べ、【1】〜【27】の番号を付けた。なお、一部に筆者が現物を確認できていない巻もある。
註2：『書名』（巻）、執筆者、出版社（初出で出版社の所在地）、初版の発行年月日の順に記載した。執筆者に傍線を引いた。

「世界史」準教科書は内容にも多様性が見られる。「世界史」とは何かが定まっていない時期であった。東洋史と西洋史を完全に分けた分冊も見られるが、基本的には東洋史と西洋史の組み合わせで「世界史」を構成した。組み合わせ方には、①西洋史を主体として時代を区分し、これに同時代の東洋史を組み込んだものが大半ながら、②極度に西洋史の立場を強調したもの、③西洋史を主体に東洋史と西洋史を組み合わせつつ東洋史も重視した形を目指したものという三つの型があった。いずれも、当時の表現によれば、「融合」の仕方に苦心している。

他に、内容を含めて単元学習を目指した「世界史」準教科書が注目される。前述した上野実義が関係した広島史学研究会編の『世界史研究』（表9－2の【12】）がある。本書は「世界史への導入」から始まる。ここで「世界史」をなぜ学ぶのか、どのように学ぶのかを出発点として「世界史」の学習に入っている。興味深いのは、時代を追いつつも単純な通史的な記述ではなく、単元で設定した問題にそった教材の配列を試みている点である。この「世界史への導入」では、「いくつかの問題、すなわち、単元 Unit を設け、それを解決してゆくという世界史」が要求されるために、「西洋歴史発展の段階を尺度」として「もっとも重要な問題を選びだし、……全世界にわたつて研究し、解決してゆくという方法」を強調している[29]。例えば、第四単元である「Ⅳ　世界史上、人間精神はどのように解放され、また、発展していつたか」では、第一章「経済生活の発達」を「西洋の新気運」（「都市の発達と市民の抬頭」「商工業の発達」「荘園の崩壊」）と「東洋の停滞」（「商工業の発達と農村」「都市の発達」）の二つの節で説明し、第二章「人間の解放と諸発見」を「人の発見」（「ルネサンス」「宗教改革」）、「物の発見」、「土地の発見」（「古代・中世の東西交通」「地理上の発見」）の三つの節で解説している[30]。各単元は一～二ページの「導入」で始まり、各項目で「設問」と「参考書」を提示している。学習対象としての世界史を社会科教育の観点から検討した、単元学習としての「世界史」を具体的に提案した準教科書であった。

「世界史」準教科書における学習のあり方を見ると、世界史を学ぶことの意味をさまざまな角度から検討して提示しているものが多い。基本として、生徒の学習のために多くの設問を掲げている。そして、生徒の学習のために参考文献を示したものも多い。このことは「世界史」学習において教科書での学習や授業は入口に過ぎないことを意味している。

「世界史」準教科書の時期は、「世界史」教科書の歴史において、唯一ほとんど制限がなかったときである。文部省と占領軍も自己の管轄下にない図書が教室で使用されることを問題視していたが、他に使用できるものを提供することができないでいた。非制度的な存在であった「世界史」準教科書という場において、世界史学習の意味、方法、内容などの模索が多方面から進められており、戦前とも現在とも異なる教科書の意味が追求されていた。

## 四　一九五一年度用「世界史」検定教科書の挫折と対応（一九五〇～一九五一年度）

### 1　一九五一年度用「世界史」検定教科書の挫折

一九五一年度用の教科書検定は一九五〇年一月に申請が行われた(31)。七冊の「世界史」教科書原稿が提出され、その内の五冊が二月には占領軍に提出された。その五冊は占領軍の史料の中に英語原稿が残されている。原稿には執筆者名や書名、出版社名は記載されていないが、内容から次の三社三種の教科書であったことが確認できる。

①三上次男・尾鍋輝彦著『世界史　上』『世界史　下』中教出版

②村川堅太郎・江上波夫著、史学会編『世界史』山川出版社

③中屋健一・尾鍋輝彦著『現代世界のなりたち　上』『現代世界のなりたち　下』実業之日本社

このときの検定では小中学校社会科として五二冊が合格している。しかし、「世界史」教科書で一九五〇年四月までに検定に合格して六月の一九五一年度用の教科書展示会に間に合ったものは皆無であった。そのため一九五一年度用の教科書目録には『東洋の歴史』『西洋の歴史』が引き続き掲載された。[32]

それでは①~③の五冊はどうなっていたのか。一九五〇年四~五月の占領軍の史料には、申請された八一八冊の検定の状況を示す表が残されている。[33] この表では、八〇八冊が「合格」「不合格」「修正により合格」のいずれかに分類されている一方で、一〇冊が保留の状態にあることが示されている。その一〇冊の内、高等学校「世界史」が占領軍に提出された五冊中の五冊、中学校「日本史」が同じく二冊中の二冊の合計七冊を占めている。すなわち、歴史はすべて保留とされていた。

なぜ占領軍は「世界史」を含めた歴史教科書の合否を示すことなく保留としたのか。当時まったく説明はなされていないが、冷戦下における東西対立の激化を背景とした他の連合国からの批判や米国内からの批判を恐れた占領軍が自己の責任を回避したものであったと指摘できる。当時の東アジアでは、一九四九年一〇月の中華人民共和国の成立から一九五〇年六月の朝鮮戦争勃発に至る国際情勢のもとにあった。このことは米軍を主体とする占領軍の政策に影響を及ぼし、特に内外の注目を集めてきた歴史教育については、許可・不許可のいずれでも占領軍が非難を浴びる可能性があるため、判断を留保し続けることとなった。

「世界史」の場合は、同時期の「要綱」発表の遅れにもあらわれた。学習指導要領発表の前に「世界史」の概要を説明した「要綱」を早急に配布することが目指され、一九五〇年二月には占領軍の担当係官により修正を条件とした許可が下りた。[34] しかし、その後、「要綱」は占領軍の民間情報教育局（ＣＩＥ）内の審査委員会に留め置かれたままとなった。[35]

歴史に対する占領軍による判断の留保は次の例にもあらわれている。一九五〇年の初めには、『東洋の歴史』『西洋の歴史』の原稿を修正して副教材として発行するための占領軍との協議が文部省で再開されていた。[36]正式な「世界史」教科書がない状況を、「東洋史」「西洋史」教科書の発行で解消しようとしたものであった。『西洋の歴史』は三月に、『東洋の歴史』は五月頃には原稿が完成したらしい。しかし、結局のところ、発行されなかった。

## 2　挫折した「世界史」検定教科書への文部省の対応

その後、教科書をめぐる状況が変化した。教科書に関わる占領軍の検閲を廃止することが、一九五〇年七〜九月にかけて通知された。[37]検閲廃止を受けて、七月に占領軍は手元にあった五冊の「世界史」教科書原稿を文部省に戻した。文部省はその原稿の三社と協議して、一九五〇年度の残りの時期と一九五一年度に「補助教材」として使える方策を検討していると占領軍の報告書に記録されている。[38]

そして、一九五〇年秋ごろから「この本は、教科書として発行されたものではありませんが、内容は、文部省検定済のものと全く同じであります。」という注意書きのある「世界史」準教科書が発行されるようになった。正式な教科書ではないが、内容は正式な検定教科書と同じという文言は実に不可解である。要するに、苦肉の策として文部省は自己の了承のもとで非公式な「世界史」準教科書を発行させたと考えられる。当時の雑誌などを見ると、一般的には文部省の検定を通過したものと受けとめられたらしい。ただし、この時期にも新たな「世界史」準教科書の発行は続いていた。

一九五〇年九月になって、予定されていた「世界史」の「要綱」がようやく「高等学校社会科世界史の学習について」[39]として通達された。これは、一般に学習指導要領の中間発表の一つと位置付けられている。内容は後の学習指導要領の約三分の一を公表したものであった。一一月には新しい教科書検定基準の案が発行されている。[40]「世界史」では、目標を詳述した部分を削除し、東洋史・西洋史による「世界史」を許容した部分も削除されている。案とはあるが、時期的には一九五二年度用教科書はこの検定基準によると考えられる。

## 五 初期の「世界史」検定教科書(一九五二〜一九五五年度)

### 1 最初の「世界史」学習指導要領と「世界史」検定教科書の発行

一九五一年五月発行の一九五二年度使用教科書目録で初めて五社五種八冊の「世界史」検定教科書が掲載された。[41]このときの教科書目録では、異例ながら、原稿審査または校正刷審査まで合格したものも掲載されている。これらの「世界史」検定教科書は正式には一九五二年四月から使用が始まる。

一九五二年三月に初めての「世界史」学習指導要領が発行された。[42]「世界史」実施後三年が経っていた。一九四九〜一九五〇年度の作業で原稿はほぼ完成していたらしく、なぜこれほどに発行が遅れたかの事情は不明である。一九五一年度版と総称される学習指導要領の一冊となる。文部省の著作物であって、後年にいわゆる〈法的拘束力〉が主張されるような性格のものではなく、当時は中央(文部省)が作成する最後の学習指導要領であると文部省も言っていた。この時期の社会科は一般に初期社会科と位置付けられている。この「世界史」も社会科教育としての多くの学習課題の記載を特徴とする。全体として西ヨーロッパの近代市民社会を到達点とする価値観が強いが、生徒の自主的な学習による社会科「世界史」の実現を理論的な側面から目指した点は今日から見て評価できる。

表9-3　初期の「世界史」検定教科書一覧（一九五二年度使用～一九五五年度使用）

| 発行者・教科書番号 | 教科書名・著作者名 | 使用年度 | | | | 備考 |
|---|---|---|---|---|---|---|
| 37好学 高社1108 | 『高等世界史』大類伸・吉岡力 | 一九五二 | | | | |
| 37好学 高社1135 | 『高等世界史』大類伸・吉岡力 | | 一九五三 | 一九五四 | | |
| 37好学 高社1162 | 『高等学校　世界史〔新版〕』大類伸・吉岡力ほか八名 | | | | 一九五五 | 一九五七まで |
| 8実日 高社1111 | 『現代世界のなりたち　上』中屋健一・尾鍋輝彦 | 一九五二 | 一九五三 | 一九五四 | | |
| 8実日 高社1112 | 『現代世界のなりたち　下』中屋健一・尾鍋輝彦 | 一九五二 | 一九五三 | 一九五四 | | |
| 8実日 高社1165 | 『高等世界史　現代世界のなりたち』尾鍋輝彦・中屋健一 | | | | 一九五五 | |
| 5中教 高社1113 | 『世界史　上』三上次男・尾鍋輝彦 | 一九五二 | 一九五三 | | | |
| 5中教 高社1114 | 『世界史　下』三上次男・尾鍋輝彦 | 一九五二 | 一九五三 | | | |
| 5中教 高社1155 | 『世界史　改訂版』三上次男・尾鍋輝彦・秀村欣二 | | | 一九五四 | 一九五五 | 一九五八まで |
| 81山川 高社1118 | 『改訂版　世界史』村川堅太郎・江上波夫・東京大学文学部内史学会 | 一九五二 | | | | |
| 81山川 高社1133 | 『再訂　世界史』村川堅太郎・江上波夫・林健太郎・東京大学文学部内史学会 | | 一九五三 | | | |
| 81山川 高社1151 | 『三訂　世界史』東京大学文学部内史学会・村川堅太郎・江上波夫・林健太郎 | | | 一九五四 | | |
| 81山川 高社1171 | 『四訂　世界史』東京大学文学部内史学会・村川堅太郎・江上波夫・林健太郎 | | | | 一九五五 | 一九五六まで |
| 93大教 高社1123 | 『高校世界史　上』井上智勇・田村実造・豊田武 | 一九五二 | | | | |

| | | | | | | |
|---|---|---|---|---|---|---|
| 93大教 高社1124 | 『高校世界史 下』井上智勇・田村実造・豊田武 | 一九五二 | | | | |
| 93大教 高社1144 | 『改訂 高校世界史 上巻』井上智勇・田村実造・豊田武 | | 一九五三 | 一九五四 | 一九五五 | |
| 93大教 高社1145 | 『改訂 高校世界史 下巻』井上智勇・田村実造・豊田武 | | 一九五三 | 一九五四 | 一九五五 | |
| 104数研 高社1142 | 『新しい世界史』宮崎市定・村田数之亮 | | 一九五三 | 一九五四 | | |
| 23修文館 高社1143 | 『世界史読本 全』高山一十・松崎寿和 | | 一九五三 | 一九五四 | 一九五五 | 一九五六まで |
| 109文英堂 高社1149 | 『最新世界史』安部健夫・宇都宮清吉・豊田尭・中山治一・羽田明・村田数之亮 | | | 一九五四 | 一九五五 | 一九五八まで |
| 35清水 高社1156 | 『世界史』山崎宏 | | | 一九五四 | 一九五五 | 一九五六まで |
| 57書院 高社1158 | 『世界史』和田清・山中謙二 | | | 一九五四 | | |
| 57書院 高社1164 | 『世界史〔改訂版〕』和田清・山中謙二 | | | | 一九五五 | |
| 6教図 高社1175 | 『世界史 全』原随園 | | | | 一九五五 | 一九五八まで |
| 15三省堂 高社1176 | 『世界の歴史』千代田謙・増井経夫 | | | | 一九五五 | 一九五六まで |
| 計 一二社 | 二一種 二五冊 | 五社 五種 八冊 | 七社 七種 一〇冊 | 一〇社 一〇種 一二冊 | 一一社 一一種 一二冊 | |

（出典） 一九五二年度から一九五五年度の教科書目録により作成した。

註1：各教科書目録での記載順を基本として出版社ごとにまとめた。一部の表記は教科書現物に従った。

註2：発行者略称の正式名称は、次の通りである（「株式会社」等は略した）。「好学」：好学社、「実日」：実業之日本社、「中教」：中教出版、「山川」：山川出版社、「大教」：大阪教育図書、「数研」：数学研究社、「修文館」：東京修文館、「文英堂」：文英堂、「清水」：清水書院、「書院」：日本書院、「教図」：教育図書、「三省堂」：三省堂出版。

## 2　初期の「世界史」検定教科書の特徴

一九五二〜一九五五年度に使用された一二社二一種の初期の「世界史」検定教科書（表9－3参照）の特徴を見ておきたい。一九五一年度版「世界史」学習指導要領の時期であり、「世界史」は二〜三学年対象の五単位の選択科目であった。各出版社からそれぞれ一種の「世界史」教科書が発行されていた。一九五六年から、「世界史」は一〜三学年を対象とする三〜五単位の科目という幅を持った存在となるため[43]、これ以後には同一の出版社から複数種の「世界史」教科書が発行されるようになる。

発行者である一二社のうち、六社（当初は四社）は、準教科書の時期から「世界史」に関わる準教科書などを発行していた出版社である。表9－2の準教科書が一七社であったことを考えれば、準教科書を発行していた出版社の多くは検定教科書発行には至らなかったことが分かる。さらに戦前の外国史教科書の出版社と比較すると、「世界史」検定教科書の発行については、戦前からの出版社が一部で存続しつつも（中教出版、三省堂）、新たな「世界史」の出版社の一群が出現していることも分かる。

執筆者（表9－3の二七名）を見ると、「世界史」検定教科書の執筆は、一部（四名）を除いて戦前の外国史教科書を執筆した人々とは異なる比較的若い東洋史・西洋史の研究者を中心として始められたことが分かる。ただし、準教科書の時期に比べると執筆者の多様性は明らかに後退した。

初期の「世界史」検定教科書の内容を見ると、その後の「世界史」検定教科書の基本が作られていることが確認できる。これは、「世界史」教科書なるものの方向が定まったことを意味する。つまり、「世界史」教育のあり方をめぐる選択肢が、「世界史」準教科書での多様な試みを経て、限定された側面がある。ただし、初期の「世界史」検定教科書においては受け継がれながら、その後において見られなくなった要素もある。「世界史」教科書は、通史的な世界史を内容とするものとなった。一九四九年三月の「世界史」教科書検定基準では、年代順の第一部と単元別の第二部からなる二部構成の形式も例示していた。「世界史」準教科書においては、従来のような内容の伝達を重視した教科書とは別に、単元の学習として「世界史」を構成した教科書が存在した。「世界史」検定教科書になると、編や章に単元という言葉を用いたり、問いの形式で題名を記載したりする教科書は存在したが、単元の学習として「世界史」を構成する教科書はなくなった。

その通史的な世界史では、すべての教科書が始めを先史時代に置き、終わりを戦後（第二次世界大戦後）に置いている。人類の起源や先史時代について、戦後の中等教育においては『西洋の歴史（1）』や「東洋史」「西洋史」学習指導要領などの社会科外国史に取り入れられて以来、「世界史」準教科書を経て、検定教科書に受け継がれた。また、すべての教科書が、約一〇〜二〇ページを当てて一九四五年から一九五〇年代前半までの六〜九年間の世界史を詳細に述べている。歴史教科書の歴史の中でも、これほど限定された期間に対して紙幅を割いて充実した記述が目指された時期はなかった。

一二社のうち七社の教科書が世界史を近代以前・近代・現代の三つに分ける構成を採っている。世界史を三つに分けるこの方法は「世界史」学習指導要領に記載された「近代以前の社会」「近代社会」「現代の社会」に一致している。全体を三つあるいはそれ以上に分けるにしても、共通して先史（原始）、古代、中世、近代、現代の時代区分が世界史を分ける基本となっている。これらの時代の中でも、特に近代が重視されている。近代の重視は準教科書の時期においても顕著な特徴であり、「世界史」学習指導要領においても同様であった。しかも、多くの場合、近代は単なる世界史の時期の区分ではなく、西欧近代社会を到達点とする価値を伴った西洋の近代であった。これは敗戦後の日本が目指すべき模範を歴史学習の中で学んでいくことを、「世界史」検定教科書が受け継いでいたことを示している。さらに、この近代は、ルネサンスから第一次世界大戦という非常に長い期間を漠然と対象としていた。このような性格を持つ西洋近代を軸とする世界史が構成されたことに付随して、東洋史等の内容をどのように位置付けるかに各教科書の個性があらわれている。他に、アメリカ合衆国とソ連の歴史を重視した「世界史」教科書なども書かれている。

検定教科書においては、社会科としての世界史学習の方法について詳細に述べるものはなくなった。また、世界史学習の意味を説明することはなされているが、比較的簡潔なものが多くなった。学習の方法を説明しないことは、教科書なるものは内容を記したものという戦前からの教科書の基本が主流になったことでもある。ただし、社会科「世界史」としての学習を念頭に置いた教科書であったことも指摘できる。具体的には、すべての教科書で数多くの設問・課題と参考文献を記載した学習の手引きとしての側面を持ち合わせていた。つまり、内容としては通史的な世界史を記載しつつも、それを設問や課題でさまざまな形で学習の素材とし、参考文献でさらなる学習の深化を前提としたものであった。その後の「世界史」検定教科書では、世界史学習方法の説明も、設問や参考文献の記載もなくなっていく。教科書に書かれた世界史は学習の終点あるいは答案のような位置付けとなっていく。

## おわりに

以上、「世界史」教科書の出発を、概略ながら、敗戦から初期の検定教科書までを通して見てきた。「世界史」は敗戦以後の教育改革の中で誕生した新たな教育であった。他の教科目とは異なり、「世界史」は実施されてから具体的な検討が始められた。しかも、圧倒的な東洋史・西洋史の影響下で、学習指導の指針も正式な意味での教科書もなく、文部省や占領軍も、さらには歴史研究者も「世界史」とは何かを示すことができず、「世界史」を教えたことのある教師もいなかった。要するに「世界史」はなかったのである。

そのような中で、粗削りながら多くの準教科書が作られ、社会科としての「世界史」授業の取り組みも始まる。さまざまな展開の可能性を持った「世界史」であったが、制度が整備されていくにつれて、次第に「世界史」教科書とはこのようなものと定まったものとなりつつも模索は継続した。「世界史」設置前後の時期における種々の模索から、今日の我々が学ぶべき点は多いと考える。

註

(1) 文部省『中等歴史一』中等学校教科書株式会社、一九四四年。なお、『中等歴史一』には五月発行の初版と一〇月発行の修正版があった。
(2) 戦争中の中等段階の学校における歴史の検定教科書と国定教科書については、茨木智志「戦時下における中等歴史教科書に関する基礎的考察」『歴史教育史研究』第一五号、二〇一七年を参照されたい。
(3) 茨木智志「戦後の新学制への外国史教育の導入――新制高等学校社会科選択科目としての「東洋史」「西洋史」設置の意味」『社会科教育研究』第九九号、二〇〇六年、三～五頁。
(4) 文部省『くにのあゆみ上・下』日本書籍、一九四六年。
(5) 文部省『暫定中等歴史一〔前〕・〔後〕』中等学校教科書株式会社、一九四六年〈内容は東洋史〉および文部省『暫定中等歴史二〔前〕・〔後〕』中等学校教科書株式会社、一九四六年〈内容は西洋史〉。
(6) 茨木「戦後の新学制への外国史教育の導入」、六～七頁。
(7) 片上宗二『日本社会科成立史研究』風間書房、一九九三年、六四五～六六三頁。三羽光彦『六・三・三制の成立』法律文化社、一九九九年、七九～一一五頁。
(8) 加藤章「「社会科」の成立と「国史」の存続」『長崎大学教育学部教育科学研究報告』第二五号、一九七八年がその問題点を指摘し、片上宗二「社会科の創設と国史の存置」「講座日本教育史」編集委員会編『講座日本教育史』第四巻、第一法規、一九八四年および片上『日本社会科成立史研究』、六五三～六六一頁が分析を加えている。
(9) 茨木「戦後の新学制への外国史教育の導入」、九～一〇頁。
(10) 文部省『学習指導要領 東洋史編〈試案〉昭和二十二年度』中等学校教科書株式会社、一九四七年。文部省『学習指

導要領　西洋史編（試案）昭和二十二年度』中等学校教科書株式会社、一九四七年。

(11) 中等学校教科書株式会社著作兼発行『西洋の歴史（1）』一九四七年。

(12)『西洋の歴史（1）』の問題については、カトリック教会の対応を含めて、茨木智志「上智大学編『西洋史上の諸問題—「西洋の歴史」への補遺—』について—一種検定本教科書『西洋の歴史』（1947年）へのカトリック教会の対応—」『歴史教育史研究』第八号、二〇一〇年、五〇〜五二頁において整理をした。未発行の各教科書の内容については、茨木智志「中等社会科「西洋史」教科書『西洋の歴史（2）』の英語原稿についての基礎的考察」『総合歴史教育』第四七号、二〇一二年および茨木智志「戦後教育改革期の未発行教科書『東洋の歴史』の内容構成について」『歴史教育史研究』第一〇号、二〇一二年を参照されたい。

(13) 角田一郎『高等学校教科課程の理論と実際』興文社、一九四八年がこの委員会について触れている。

(14)「新制高等学校教科課程の改正について」一九四八年一〇月一一日、発学第四四八号。

(15)「世界史」の設置に関わっては、茨木智志「成立期における高校社会科「世界史」の特徴に関する一考察—科目の設置と文部行政による対応に焦点を当てて—」『社会科研究』第七二号、二〇一〇年、茨木智志「「世界史」成立史研究の課題—小山幸伸論文への批判を通して—」『歴史学研究』第九三三号、二〇一五年等を参照されたい。

(16)「教科用図書検定基準」一部改正、一九四九年三月二二日、文部省告示第二〇号。以下の引用は、同日の『官報』第六六五四号による。

(17) この時期の一連の「世界史」の教科書検定基準については、茨木智志「成立期における「世界史」教科書検定基準に関する基礎的考察」『歴史教育史研究』第七号、二〇〇九年を参照されたい。

(18)「高等学校社会科日本史、世界史の学習指導について」、一九四九年四月一一日、発教第二四七号。通達文は、文部大臣官房総務課『文部行政資料　終戦教育事務処理提要第五集』一九五一年、三八六頁〔国書刊行会復刻、一九九七年〕を参照した。なお、通達の日付は、『文部時報』第八六一号一九四九年六月、四四頁による。

(19) 例えば、以下のような研究がある。加藤章・佐藤照雄・波多野和夫編『講座・歴史教育　1歴史教育の歴史』・『同2歴史教育の方法と実践』弘文堂、一九八二年。吉田寅『世界史教育の研究と実践』教育出版センター、一九八六年。二谷貞夫『世界史教育の研究』弘生書林、一九八八年。木下康彦「学習指導要領と世界史教科書の変遷」『歴史と地理』第五七六号、二〇〇四年。

(20) Report of Conference, 24 Jun. 1949, CI&E, GHQ/SCAP Records,〔CIE(D)01785〕国立国会図書館憲政資料室(以下、Report of Conference と Weekly Report については、年月日とシート番号のみを記載する)。
(21) 「中学校高等学校学習指導要領原案完成予定日」、一九四八年九月九日、『大島文義旧蔵文書』Ⅱ―41、国立教育政策研究所。
(22) 「世界史」学習指導要領の編集委員は、文部省『中学校高等学校学習指導要領 社会科編 Ⅰ中等社会科とその指導法(試案)昭和26年(1951)改訂版』明治図書出版、一九五一年一二月の「あとがき」に記載されている。
(23) 文部省『昭和二十四年度使用 高等学校教科書目録 その一』。発行年月の記載はないが、一九四八年夏開催の教科書展示会用の冊子である。
(24) 尾鍋輝彦編『世界史の可能性――理論と教育』東京大学協同組合出版部、一九五〇年、六頁。
(25) 橘高信「社会科世界史の理論と学習活動の指導について」尾鍋輝彦編『世界史の可能性』。
(26) 上野実義「教科としての世界史(上)」『世界史研究月報』第一号、一九四九年。上野実義「教科としての世界史(下)」『月刊世界史研究』第二号、一九四九年。
(27) 芦野孝一「千葉県における高校選択科目(通常普通課程)の実際について」『中等教育資料』第一巻第三号、一九五二年。「高等学校生徒の選択科目選択状況および卒業単位取得状況について〔その1〕」『中等教育資料』第一巻第一一号、一九五二年。「高等学校生徒の選択科目選択状況について〔その2〕」『中等教育資料』第二巻第一号、一九五三年。
(28) 吉田寅「「世界史」成立前後の教科書・準教科書について」『立正大学人文科学研究所年報』第二八号、一九九一年。茨木智志「準教科書に見る初期の世界史教育の模索―歴史教育史研究への準教科書の活用を事例として―」『社会科教育論叢』第四七号、二〇一〇年。
(29) 広島史学研究会編『世界史研究 上』柳原書店、一九五〇年、五頁。
(30) 広島史学研究会編『世界史研究 下』柳原書店、一九五〇年、一八〇~二三八頁。
(31) 以下の一九五一年度用の「世界史」教科書の検定については、茨木智志「CIE史料に残された「世界史」教科書の英語原稿について― 一九五〇年実施の「世界史」教科書検定の経緯に対する検討―」『歴史教育史研究』第一一号、二〇一三年を参照されたい。
(32) 文部省『昭和26年度使用 教科書目録 高等学校普通学科用』、一九五〇年。

(33) Weekly Report, 20 Apr. 1950.〔CIE(A)00573〕. Weekly Report, 25 May 1950.〔CIE(A)00581〕.
(34) Report of Conference, 20 Feb. 1950〔CIE(B)06659〕.
(35) Report of Conference, 20 Mar. 1950〔CIE(A)02937〕.
(36) Report of Conference, 14 Feb. 1950〔CIE(B)06659〕.
(37) 一九五〇年七月に文部省に通知がなされ、八月に教科書会社に連絡され、九月に正式な指令として公表された。
(38) Weekly Report, 27 Jul. 1950.〔CIE(A)00596〕.
(39) 「高等学校社会科世界史の学習について」一九五〇年九月二二日、文初中第四九五号。本通達については、茨木智志「文部省通達「高等学校社会科世界史の学習について」(1950年9月)の世界史教育史上の位置づけ」『歴史教育史研究』第二号、二〇〇四年を参照されたい。
(40) 文部省『昭和二十五年十一月　教科用図書検定基準(案)』、一九五〇年。
(41) 文部省『昭和27年度使用 教科書目録 高等学校用』、一九五一年。
(42) 文部省『中学校高等学校 学習指導要領 社会科編Ⅲ (a) 日本史 (b) 世界史 (試案)――昭和26年(1951)改訂版』明治図書出版、一九五二年。
(43) 文部省『高等学校学習指導要領　社会科編　昭和31年度改訂版』清水書院、一九五五年。

# 第10章　世界史教科書と教科書検定制度

新保　良明

## はじめに

我が国を東日本大震災が襲った二〇一一年三月一一日、筆者は文部科学省初等中等教育局に籍を置く社会科の教科書調査官であった。偶然、その日は年休を取って都内の自宅におり、翌月の転職に向けて部屋の片付けをしていたところ、大地震に遭遇したのだ。そのとき、なぜか液晶テレビをひたすら押さえ、揺れがおさまるのを待ち続けたことを今でも鮮明に覚えている。そもそも、地震体験を挙げてみると、小学生時代には故郷の長野県長野市で松代群発地震に頻繁に襲われ、季節を問わず、担任教師から机の下にもぐって身を守るよう指示された記憶がある。また東北大学二年次の一九七八年六月一二日には宮城県沖地震を体験した。このときは、あまりにも大きな揺れの中、なけなしの金でようやく買ったステレオを必死で押さえる一方で、スチール製の本棚がスローモーションのように倒れ、本が四散する光景を呆然と見つめるしかなかった。

さて、東日本大震災の傷痕がまったく癒えぬ二〇一一年三月三一日、筆者は事務次官から辞職許可の辞令を手交され、翌日付けで東京都市大学（旧・武蔵工業大学）の教授に着任し、今日まで教育研究活動に従事している。これが自己都合退職を経ての再就職という形を取ったことは間違いない。そして、筆者を引き合いに出すまでもなく、毎年のように、数名ながら、教科書調査官から大学教員への転職は起こっている。これはなぜか。二〇一七年の一月以降、世間をおおいに騒がせた文科省の組織的「天下り問題」の一端を示すのであろうか（筆者も文科省から再就職調査アンケートを自宅に送付され、各項目について回答済みであることを申し添えておく）。後で、転職の実態にも切り込んでみたい。

とはいえ、最初に検定プロセスの概略を最小限確認しておくことは決して無駄ではあるまい。すなわち、白表紙本（しろびょうしぼん）（詳細については後述）の受理→教科書調査官による調査意見書の作成→審議会における検定意見の決定→出版社への意見伝達→出版社による検定意見箇所の修正→審議会による修正内容の審議→検定合否の確定、という流れになる。以上については、文科省初等中等教育局教科書課による懇切丁寧な説明がウェブサイトで公開されているので[1]、詳細はそちらに譲るが、本章では記述内容に応じ、随時、踏み込んだ補足説明をしていくことにしたい。その一方で、読者諸賢が知りたいのは裏事情であろう。しかし現役の教科書調査官が実態について話すことは許されない。公務員の「守秘義務」が関係してくるからである[2]。ゆえに、制度と実態の両面を語れるのは元教科書調査官しかいないことになる。つまり、筆者に寄稿を求められた理由はこれにつきると言えよう。このような期待感を意識しつつ、以下では、許される限り、等身大の教科書調査官像、検定業務の実態などに迫ってみたい。

## 一　教科書調査官の履歴書

### 1　教科調査官と教科書調査官

まずは、意外に知られていない事実から触れてみたい。文科省の初等中等教育局には「教科調査官」と「教科書調査官」が存在するが、この二つは似た職名を持ちながらも、業務はまったく異なる。今さら言うまでもなく、筆者はかつて後者であったが、前者であった経験はない。では、どこがどう違うのかというと、教科調査官というのは教育課程課に所属し、最大の業務は新しい「学習指導要領」の作成にある。これは一〇年に一度改訂されるのであるが[3]、だいたい教育現場の小中高の先生もしくは現場経験がある大学教員が教科調査官となり、教科指導の実体験を踏まえて指導要領改訂に向け中心的役割を担うことになる。そして世界史を例に取れば、教科調査官は大学の先生や高校の先生の協力を得てワーキンググループを作り、そこでの議論を参考にしながら、徐々に次期「学習指導要領」案を固めていく。そして「学習指導要領」が確定された後、その学習指導要領の『解説書』が作成されることになる。「学習指導要領」自体は、周知のように、キーワードがいくつか挙げられているだけで、非常に漠然としている[4]。この曖昧模糊とした状態に指針を供するべく、具体的事項を例示しながら肉付けしたものが、『解説書』ということになる。なお、この『解説書』の最後の頁に、作成に協力した方々の名前が列挙されている。だから、それを見ることによって、どの分野の専門家が加わっていたかはすぐにわかるのである。

なお、筆者が教科書調査官であった頃、検定意見の根拠になるのはあくまでも「学習指導要領」で、これは法的効力を有するが、その『解説書』自体は検定の根拠にはならなかったことを確認しておきたい。

## 2　教科書調査官に求められる能力

教科調査官と異なり、教科書調査官というのは、まさに教科書検定という業務そのものに専念する。では、どういう人が教科書調査官になるのか。筆者の経歴を明らかにすることで、一つのモデルケースの提示とさせていただこう。

筆者は先述した通り、一九七七年、東北大学文学部に入学し、一年次末の進路希望調査を経て、三年次から史学科西洋史専攻に所属した。そして一九八一年、東北大学大学院文学研究科博士前期課程、いわゆる修士課程に勢いで進んでしまった。ただし、早々と能力の無さを自覚して見切りをつけた筆者は教員採用試験を受けて、修士課程修了後、長野県の公立高校の教諭に転じた。ところが、五年目に、ひょんなところから連絡が入った。国立長野工業高等専門学校（いわゆる、ロボコン等で有名な「高専」）から、転職のオファーをもらったのである。異動後に聞いた話であるが、なぜ白羽の矢が立ったのかというと、長野県の公立高校の教員、大学院修了者、二〇代の西洋史の専攻者という三つの採用条件に対し、県下に二人しか該当者がいなかったそうだ。

さて、一九八八年四月、高専に異動して、研究を再スタートした。一五歳から二〇歳までの学生に対する授業、クラス担任としての学生指導などがあったが、学究生活への復帰の喜びから、論文を書くことにも専念した結果、三回の科研費獲得にもつながり、事務局からは「文系教員の採択はきわめて異例」と言われた覚えがある。

このような状況の中、今度は一〇年目の一九九七年に文科省側からオファーがあった。なぜ、異動の誘いが寄せられたのかというと、以下の条件を満たしていたかららしい。つまり、大学院を修了していること、一定の研究業績があること、高専の専任教員であること、そして世界史の教科書調査官スタッフの専門分野・年齢構成に鑑みて、四〇歳前後の西洋前近代史の研究者（筆者の専門は古代ローマ史）であること。

しかし当時は、家永教科書裁判の第三次訴訟がようやく最高裁で結審を迎えようとしていた[5]。だから、誘われた当初は教科書調査官になる気はまるでなかったのであるが、むしろ研究面を積極的に進めてほしいといったポジティヴなことを言われて、東京に出てみようかという気に徐々になっていき、文科省での面接に三回臨んだ上で、教科書調査官に採用された次第である。こうして、筆者は一九九八年四月、文科省に異動した。

さて、文科省の中には多くの部局がある。初等中等教育局とか、高等教育局とかいろいろあるのであるが、さらに局の下部組織には△△課というのが幾つも設置されているわけだ。そして、実は教科書調査官は初等中等教育局に属するとはいえ、正確に言えば、教科書課の正式な構成員ではない。調査官は初等中等教育局長の直属の部下になるからである。したがって、調査官は教科書課長の部下ではなく、形式的には課長と同格ということになる。とはいえ、給与支給や共済保険、出張届など日常的な事務手続きは存在するので、教科書課に居候するという形を取る。だが、局長直属という特殊な立場にあるがゆえに、省内では一目置かれ、「先生」と呼ばれる。つまり、教科書調査官は制度的には「行政職」であるが、実態的にはいわゆる事務職員と異なる「専門職」とみなされている。

ここで、教科書調査官の任用基準を見ておこう。現在、それは以下のように公式に定められている。(6)

○教科書調査官の選考について（平成二一年四月三日　初等中等教育局長決定）

1．趣旨

文部科学省初等中等教育局の教科書調査官の採用については、以下の選考基準・選考手続きに基づき行うものとする。

2．選考基準

教科書調査官となることのできるものは、次の各号に該当する者とする。

(1)　担当教科について、大学の教授又は准教授の経歴がある者又はこれらに準ずる高度に専門的な学識及び経験を有すると認められる者。

(2)　視野が広く、人格が高潔である者。
(3)　初等中等教育に関し理解と識見を有しており、関係の法令に精通している者。
(4)　現に発行されている教科用図書及びその教師用指導書の著作、編集に従事していない者、その他教科書の発行者と密接な関係のない者。

ところで、教科書調査官採用時に研究を続けることを強く勧められたことは既述の通りであるが、これはなぜか。高校世界史の検定を例に取れば、執筆者のほとんどが大学教員ということになる。そして検定意見の伝達後、その意見に対する質問や反論は執筆者側に許されている。これに際して、調査官側が意見の趣旨をきちんと説明し、記述の欠陥について理解を求めるのであるが、執筆者や編集者は納得できなければ、検定意見に対する反論書を提出することが制度的に認められている。(7) のみならず、最新の学界動向を確認しておくことは調査官にとって必須の業務と言えよう。以上から、調査官には、執筆者と対峙できるだけの高度な専門知識を持つことが求められるのであった。これを自己証明すべく、筆者は二〇〇七年に学位請求論文を書き上げて、翌年二月、東北大学から「博士（文学）」号を授与された。つまり、調査官は文科省の行政職にある一方で、いつ大学教員に転じてもおかしくない研究力を保持しているというわけだ。したがって、大学の公募があれば、それに応募し、採用される調査官が毎年のように出ても、なんら不思議ではない。

### 3　教科書調査官の立ち位置

ならば、霞ヶ関勤務の国家公務員に、研究時間を確保する余裕がはたしてあるのか。筆者が経験した業務の年間スケジュールの感覚からすれば、教科書調査官は「季節労働者」と形容されてもよかろう。これについては、ルーティンがどうなっているか、を後述することにする。とはいえ、季節労働者であるため、忙しいときは徹底的に多忙をきわめる。ところが、それを過ぎると、仕事が急速に減るので、研究する時間的余裕が生まれるわけだ。なお、この「自主的」研究について文科省から研究費は一切配分されないので、大学の非常勤講師を勤めて報酬を得たり、本の執筆で印税収入を得たりして、研究費を自力調達することになる。しかし、最新の研究動向に触れておくことも教科書調査官としての業務の一つである。だから、研究は弊害ではなく、むしろ奨励されるというアカデミックな環境に調査官が置かれている点は疑いない。

さて、教科書調査官の一義的業務は、「白表紙本」の間違い探しにある。この白表紙本とは出版社が検定申請する際に提出してくるもので、文章、図版、グラフなどが記載されていても、出版社名、執筆者名はいっさい記されていない。これらの情報をあえて遮断する中で、公正にして客観的な検定を行う仕組みになっているわけだ。その結果、授業で用いられる教科書の表紙と裏表紙は本来カラフルであるが、検定に際しては、表紙にも裏表紙にも何の印刷もなく、ただただ真っ白になっていて、表紙に検定申請時の受付番号がポンと印字されているだけの殺風景な書物が事務を通じて調査官の手元に届く。これが白表紙本である。これを読んで、調査官は間違い探しをしていくわけであるが、間違いといっても、そのレヴェルはさまざまである。けれども、本来的に、正確性に責任を負うのは執筆者と出版社であるはずだ。筆者が元教科書調査官として思うに、調査官はいわゆる編集上の校正者では断じてない。ゆえに、単純な間違い（例えば、人名や年号、地名などの誤記誤植）のチェックまで行う必要はそもそもなかろう。しかし現実的には、この手の誤りが検定意見の多数を占める。執筆者と出版社が全責任を持って正確で客観的な教科書を出版するというのが本来あるべき姿ではなかろうか。

しかしながら、人間の執筆作業、編集作業に完全はありえないわけで、誤りや見落としなどは避けて通れない。そして、周知のように、「世界史B」の教科書というと、四百頁を超える非常に分厚いものもあり、情報量も尋常でない。したがって、それを数人の編集者ならびに執筆者で何度も見返したとしても、やはり見落としがどうしても出てくる。それから、表現の仕方によっては、執筆者の意図とは異なる読解を生徒がしてしまう可能性もある。そこで、そういうものも検定で指摘して修正してもらうことによって、検定業務は教科書の質的保証に応えてきたし、今後もその有用性は認められるべきと言えよう。

なお、上記のように「季節労働者」という比喩的表現をあえて用いたが、現実的には業務は適宜発生する。その一つが「訂正申請」である。誤記誤植といった見落としが生じることは避けられず、やむをえない。さらに、客観的事情の変更も起こりうる。例えば、世界の主要国の大統領や首相が変わった場合、その情報を速やかにアップデートしようというのは出版社にとって当然の行為であろう。したがって、毎年、出版社は訂正申請という制度を通じて、検定合格済み教科書の次年度版に向け、より正確な記述を盛り込もうとする。つまり、教科書会社は毎年、マイナーチェンジをするため、記述内容変更の許可を文科省に求めることになる。これはこれで、原則的に許容されるべきなのであるが、中には、表現を変更することで、全体のバランスが崩れ、新たな誤解が生じてしまったり、さらには、局所的とはいえ、教科書検定を必要とするような大型の訂正申請が寄せられたりすることもあった。そこで、調査官と編集者の間で何を、どこまで訂正することが許されるのかという折衝がなされる。筆者の経験から言えば、検定合格後直ちに、教科書採択に向けて各社はいっせいに大量の訂正申請を出してくるのが定番化していた。教科書会社には、間違いや誤記誤植のない、完成度が高い白表紙本を提出する努力と覚悟を調査官ＯＢとして切に望みたい。

一方、筆者自身、いつかは大学教員に転職したいという希望を持っていた。そんな折り、二〇一〇年八月四日付けで、東京都市大学から西洋史の教授を求める公募が出されていることを「JREC-IN」で知った。この大学には知り合いが皆無であるため学内事情は委細不明であったのみならず、そもそもキャンパスの土地勘がまるでないまま、駄目元で応募してみたところ、二次審査に呼ばれ（このとき、初めて最寄り駅に降車）、模擬授業と面接を経て、何とか採用してもらえた。応募者は九十名弱いたらしい。であるからして、今話題の「天下り」ではないということをご理解いただきたい。その反面、筆者は専門研究を容認、推奨される調査官職を利用することで自らの業績を積み上げ、結果的に転職に成功したとも言えよう。

とはいえ、国家公務員として身分が安定している中で、転職する必要がはたしてあったのかといぶかる読者もいるであろう。筆者の場合、大学への転出理由は以下の通りである。まず、調査官の主たる業務は上記のように白表紙本や訂正申請の内容チェックになるが、これらを淡々とこなすことが何より重要であるとはいえ、筆者はここに使命感を抱けず、達成感も覚えなかった。業務の性質上、調査官にオリジナリティやクリエイティブな発想は許されないからだ。次に、恥ずかしながら、同じ職場にとどまることに飽きてしまった。長野高専には一〇年間在職したが、文科省勤務は一三年にも及んだ。違う世界を見たくなったというのが正直なところである。最後に、現実的な人生設計も大いに関係する。つまり、六〇歳の定年を迎えたときに文科省が大学教員ポストを用意してくれるという「天下り」ルートは調査官にない。だから、早期に筆者は自力救済の道を目指したわけである。

## 4　教科書調査官の人的構成と業務

もう少しリアルな話をしてみよう。社会科の教科書調査官の構成である。まず、世界史の調査官は何人いるとお考えか。正解はたった三名である。文科省のウェブサイトの検索欄で「教科書調査官」と打ち込めば、科目と氏名が公開されているので、すぐにわかる。

そして、世界史三名の内訳は西洋近現代史一、前近代史一（ここに筆者がかつて在職）、中国近現代史一となる。同様に、各科目の陣容を見てみると、日本史四名（古代史一、中世史一、近現代史二）、地理三名、政治二名（法学一、政治学一）、さらに経済二名、倫理二名（日本思想一、西洋思想一）となる。このように、社会科の調査官は計一六名から成り、これは現在でも変わっていないはずである。では、どういう人たちが所属しているのかというと、前歴で言えば、大学教員もおれば、筆者のように高専から来た者もいる。それから、各大学の非常勤とか、それから予備校も含めて、そういう非常勤講師職で今まで生計を立ててきた人から調査官になるというケースもある。ただし、専門知識と研究力を有していることが採用の大前提となっていることは先述した通りである。

ところで、地理歴史科において「世界史A」と「世界史B」はそのいずれかを選択するという必修科目であっただけに、かなりの冊数が出版される一方で、実際に検定の最前線に立つのはわずか三名という状況を改めて強調しておきたい。その結果、各時代、各地域について、浅くても広範な知識が必要とされるところとなる。筆者の専門は古代ローマ史であるが、これだけでは検定業務に貢献できるわけがない。その結果、調査官には、自身の専門分野以外にも、欧米史、イスラーム史、アジア史など幅広い知識が求められる。これを受けて、筆者は通勤電車内で、世界史上の諸テーマを適確に論じていると思われる新書、選書、文庫の類いを読み漁った。おかげで、日清・日露戦争史や朝鮮史をはじめとして、インド独立史、東南アジア史についても詳しくなったという感がある。このように、教科書調査官は自分の専門分野以外にも、各時代の諸地域に通じたオールラウンダー的資質を備えねばならないのである。

続いて、検定の概要を確認しておきたい。四年で一サイクルとなっている。まだ筆者が調査官であったとしたら、こういう流れで来ていたであろうという仮想例を示そう。つまり、二〇一三年度は小学校の検定であった。三～六学年の社会科検定はもちろんあるのだが、筆者は生活科という小学校一、二年の社会と理科を融合したような科目を担当したはずである。続いて、二〇一四年度は中学校の番で、歴史分野を担当したろう。各白表紙本には主査と副査がつくのであるが、主査は日本史、副査は世界史と二名の調査官が担当する。というのも、中学校の歴史記述の多くは日本史であるため、日本史の調査官が主査で、副査を世界史の調査官が務めることになるわけだ。そして二〇一五年度が高等学校の一回目、翌年度が高等学校の二回目というスケジュールになった。高校の教科書は、各社ともに複数冊出してくるから、申請は相当数にのぼる。今、振り返れば、多いときでおそらく年間一五冊以上になったかと思う。

さて、二〇一五年、中学校用の教科書を複数の出版社が、中学の先生とか教育委員に検定申請中の各科目の白表紙本を見せ、感想聴取と引き換えに謝礼を渡していたというニュースが報じられた[8]が、こういった事態がなぜ生じるのかというと、小学校も中学校も四年に一回しか採択がないからである。高校は毎年、教科書を変更することができるのであるが、小学校、中学校は教育委員会が四年に一回のサイクルでこの社の教科書を使おうと決めるわけで、そうなると、採択された教科書の発行会社は四年間にわたって、ずっと売り上げを保証される。だから、少子化が進行する中、少ないパイをめぐって採択を有利に進めたいという思惑から、自由競争に抵触するような問題が発生したと言えよう。

## 二　教科書調査官の検定業務

以下では、教科書調査官のルーティンを紹介したい。本邦初公開になるものもあろうが、ここからはあまり正確性を問わないでいただきたい。今となっては、筆者のうろ覚えがあるからだ。したがって、以下はあくまでも私見ということになる。これらを前提に、世界史調査官的視野に立ち戻り、社会科分野の高校教科書に関する検定過程を概観してみよう。

## 1　調査意見と審議会

まずは、四月頃、出版社が検定申請をして、その受理手続きを教科書課が行う。先述のように、ここでは、出版社や執筆者が判明しないような「白表紙本」が提出される。これを受け、六月にかけて、社会科の各調査官は、自分の科目以外の白表紙本に目を通していき、問題箇所とその理由を付箋に記して該当ページに添付する。例えば、現代社会や日本史Aにおいて「一九一七年にロシア革命が起こってソ連ができた」という記述があったりするわけである。ところが、ロシア革命とソ連の成立が同一年代でないことは明らかなので、この不正確さを付箋に書いて、ペタッと貼りつけるという手立てを取る。以上のように社会科の白表紙本に関しては、専門を問わず、一六名の社会科調査官がすべてをチェックするという総力戦が展開される。その対象は地図帳にも及ぶのである。

これが終わると、七月から八月にかけて、世界史A・Bの白表紙本の読破へと向かうことになる。主査一名、副査一名という構成になるのだが、自分が主査や副査を務めない白表紙本であっても、読んでチェックしなくてはならない。これは、後で世界史の調査官三名で問題点を持ち寄って、全員で欠陥箇所を検討しあうことになるからである。

ここまでは、かなりきつい状況に置かれる。白表紙本一五冊以上を二カ月くらいで読破し、記述の問題点を見つけねばならない。週末に白表紙本を自宅に持ち帰ってチェックしたいほどであった。

ところで、筆者は毎年、七月末に人間ドックを受診してきたのであるが、運悪く、これが白表紙本を読破する時期と重なってしまっていた。その結果、胃カメラを飲むと「胃に出血した跡があります」と毎年のように言われた。季節労働者の仕事はここに極まれり、というわけだ。さらに、血液検査からは「タンパク質が足りていません」とも指摘され、どういうことなのかと担当医師に質問したら、「栄養失調」と言われた。検定業務の重圧が調査官にかなりの精神的・身体的負荷を課していることは間違いなく、特に筆者はこの職業に向いていないと痛感した次第である。

さて、九月に世界史の調査官三人が集まって会議を開き、お互いに教科書記述の問題点を指摘し合って、調査意見案の候補を探っていく。とはいえ、これがすぐ調査意見になるわけではなくて、社会科の調査官、すなわち日本史、政治経済、倫理、地理といったすべての調査官が集まる科内会議において、世界史の調査意見案を提示し、チェックしてもらう。例えば、日本史の調査官からは、「そこまで調査意見案にするのは行き過ぎじゃないか」という声が寄せられたりする。そうすると、調査意見案から外すことを検討するところとなる。つまり、このようにして内部チェック機能を生かしつつ、理不尽で、無謀な調査意見案の作成を回避するといった自浄システムが作動するわけだ。こうして、調査意見書が固められ、事務方の決裁を経て、検定に向けての第一段階が完了する。

一〇月には、教科用図書検定調査審議会の中の世界史小委員会が開かれる。これは大学教員六と高校教員一、計七名ぐらいから成ったと記憶している。この小委員会において調査官は調査意見書の指摘事項を一つ一つ説明していく。これを受けて、小委員会で審議していただいたものが「検定意見案」になるわけだ。以下に、審議委員についての規定を挙げておく。[9]

○教科用図書検定調査審議会令（昭和二五年政令第一四〇号）

（組織）
第一条　教科用図書検定調査審議会（以下「審議会」という。）は、委員三〇人以内で組織する。
2　審議会に、特別の事項を調査審議させるため必要があるときは、臨時委員を置くことができる。
3　審議会に、専門の事項を調査させるため必要があるときは、専門委員を置くことができる。
（委員等の任命）
第二条　委員は、学識経験のある者のうちから、文部科学大臣が任命する。
2　臨時委員は、当該特別の事項に関し学識経験のある者のうちから、文部科学大臣が任命する。
3　専門委員は、当該専門の事項に関し学識経験のある者のうちから、文部科学大臣が任命する。

審議委員は当然ながら、教科書の執筆者ではない。そして専門的見地から、「白表紙本の○頁△行目以下の記述はおかしい」という指摘を多数いただく。世界史の調査官は三名にすぎず、各自の専門分野以外については スペシャリストではないため、このような欠陥記述の指摘は実にありがたい。ゆえに、さまざまな分野の審議委員が加わり、気づかなかった問題箇所を明確にすることを受けて、小委員会と調査官は検定意見案を固めていくことになる。

このような作業を経て、最後に社会科全体の教科用図書検定調査審議会（第二部会）に臨む。これは世界史小委員会、日本史小委員会、地理小委員会、政治経済小委員会、倫理小委員会といった組織の集合体である。ここに、小委員会委員長が最終的な検定意見書を上程し、社会科の各調査官（主査）が代表的な意見をいくつか紹介する。審議会はこれを最終審議し、文科大臣に検定意見を答申する。そして文科大臣が検定意見を確定するにいたる。こうして、検定意見は文科大臣名で出されることになるのだ。

そして世界史の場合であれば、一一月、編集者ならびに執筆者に文科省にご足労いただき、検定意見書が伝達される。そして出版社側から検定意見の内容説明を求められた個別事項に対し、調査官は「こういう趣旨です」と検定意見の真意を伝えるところとなる。

これらの検定意見に対し、出版社から翌年一月に修正表というのを提出してもらう。これを受けて、検定意見の趣旨を踏まえた修正になるよう編集者と調査官でやりとりがなされ、最終的な修正表が提出される。そして二月に再び開かれる世界史小委員会において、検定意見に沿った修正内容であるかどうかを確認してもらい、その後、審議会に最終確認を求めるところとなる。審議会がこれを承認したら、文科大臣が初めて教科書としての発行を了承することになるわけだ。

そして三月末、ないしは四月上旬、検定審議会の総会が終わった後にマスコミ各社が検定結果を一斉に報道することになる。

さて、筆者の記憶する限り、各年度の流れはこのような感じであった。業務的には、白表紙本を読む七月、八月がピークで、かなり厳しく、多大な無理を強いられる感があある。そして社会科の調査官による調査意見案作成までが最大の山場であったと言えよう。

一方、一一月に検定意見を執筆者や出版社に伝達すると、修正に向けてのボールを持っているのは出版社側になる。だから、これ以降、修正案の提出によりボールが投げ返されるまで、教科書調査官は最優先に果たすべき公務がなくなるわけである。

## 2　教科書検定基準の存在

とはいえ、検定意見については、フリーハンドで付されることが許されていない。「教科用図書検定基準」

という大原則が定められているからである。これについても、文科省のウェブサイトに掲載されている。高等学校の検定基準は以下の通りである。[10]

1　基本的条件

〔教育基本法及び学校教育法との関係〕

(1)　教育基本法第1条の教育の目的及び同法第2条に掲げる教育の目標に一致していること。また、学校教育法に定める各学校の目的及び教育の目標に一致していること。

〔学習指導要領との関係〕

(2)　学習指導要領の総則に示す教育の方針や各教科の目標に一致していること。

(3)　高等学校学習指導要領（平成二一年度文部科学省告示第三四号。以下「学習指導要領」という。）に示す教科及び科目の「目標」（以下「学習指導要領に示す目標」という。）に従い、学習指導要領に示す科目の「内容」（以下「学習指導要領に示す内容」という。）及び「内容の取扱い」（「各科目にわたる指導計画の作成と内容の取扱い」及び「各科目にわたる内容の取扱い」を含む。以下、「学習指導要領に示す内容の取扱い」という。）に示す事項を不足なく取り上げていること。

(4)　本文、問題、説明文、注、資料、作品、挿絵、写真、図など教科用図書の内容（以下「図書の内容」という。）には、学習指導要領に示す目標、学習指導要領に示す内容及び学習指導要領に示す内容の取扱いに照らして不必要なものは取り上げていないこと。

〔心身の発達段階への適応〕

(5)　図書の内容は、生徒の心身の発達段階に適応しており、また、心身の健康や安全及び健全な情操の育成について必要な配慮を欠いているところはないこと。

2　選択・扱い及び構成・排列

（学習指導要領との関係）

(1)　図書の内容の選択及び扱いには，学習指導要領の総則に示す教育の方針，学習指導要領に示す目標，学習指導要領に示す内容及び学習指導要領に示す内容の取扱いに照らして不適切なところその他生徒が学習する上に支障を生ずるおそれのあるところはないこと。

(2)　話題や題材が他の教科及び科目にわたる場合には，十分な配慮なく専門的な知識を扱っていないこと。

(3)　学習指導要領の内容及び学習指導要領の内容の取扱いに示す事項が，学習指導要領に示す標準単位数に対応する授業時数に照らして図書の内容に適切に配分されていること。

（政治・宗教の扱い）

(4)　政治や宗教の扱いは，教育基本法第14条（政治教育）及び第15条（宗教教育）の規定に照らして適切かつ公正であり，特定の政党や宗派又はその主義や信条に偏っていたり，それらを非難していたりするところはないこと。

（選択・扱いの公正）

(5)　話題や題材の選択及び扱いは，生徒が学習内容を理解する上に支障を生ずるおそれがないよう，特定の事項，事象，分野などに偏ることなく，全体として調和がとれていること。

(6)　図書の内容に，生徒が学習内容を理解する上に支障を生ずるおそれがないよう，特定の事柄を特別に強調し過ぎていたり，一面的な見解を十分な配慮なく取り上げていたりするところはないこと。

〔特定の企業、個人、団体の扱い〕

(7)　図書の内容に、特定の営利企業、商品などの宣伝や非難になるおそれのあるところはないこと。

(8)　図書の内容に、特定の個人、団体などについて、その活動に対する政治的又は宗教的な援助や助長となるおそれのあるところはなく、また、その権利や利益を侵害するおそれのあるところはないこと。

〔引用資料〕

(9)　引用、掲載された教材、写真、挿絵、統計資料などは、信頼性のある適切なものが選ばれており、その扱いは公正であること。

(10)　引用、掲載された教材、写真、挿絵、統計資料などについては、著作権法上必要な出所や著作者名その他必要に応じて出典、年次など学習上必要な事項が示されていること。

〔構成・排列〕

(11)　図書の内容は、全体として系統的、発展的に構成されており、網羅的、羅列的になっているところはなく、その組織及び相互の関連は適切であること。

(12)　図書の内容のうち、説明文、注、資料などは、主たる記述と適切に関連付けて扱われていること。

(13)　実験、観察、実習、調べる活動などに関するものについては、生徒が自ら当該活動を行うことができるよう適切な配慮がされていること。

〔発展的な学習内容〕

(14)　1の(4)にかかわらず、生徒の理解や習熟の程度に応じ、学習内容を確実に身に付けることができるよう、学習指導要領に示す内容及び学習指導要領に示す内容の取扱いに示す事項を超えた事項（以下「発展的な学習内容」という。）を取り上げることができること。

⒂　発展的な学習内容を取り上げる場合には、学習指導要領に示す内容や学習指導要領に示す内容の取扱いに示す事項との適切な関連の下、学習指導要領の総則に示す教育の方針、学習指導要領に示す目標や学習指導要領に示す内容の趣旨を逸脱せず、生徒の負担過重とならないものとし、その内容の選択及び扱いには、これらの趣旨に照らして不適切なところその他生徒が学習する上に支障を生じるおそれのあるところはないこと。

⒃　発展的な学習内容を取り上げる場合には、それ以外の内容と区別され、発展的な学習内容であることが明示されていること。

3　正確性及び表記・表現

⑴　図書の内容に、誤りや不正確なところ、相互に矛盾しているところはないこと（⑵の場合を除く。）。

⑵　図書の内容に、客観的に明白な誤記、誤植又は脱字がないこと。

⑶　図書の内容に、生徒がその意味を理解し難い表現や、誤解するおそれのある表現はないこと。

⑷　漢字、仮名遣い、送り仮名、ローマ字つづり、用語、記号、計量単位などの表記は適切であって不統一はなく、別表に掲げる表記の基準によっていること。

1の「基本的条件」は学習指導要領との関係性を問うている。だから、学習指導要領の1の⑶では、指導要領に明記された項目が、白表紙本の中にないということを指摘し、何らかの形での追加的修正を求めるところとなる。社会科ではないが、道徳科の初めての教科書検定結果が昨年（二〇一七年）四月に各メディアで報じられ、世間を賑わしたことは記憶に新しい。報道によれば、道徳の調査官は指導要領に即して、不足事項の追加記述を求めたところ、教科書会社はこの検定意見をクリアするため、「パン屋」に代えて「和菓子屋」を登場させるという修正を施したという。報道を見る限り、調査官が「パン屋」を対象としてピンポイントの意見を付したかのような印象が与えられたが、ことはそう単純ではない。道徳の調査官は白表紙本全体にからめて指導要領の不足事項を指摘したのであり、これに対し、パン屋を和菓子屋に変更したのはあくまでも出版社と執筆者の判断であった。かつて調査官であった頃、主査として検定意見を付して、その後の修正内容を予想するのは容易にできたものの、実際に出されてきた修正案に肩すかしを食らったことはいくらでもある。だが、検定意見の趣旨を最低限、満たしていれば、予想外の修正であれ、許容せねばならないことは言うまでもない。調査官が思い描くような修正の強要はないとあえて記しておく。

続いて、2は「選択・扱い及び構成・排列」であるが、どういうものだったのか今となってはイメージがわかない。それもそのはずで、筆者自身、これに関する検定意見を付した記憶がないのである。一方、最も頻繁に使うのは3「正確性及び表記・表現」である。とはいえ、調査官にとって一番厄介なのは、教科書執筆者の面々が各時代・地域を専門とする大御所であるという点にある。しかしながら、その大先生に「間違っていますね」という検定意見を伝えねばならないわけだ。ある検定意見について説明をしたところ、該当箇所の執筆者が恩師であったことがわかり、冷や汗をかいたこともある。しかし執筆者が誰であろうと、誤りは誤りとして指摘せねばならない。調査官時代、このような状況に対し、どう対処していたのかというと、少なくとも筆者の場合、検定意見のフォーマット文面に従い、「不正確である」と「誤りである」の二つを使い分けた。行政文書としては、前者の方がマイルドな表現であり、後者は高飛車な表現と思われたからである。そこで、検定意見書において「○○は誤りである」というきつい指摘は誤記誤植を対象としない限り、筆者は使わないようにした。他方、誤記誤植ではないにせよ、明らかに間違っているという表記に関しては、「△△は不正確である」という検定意見にとどめた。いずれにしても間違いは間違いだから、直してくださいということに変わりはない。とはいえ、執筆者、編集者の方々には、ぜひ、以上のような言葉の機微を受けとめてもらえればと思う。

それ以外に、筆者はもう退職したので、あえて言わせてもらうが、「誤解するおそれ」を多用した。これなら角が立たないと考えたからである。つまり、執筆者の先生の記述内容は理解できるのであるが、この書きぶりのままだと、生徒はこういうふうに誤読するかもしれない、だから、本来の趣旨が率直に伝わるように手を加えてくださいという修正要求のために「誤解するおそれ」を用いたのである。

このように、教科書調査官は居丈高な検定業務になることを望んでいない。逆に、執筆者との無用な衝突を避けるため、著しく気を遣っていることを理解してもらいたい。

その反面、白表紙本の記述内容が上記の検定基準のどれかに抵触しない限り、検定意見を付して修正を求めることはできないという点にも言及しておきたい。世間でよく言われるような、教科書検定の強圧的姿勢はここにはない。むしろ、ある教科書記述に問題を強く感じながらも、検定基準に照らせば、それを検定意見にできないもどかしさを感じたことが再三あったとあえて付言しておこう。

## 三　教科書会社と教科書検定

教科書の記述内容の正確さとは別次元の話もしておきたい。つまり、教科書ごとの個性をどこまで許容するのか、という点である。これについては、現役の調査官たちも思いを同じくしているのではなかろうか。OBの認識としては、教科書会社はおのおの採択に向けて、見本本（みほんぼん）（検定合格済みで採択に向けての見本）のセールスポイントをアピールしようとする。だから、共通テーマをめぐり各社に記述の濃淡があらわれるのは当たり前であろう。むしろ、各社ともに同じような記述内容になるほうがおかしいと言える。では、多様な特徴を無制限に認めてよいのか。例えば、見開き二頁にわたって漫画で特定テーマが取り上げられていたとする。よく審議委員から「これは教科書的に許されないだろう」という指摘がなされるのであるが、漫画表現を不可とする検定基準はそもそもないので、検定意見にして修正を求めることはできない。一方的な見解や立場を漫画で表現しているのであればいざ知らず、漫画での描写自体は商行為の一環であるから、認めざるをえないということだ。教科書はまさに各出版社の「商品」なのである。だから、工夫や内容の強調はあってしかるべきであり、間違いがなければ、許容せざるをえないことになる。

さらに、確認しておきたいのは、「検定意見」とは文科大臣が発する「行政命令」に他ならないという極めて重い事実である。これはかなり厳しい処分を意味する。というのも、検定意見箇所を修正しない限り、教科書としての発行を文科大臣は許さないということになるからだ。つまり、何が何でも直せという意味で、検定意見というのは事実上の修正命令に等しいと言えるのである。

ただし、検定意見に対する異議申し立ては制度的に認められている。これこれの検定意見に対し、それは事実と異なるではないかというふうに反論することは可能なのである。

筆者は教科書調査官時代に、決して執筆者を追い込むつもりはなかったし、むしろ検定意見の趣旨を理解してくれるようお願いベースで接してきたつもりだ。したがって、無理難題を強要することなぞ論外で、出版社と執筆者に協力を求めようとしたと独言しておこう。

一方、二〇一四年に新検定基準が追加されたという。[11] これは、通説を重視するとか、政府の統一見解や裁判の判例とか、これらを順守するというような内容で、どうもこのあたりが批判されていると認識しているが、変更理由が不明であるため、私の転職以降の検定事情についてのコメントは差し控えたい。文科省を卒業してしまった以上、正直なところ、適用・運用のあり方がまったく読めないからである。

最後に、調査官時代の思い出も記させていただきたい。白表紙本を読みながら、個人的に最も注目したのはコラムや特集記事であった。これらは最新の学界動向を踏まえているので、興味深いテーマを提供してくれるからである。現在、筆者は本務校において理工学系の学生を対象に「西洋史」という教養科目を担当しているが、例えば、コーヒーをテーマにすると、それが世界商品になっていく過程をたどる中で、ジェントルマンとイギリス社会、大西洋三角貿易と砂糖、コーヒーハウスとマスコミや保険の誕生、産業革命に伴う生活革命などに言及して、ヨーロッパ・アメリカ・イスラーム・アジアなどを結びつけ、世界の一体化を実感させるような講義の提供が可能となる。しかも、学生のウケは上々で、関心や受講の満足感を抱いてくれる。だが、高校世界史の教科指導という点に限れば、コラムの性格上、字数制限により中途半端な記述になってしまい、同時代の全体像と関連付けるだけの授業時間があるとは思えない。かくして、教科書や授業で何を優先するのか、難しい問題が残るわけである。正直申し上げて、この現状はもったいないと思う。

## おわりに　今後の教科書検定に向けて

文科省を辞職して七年が経つので、言いたいことを最後に言わせてもらおう。それは検定意見の伝達の場で、調査官に対して露骨な対決姿勢で臨んでくる執筆陣がいたことであり、常々筆者はこれについて非常に残念なことだと思ってきた。過去に、以下のようなやり取りが実際にあったからである。つまり、編集者と執筆者は文科省を訪れ、まず教科書課から検定意見書を手渡され、割り当てられた省内の部屋でその内容を吟味検討する。出版社サイドは意見の趣旨が不明確な指摘に対して説明を求めることができ、要請があれば、担当調査官はその部屋に赴くことになる。そして、入室後、まずは調査官二名が「主査の○○です、副査の□□です、よろしくお願いします」と自己紹介する。これに対し編集者は立ち上がって「こちらこそ、よろしくお願いします」というふうに応じてくれる。ここまでは、各社ともに同じであるが、ここからが出版社ごとに対応が異なる。というのも、調査官と編集者はお互いに起立したままでありながら、執筆者はふんぞり返って座ったままの出版社もあるからだ。それで、編集者が「執筆の先生方のご紹介をします」といって名前を挙げていくのであるが、こちらは相変わらず起立しながらも、編集者から名前を紹介された執筆者は立ち上がらない。もう本当に「権力の犬には頭を下げないぜ」という姿勢がありありで、はっきり言って驚いたし、不愉快であった。

現役の調査官であったら、このような実態への言及は到底できなかった。だが、今や文科省と無関係になった一民間人として、ぜひ苦言を呈しておきたい。教科書の執筆を通して「公教育」に携わる以上、人としての礼儀、マナーは最低限備えるべきではないのか、これらに欠ける方に教育を語る資格があるのか、と。ぜひ再考していただきたい（ただし、現在、意見伝達がどのような雰囲気で行われているのか筆者には知る由がない）。要するに、教科書検定は対立の場ではなく、より良質な教科書を作り上げていく契機というプラス志向を、元調査官として強く訴えたい。現時点で教科書検定という制度を廃止できない以上、現行の枠組みの中で執筆者も調査官も「世界史」という教科の質の保証に向けて、協働型の検定を構築すべきと提案したい。いかがであろうか。

**註**

（1）二〇〇一（平成一三）年の中央省庁再編の中、文部省と科学技術庁の統合により、文部科学省が誕生した経緯は周知のごとくであるが、本章では、「文部省」表記を避けて、「文科省」に表記を統一した。教科書検定に関して、省名変更による断絶はなかったからである。なお、教科書検定の手続きや教科書調査官の選考など本章が取り上げている諸点について、高橋秀樹・三谷芳幸・村瀬信一『ここまで変わった日本史教科書』吉川弘文館、二〇一六年、一九三頁以下が手際よく整理してあり、有用である。一方、初等中等教育局教科書課による教科書制度の概要に関する公式説明については以下を参照されたい。http://www.mext.go.jp/a_menu/shotou/kyoukasho/gaiyou/03062701.htm（二〇一八年四月二〇日閲覧）。

(2)「国家公務員法」第一〇〇条は「職員は、職務上知ることのできた秘密を漏らしてはならない」と規定している。

(3) 筆者の文科省在職時、「世界史A・B」の指導要領は一九九八（平成一〇）年、二〇〇八（平成二〇）年に告示されている。

(4) 例えば、現行「世界史B」指導要領「⑷諸地域世界の結合と変容」の「ウ 産業社会と国民国家の形成」では、「産業革命、フランス革命、アメリカ諸国の独立など、18世紀後半から19世紀までのヨーロッパ・アメリカの経済的、政治的変革を扱い、産業社会と国民国家の形成を理解させる」と記されているにすぎない。

(5) 家永教科書裁判については、教科書検定訴訟を支援する全国連絡会編『家永教科書裁判のすべて——三二年の運動とこれから』民衆社、一九九八年などがある。一方、文科省側の主張については、http://www.mext.go.jp/b_menu/shingi/chousa/shotou/096/shiryo/__icsFiles/afieldfile/2013/10/23/1340590_013.pdf（二〇一八年四月二〇日閲覧）。

(6) 役所では年を西暦ではなく、元号で表記するのが原則である。平成二一年は二〇〇九年にあたる。http://www.mext.go.jp/a_menu/shotou/kyoukasho/1260255.htm（二〇一八年四月二〇日閲覧）。

(7) http://www.mext.go.jp/a_menu/shotou/kyoukasho/gaiyou/04060901/1235090.htm の1)の⑷に明記されている。

(8) これに対し、文科省は「教科書採択における公正確保の徹底等について」と題した通知を出している。最新の通知は www.mext.go.jp/a_menu/shotou/kyoukasho/saitaku/1384034.htm（二〇一八年四月二〇日閲覧）。

(9) 審議委員の氏名も文科省のウェブサイトで公開されている。また昭和二五年は一九五〇年に該当する。規定については http://law.e-gov.go.jp/htmldata/S25/S25SE140.html（二〇一八年四月二〇日閲覧）。

(10) http://www.mext.go.jp/a_menu/shotou/kyoukasho/kentei/1343961.htm（二〇一八年四月二〇日閲覧）。なお、これらの各教科共通の検定基準に加えて、若干の「各教科固有の条件」がある。

（11）「義務教育諸学校教科用図書検定基準及び高等学校教科用図書検定基準の一部を改正する告示」については http://www.mext.go.jp/b_menu/hakusho/nc/1343450.htm（二〇一八年四月二〇日閲覧）を見よ。原田敬一「新検定基準と高校日本史教科書」『歴史学研究』九五六号、二〇一七年、一二～二〇頁も参照されたい。

# 第11章　官立高等学校「歴史」入学試験にみる「関係史」——その変遷と拡大

奈須　恵子

## はじめに

筆者は、近代日本における対「外」認識の形成と教育を研究テーマとしており、「東洋」概念の展開などに着目して、対「外」認識の形成とその問題を明らかにしたいと考えてきた。これまで、戦前の中等教育における「東洋史」教育の成立・展開の研究や中等学校の歴史教育を担う教員に求められた知識のあり方とその中での「アジア」認識についての研究などを行ってきた[1]。

本章で扱う旧制の官立高等学校入学試験における「歴史」試験問題についても、以前、その試験の概要と試験問題の中にあらわれた「アジア」に焦点化して考察したことがある[2]。しかし、その拙稿では「アジア」に限った分析にとどまり、旧制官立高等学校の入学試験からよみとれる、文部省や高等学校の歴史担当教員が、受験者である中学校卒業者に求めていた、歴史についての理解や関心の持ち方の一部分しか捉えるに至らなかった。

そこで、本章では、高等学校入学試験の「歴史」試験について、最初に出題傾向の変遷を見るとともに、その出題傾向の中でも、試験問題と高等学校側からの報告・講評に一貫してあらわれていた、受験者への時事的関心を持つことの要請と、そのことと密接に結びついた（現在の視点から見た場合の国家間や地域間の）国際関係の歴史に関心を持つことの要請とそのあり方について検討していくこととしたい。

　本章のタイトルにある「関係史」とは、この国際関係の歴史を示しているが、そもそも「西洋史」や「東洋史」の試験問題で、国際関係を含まない一ヶ国内の出来事を扱う設問のほうが少ないのも確かである。例えば、一九一三年「歴史」試験の大問「最盛期ニ於ケル元ノ版図ニ就キ知ルトコロヲ記セ」や小問「大陸封鎖（Continental System）」は、当然一国・一地域では収まらない内容が問われている。このように、設問文に「関係」「交渉」といった語が明示されていなくても、関係史を問う設問は多数あるが、本章では特に、日本と東アジア、日本と東南アジア、日本とヨーロッパ、アジアとヨーロッパ、中国とロシアなど、「西洋史」と「日本史（国史）」、「東洋史」と「日本史（国史）」、「西洋史」と「東洋史」にまたがり、どちらの枠組みでも扱い得る関係史を扱う設問に注目していく。

　なお、現時点で発見できている高等学校入学試験問題は、一九〇二～一九四〇年度、一九四二年度に限られており、単独試験の時期には高等学校二五校中、試験問題未確認の学校が数校残っている場合もある。また、報告・講評も発見できているものは、一九〇九～一一年度、一九一九～二二年度、一九二四～三五年度に限られている。(3) 未発見のものの探索は引き続き今後の課題としつつ、本章では判明した試験問題や報告・講評を手がかりとして検討を行う。

# 一　官立高等学校「歴史」入学試験実施状況についての概観

## 1　官立高等学校

一八八六年、森有礼文相時に出された中学校令によって尋常中学校と高等中学校が創設された。高等中学校は一八九四年の高等学校令によって高等学校と改称され、一八八〇年代後半に設置されていた第一から第五高等中学校はそれぞれ第一から第五高等学校となった。一八九四年の高等学校令のもとでは、その後も、第六から第八高等学校までしか設置されず官立高等学校しか存在していなかったが、一九一九年、旧高等学校令を廃止して新たに高等学校令が出されると、公立私立高等学校の設置も認められるようになり、官立高等学校の新たな設置も始まった。一九一九年の高等学校令は修業年限を高等科三年尋常科四年としたが、高等科のみの設置も可能とし、官立高等学校では一九一九年から一九二三年までの間に新潟高等学校から広島高等学校に至る計一七校が、所在地の名を冠した官立高等学校として新設された。公立高等学校では富山、浪速、府立の三校が設置され（このうち富山高等学校は一九四三年に官立に移管）、私立高等学校はいずれも七年制（尋常科と高等科）で武蔵、甲南、成蹊、成城の四高等学校が一九二〇年代に新設された。旧制の高等学校としてはこの他、文部省所管以外で官立である学習院高等科、台北高等学校、旅順高等学校も設けられていった。

このように、日本の敗戦時点で存在していた旧制高等学校は三五校を数えるが、「歴史」の入学試験の状況がある程度までまとまった形で把握できるのは、官立高校として一九二三年までに設置された計二五校に限定される。本章では、この計二五校の入学試験を対象として検討を進めていくこととする（以下、これらの旧制官立高等学校を高等学校と略す）。

## 2　入学試験実施形態・試験科目の変遷

試験の実施形態は、大別すると①一九〇一年度以前：学校ごとに行う単独試験単独選抜方式、②一九〇二年度〜二七年度：共通試験（ただし、その中でも時期によって総合選抜方式か単独選抜方式は異なっていた）、③

一九二八年度～四〇年度：単独試験単独選抜方式、④一九四一年度～四四年度：共通試験単独選抜方式、という四期に分けられる[4]。実施校で共通問題が出題された共通試験の場合にも、各高等学校から数問の出題案を提出させた上で、文部省専門学務局がそれらから選定して試験問題を作成していたと考えられる[5]。

試験科目は、一九〇二年から四四年度まで毎回文部省告示で発表され、『官報』に掲載された。それらをまとめたものが**表11-1～3**である。「歴史」に関しては、一九〇二年度から一九年度は、「歴史」か「歴史及地理」の科目名（学科名）となっており、「地理」のみ出題の年度もあった。一九二〇年度から三三年度になると、「歴史（日本史）」「歴史（西洋史）」など、「歴史」の中の科目名を指定する形で出題科目が示された。この科目の決め方は基本的には不明だが、一九二六・二七年度の二班選抜方式については「国語及漢

**表11-1　官立高等学校入学試験「歴史」関係出題一覧（一九〇二～一九二七年度）**

| 年度 | 選抜制度 | 科目 | 対象学校名 | その他 |
|---|---|---|---|---|
| 一九〇二 | 共通試験総合選抜 | 地理 | 第一～第七、山口高等学校 | |
| 一九〇三 | | 歴史 | 同上 | |
| 一九〇四 | | 歴史 | 第一～第七 | |
| 一九〇五 | | 地理 | 同上 | |
| 一九〇六 | | 歴史 | 同上 | |
| 一九〇七 | | 歴史 | 同上 | |
| 一九〇八 | | 地理及歴史 | 第一～第八 | |
| 一九〇九 | | 歴史、地理（地文ヲ含ム） | 同上 | |
| 一九一〇 | | 歴史 | 同上 | |

| | | | | |
|---|---|---|---|---|
| 一九一一 | 共通試験 | 歴史及地理 | 同上 | |
| 一九一二 | 単独選抜 | 歴史及地理 | 同上 | |
| 一九一三 | | 歴史及地理 | 同上 | |
| 一九一四 | | 歴史及地理 | 同上 | |
| 一九一五 | | 歴史及地理 | 同上 | |
| 一九一六 | 共通試験 | 歴史 | 同上 | |
| 一九一七 | 総合選抜 | 歴史 | 同上 | |
| 一九一八 | | 歴史及地理（日本歴史、西洋歴史、外国地理） | 同上 | |
| 一九一九 | | 歴史 | 同上＋新潟、松本、山口、松山 | |
| 一九二〇 | | 歴史（日本史、西洋史） | 同上＋水戸、山形、佐賀 | |
| 一九二一 | 共通試験 | 歴史（日本史）、地理（外国地理（満洲地理ヲ含ム）） | 同上＋弘前、松江 | ※T一〇年入学者選抜試験 |
| 一九二二 | 単独選抜 | 歴史（西洋史）、地理（外国地理（満洲地理ヲ含ム）） | 同上＋大阪、浦和、福岡 | |
| 一九二三 | | 歴史（西洋史）、地理（外国地理（満洲地理ヲ含ム）） | 同上＋静岡、高知 | |
| 一九二四 | | 歴史（日本史）、地理（外国地理）（満洲地理ヲ含ム） | 同上＋姫路、広島 | |
| 一九二五 | | 歴史（日本史、東洋史）、地理（外国地理）（満洲地理ヲ含ム） | 同上＋東京 | |
| 一九二六 | 共通試験 | 歴史（日本史）、地理（外国地理）（満洲地理ヲ含ム） | 同上 | ※I班・II班での選抜 |
| 一九二七 | 総合選抜 | 歴史（西洋史） | 同上 | ※同上 |

（出典）表11-1~3はいずれも『官報』掲載の文部省告示による。選抜制度については佐々木亨『わが国大学入学試験制度史の総合的調査研究』昭和六二年度科学研究費補助金（一般研究（B）研究報告書）五四頁を参照した。なお、表11-1~3は、拙稿「官立高等学校入学試験問題に見る『アジア』認識」（『立教大学教育学科研究年報』第四七号、二〇〇四年三月所収）に掲載されたものに若干の修正をおこなったものである。

| 年度 | 科目 | 科 | 年度 | 科目 | 科 | 年度 | 科目 | 科 | 年度 | 科目 |
|---|---|---|---|---|---|---|---|---|---|---|
| 1931 | 歴史（西洋史） | 文科 | 1932 | 歴史（東洋史） | 文科・理科 | 1933 | 歴史（西洋史） | 文科・理科 | 1934 | 地理（外国地理）満洲地理ヲ含ム |
| | 歴史（西洋歴史） | 文科 | | 歴史（日本史） | 文科・理科 | | 歴史（西洋史） | 文科・理科 | | 地理（外国地理）満洲地理ヲ含ム |
| | 歴史（東洋史） | 文科 | | 歴史（日本史） | 文科・理科 | | 歴史（西洋史） | 文科・理科 | | 地理（外国地理）満洲地理ヲ含ム |
| | 歴史（西洋史） | 文科 | | 歴史（西洋史） | 文科・理科 | | 歴史（日本歴史） | 文科・理科 | | 地理（外国地理）満洲地理ヲ含ム |
| | 歴史（西洋史） | 文科 | | 歴史（国史） | 文科・理科 | | 歴史（国史） | 文科・理科 | | 地理（外国地理）満洲地理ヲ含ム |
| | 東洋史 | 文科 | | 歴史（西洋史） | 文科・理科 | | 歴史（日本歴史） | 文科・理科 | | 地理（日本地理、満洲地理） |
| | 歴史（西洋史） | 文科 | | 歴史（西洋史） | 文科・理科 | | 歴史（日本史） | 文科・理科 | | 地理（外国地理）満洲地理ヲ含ム |
| | 歴史（日本史） | 文科 | | 歴史（西洋史） | 文科・理科 | | 歴史（日本史） | 文科・理科 | | 地理（外国地理）満洲地理ヲ含ム |
| | 歴史（東洋史、西洋史） | 文科 | | 歴史（国史） | 文科・理科 | | 歴史（国史） | 文科・理科 | | 地理（日本地理、満洲地理） |
| | 歴史（日本史） | 文科 | | 歴史（西洋史） | 文科・理科 | | 歴史（東洋史） | 文科・理科 | | 地理（日本地理） |
| | 日本史 | 文科 | | 歴史（西洋史） | 文科・理科 | | 歴史（西洋史） | 文科・理科 | | 地理（日本地理、満洲地理） |
| | 歴史（日本史） | 文科 | | 歴史（日本史） | 文科・理科 | | 歴史（日本史） | 文科・理科 | | 地理（日本地理） |
| | 地理（外国地理満洲ヲ除ク） | 文科 | | 歴史（国史） | 文科・理科 | | 歴史（国史） | 文科・理科 | | 地理（外国地理）満洲地理ヲ含ム |
| | 地理（日本地理） | 文科 | | 歴史（西洋史） | 文科・理科 | | 歴史（日本史） | 文科・理科 | | 地理（日本地理、満洲地理） |
| | 地理（外国地理） | 文科 | | 歴史（日本史） | 文科 | | 歴史（西洋史） | 文科・理科 | | 地理（日本地理） |
| | | | | | 理科 | | 歴史（日本史） | | | |
| | なし | 文科 | | 歴史（国史） | 文科・理科 | | 歴史（国史） | 文科・理科 | | 地理（日本地理） |
| | 地理（世界地理）※ | 文科 | | 歴史（東洋史） | 文科・理科 | | 歴史（国史） | 文科・理科 | | 地理（外国地理）満洲地理ヲ含ム |
| | 外国地理（西洋諸国）※ | 文科 | | 歴史（日本史） | 文科・理科 | | 歴史（西洋史） | 文科・理科 | | 地理（外国地理）満洲地理ヲ含ム |
| | なし | 文科 | | 歴史（西洋史） | 文科・理科 | | 歴史（国史） | 文科・理科 | | 地理（日本地理、満洲地理） |
| | 歴史（日本史） | 文科 | | 歴史（西洋史） | 文科・理科 | | 歴史（東洋史） | 文科・理科 | | 地理（外国地理）満洲地理ヲ含ム |
| | なし | 文科 | | 歴史（西洋史） | 文科・理科 | | 歴史（日本史） | 文科・理科 | | 地理（外国地理）満洲地理ヲ含ム |
| | 歴史（国史） | 文科 | | 歴史（東洋史） | 文科・理科 | | 歴史（日本史） | 文科・理科 | | 地理（外国地理）満洲地理ヲ含ム |
| | 歴史（西洋史） | 文科 | | 歴史（日本史） | 文科・理科 | | 歴史（西洋史） | 文科・理科 | | 地理（外国地理）満洲地理ヲ含ム |
| | 歴史（国史） | 文科 | | 歴史（東洋史） | 文科・理科 | | 歴史（西洋史） | 文科・理科 | | 地理（日本地理） |
| | 歴史（西洋史） | 文科 | | 歴史（西洋史） | 文科・理科 | | 歴史（西洋史） | 文科・理科 | | 地理（外国地理）満洲地理ヲ含ム |

註：本表の記載は『官報』の文部省告示によるが、1930年度新潟高等学校の科目は実際は歴史（外国歴史）、1931年度松江高等学校の科目は実際は歴史（日本史）、1931年度東京高等学校の科目は実際は外国歴史（西洋諸国）であった。

## 表 11-2　官立高等学校入学試験「歴史」関係出題一覧（1928 ～ 1934 年度）

| 高等学校名 | 科 | 年度 | 科目 | 科 | 年度 | 科目 | 科 | 年度 | 科目 | 科 |
|---|---|---|---|---|---|---|---|---|---|---|
| 第一 | 文科 | 1928 | 歴史（日本史） | 文科 | 1929 | 地理（外国地理但シ満洲地理ヲ除ク） | 文科 | 1930 | 歴史（日本史） | 文科 |
| 第二 | | | なし | | | なし | | | なし | 文科 |
| 第三 | 文科 | | 地理（日本地理・外国地理） | 文科 | | 歴史（日本史） | 文科 | | 歴史（西洋史） | 文科 |
| 第四 | 文科 | | 歴史（日本史） | 文科 | | 歴史（日本史） | 文科 | | 歴史（日本史） | 文科 |
| 第五 | 文科・理科 | | 歴史（日本史、東洋史、西洋史） | 文科 | | 歴史（日本史、西洋史） | 文科 | | 地理（外国地理（満洲ヲモ含ム）） | 文科 |
| 第六 | 文科 | | 歴史（日本史） | 文科 | | 歴史（東洋史） | 文科 | | 歴史（西洋史） | 文科 |
| 第七 | 文科 | | 歴史（東洋史） | 文科 | | 歴史（西洋史） | 文科 | | 地理（外国地理） | 文科 |
| 第八 | 文科 | | 歴史（日本史、西洋史） | 文科 | | 歴史（国史、西洋史） | 文科 | | 歴史（国史、西洋史） | 文科 |
| 新潟 | 文科 | | 歴史（東洋史、西洋史） | 文科 | | 地理（日本地理、満洲地理、世界地理） | 文科 | | 歴史（外国地理）※ | 文科 |
| 松本 | 文科 | | 歴史（日本史、西洋史） | 文科 | | 歴史（日本史） | 文科 | | 歴史（西洋史） | 文科 |
| 山口 | 文科 | | 歴史（日本史、西洋史） | 文科 | | 地理（外国地理） | 文科 | | 地理（外国地理） | 文科 |
| 松山 | 文科 | | 歴史（日本史） | 文科 | | 歴史（日本史） | 文科 | | 歴史（西洋史） | 文科 |
| 水戸 | 文科 | | 歴史（日本史） | 文科 | | 歴史（東洋史） | 文科 | | 歴史（西洋史） | 文科 |
| 山形 | 文科 | | 歴史（日本史） | | | なし | 文科 | | 歴史（日本史） | 文科 |
| 佐賀 | 文科 | | 歴史（日本史） | 文科 | | 地理（日本地理） | 文科 | | 歴史（西洋史） | 文科 |
| 弘前 | 文科 | | 歴史（日本史） | 文科 | | 歴史（国史） | | | なし | |
| 松江 | 文科 | | なし | 文科 | | 歴史（日本史） | | | なし | 文科 |
| 東京 | | | なし | 文科 | | 歴史（日本史） | 文科 | | 地理（世界地理） | 文科 |
| 大阪 | 文科 | | 歴史（日本史、西洋史） | 文科 | | 地理（外国地理） | | | なし | 大阪 |
| 浦和 | 文科 | | 歴史（日本史、西洋史） | 文科 | | 歴史（日本史） | 文科 | | 歴史（西洋史） | 文科 |
| 福岡 | 文科 | | 歴史（日本史、東洋史） | | | なし | | | 歴史（日本史、東洋史） | 福岡 |
| 静岡 | 文科 | | 歴史（日本史） | 文科 | | 歴史（西洋史） | 文科 | | 地理（外国地理） | 文科 |
| 高知 | 文科 | | 地理（日本地理） | | | | | | なし | 高知 |
| 姫路 | 文科・理科 | | 歴史（西洋史） | 文科 | | 地理（外国地理） | | | なし | 文科・理科 |
| 広島 | 文科 | | 歴史（西洋史） | | | なし | | | なし | 文科 |

（出典）　表 11-1 と同じ。

表11-3　官立高等学校入学試験「歴史」関係出題一覧（一九三五～一九四四年度）

| 年度 | 選抜制度 | 科目 | 対象学校名 |
|---|---|---|---|
| 一九三五 | 単独試験単独選抜 | 国史（文科） | 第一～広島高等学校 |
| 一九三六 | | ※「歴史」・「地理」関係なし | 同上 |
| 一九三七 | | 国史（文科） | 同上 |
| 一九三八 | | 日本地理（我ガ南洋諸島ヲ含ム）及満州地理 | 同上 |
| 一九三九 | | 国史（文・理科） | 同上 |
| 一九四〇 | | 国史（文・理科） | 同上 |
| 一九四一 | | 国史、日本地理及東亜地理（文科）<br>国史（理科） | 同上 |
| 一九四二 | 共通試験単独選抜 | 国史（文科）・国史（理科） | 同上 |
| 一九四三 | | 国史（文科）・国史（理科） | 同上 |
| 一九四四 | | 国史（文科）・国史（理科） | 同上 |

（出典）表11-1と同じ。

註1：一九〇二～二七年度の共通試験の時代も、〇二～〇七年度と一一～二五年度はすべての学校で共通試験問題であったが、〇八年度は八校とも別々の問題、〇九～一〇年度は第一・第二・第三・第四・第五・第六・第八高等学校が共通試験問題で第七高等学校造士館のみ別の試験問題が課された。また、一九二六～二七年度は、官立高等学校二五校をⅠ班とⅡ班に分けて試験が実施され、Ⅰ班の共通試験、Ⅱ班の共通試験という形態であったが、Ⅰ班とⅡ班とでは試験問題は異なっていた（吉岡郷甫「官立高等学校に志願する人へ」（『文部時報』一九二号・一九二五年一二月参照のこと）。

註2：一九二八～三一年度は高校ごとに試験科目を決定し、三二～三四年度は、年度ごとに「歴史」か「地理」という大枠は決定された上で、高校ごとに分野が指定される形となった。

文」「外国語」「数学」以外の学科目について、文部省が抽選で定めた説明が残されている(6)。やがて、「地理」実施の一九三四年度を経て、一九三五年度から一九四四年度は、「国史」のみとなった。「歴史」の出題がない年度もあるが、出題のある年度はすべて「国史」であり、一九三九年度以降は文科のみならず理科でも「国史」が課されるようになった。

### 3　形式・配点・採点・合否について

出題形式は、単独試験単独選抜方式の頃に、いくつかの新たな形式も登場するが、基本的にはすべて論述形式であり、大問と小問を組み合わせたものとなっていた。

配点の判明している年度は多くはないが、一九〇九年度には五〇点、一九一〇〜一二年度と一九一五〜一七年度は一〇〇点であったことは判明しており、一五〜一七年度の文科系の試験科目全体の中での「歴史」の配点比率は一四・二九パーセント〜一五・三八パーセントであった。単独試験の時期には、学校によって配点は異なり、一九三二年度の判明分では学校により一一・七六パーセント〜一六・六七パーセントとなっていた[7]。

出題・採点は、共通試験、単独試験ともに、「歴史」も含めてすべての学科目において中学校教授要目とそれを踏まえた検定教科書の範囲を大前提としており、採点の際には共通した模範解答例などが文部省から示された様子はなく、採点者が何冊かの検定教科書の該当箇所の記述を調べて採点基準を各自作成するなど、採点者の裁量に任されていたと考えられる。例えば、一九〇九年度の第二高等学校の採点報告では、採点者が当時よく使われていた中学校の教科書数種を見た上で、採点基準や模範解答を作り上げて採点したことが言及されていた[8]。こうした採点方式がとられていたということは、共通の試験問題で実施されていた時期でも、採点基準・ポイントに高等学校によって違いが生じていた可能性は否定できないことになる。高等学校側の報告・講評でも、答案の出来不出来は書かれていても、模範解答は示されておらず、当時の学校ごとの採点基準を比較することはできない。この点は留意しておきたい。

「歴史」の得点と合否について示す資料はほとんど見つかっていないが、一九〇九年度の第一高等学校の報告では、「歴史」が零点でも他の教科が高得点で合格した者もあれば、「歴史」が満点でも不合格になった者もあったとの記載が見られ、少なくともこの年度には、各科目の最低獲得点数の設定はなく、すべての科目の得点の合計で合否を決める方式が採られていたことになる[9]。

## 二　全般的な出題傾向の概観と「関係史」出題の特徴

本節では、「歴史」の試験科目の変遷に従って、四つの時期に分けて出題傾向の概観と「関係史」についての出題の特徴を見ていくこととする。

### 1　第一期（一九〇二〜一九一九年度）

（1）第一期の全般的な出題傾向

この時期は、「歴史」あるいは「歴史及地理」で出題され、「日本史」「東洋史」「西洋史」という科目指定はなく三科目を網羅した出題が行われていた。この時期は、全体として政治史中心であり、文化史が第二期以降と比べて少ないといった傾向も見られるが、顕著な特徴としては、以下の二点を指摘できる。

第一に、近現代史の重視である。

例えば、一九〇九年度の「歴史」では、第一から第六、第八の高等学校七校では、「（1）安政五年外国条約締結ノ由来ヲ記セ／（2）北米合衆国独立ノ顚末ヲ記セ／（3）次ノ各項ニツキテ知ル所ヲ記セ　（イ）ナポレオン三世　（ロ）平壌　（ハ）清国義和団匪ノ乱　（ニ）ゴア（Goa）　（ホ）倭寇」が、第七高等学校造士館では、「（1）普墺戦争ニツキ知ル所ヲ記セ／（2）我国蘭学ノ由来ヲ記セ／（3）下ノ事項及人名ニツキ知ル所ヲ記セ、（イ）「ドイツ」ノ関税同盟　（ロ）李成桂　（ハ）伊犂事件」が出題（／は改行を示す。以下同様。また、試験問題の出典については注（3）の該当年度のものによっており、以下、個々の出典についての注記は略す）されて、明らかに一八、一九世紀の出題が中心となっていた。一九〇九年度は、文部省側が出題し、各高等学校の教員が採点者となっていた時期であり、高等学校の採点を担当した教員側からの意見・報告を文部省専門学務局がまとめた報告書では、第一高等学校教授の斎藤阿具が、「将来ニ対スル希望」に、「本年ノ校長会議ノ決議ニハ『問題ヲ成ルベク近世史ヨリ選ブヲ可トスルコト』ノ一項アリ、而シテ之ニ基ツキテ出シアル本年ノ問題ハ只倭寇ノ一項稍古キ外、総テ近世史ニ属ス、一昨年文部省ノ名義ニテ為セシ時モ矢張近世史ヨリノミ出サレタリ、近世史ノ部ヨリ多ク選定スルヲ可トスルハ一ノ理由アルコトニテ小官モ同意ナレドモ斯ノ如ク殆ント近世史ニ限ルノ観アルハ明ニ弊害アリ、思フニ今後受験者ハ一層近世史ニ限リテ準備ヲナスコト、ナラン、故ニ来年度ハ少クトモ問題ノ約三分ノ一ハ古、中世史ヨリ選定スルコトニ変更サレンコトヲ希望ス」と記した[10]。

この年度の出題について、校長会議の決議として近現代史重視（引用文では「近世史」だが、現在用いられている表現では近現代史と捉えられよう）が示されただけでなく、一昨年度も同様であったことが述べられ、そうした近現代史偏重に対する高等学校側からの不満が表明されて、少なくとも約三分の一は古代、中世史から選定すべきであるとの提言が行われている。翌一九一〇年度の第一高等学校を含め七校の設問は、「（1）徳川時代に於ける尊王論の発達を述へよ／（2）唐と朝鮮半島との交渉／（3）プロシヤ、オーストリア戦役及ドイツ、フランス戦役の結果を問ふ／（4）左の諸項に就きて知れる所を記せ（イ）院政（ロ）岳飛（ハ）「ユスチニアヌス」（Justinianus）」となり、確かに近現代史偏重の傾向は軽減されたように見える。

しかし、大問（2）は単純に七世紀から一〇世紀の「東洋史」の範囲に属することを扱った設問ではなかった。日本が韓国を植民地化した一九一〇年度に出題された「唐と朝鮮半島との交渉」という設問は、時事的関心を持つことを受験者に要請した設問でもあった。この年度の第五高等学校の採点者の報告（第五高等学校教授の長谷川貞一郎、由比質、牧山清の担当）では、第二問が頗る困難であり「東洋史」に属する設問の出来が極めて悪いことの指摘とともに、「韓国ニ対スル歴史的観念ノ此ノ如ク欠之セルハ少クモ我国現代又ハ将来ノ中等以上ノ国民トシテ健全ナル常識ヲ有スル者ト云フヲ得ス中学校ニ於テ今少シク朝鮮史殊ニ日本、支那トノ交渉ニツキテ注意スル必要アリト信ス」と記されていた[11]。

第二の顕著な特徴は、上記のように時事的関心を持つことの要請であった。「唐と朝鮮半島との交渉」の報告に見られたように、時事的関心を持つことの要請は、一見すると近現代史の範囲ではない設問にも及んでいた。それと同時に、明確に時事的な事項も第一期から出題され、一九一五年度の大問「韓国併合の由来」、一九一七年度の大問「明治二十七八年戦役後ニ於ケル我ガ帝国ノ新領土・租借地及ビ現時ニ於ケル占領地」など、極めて時事的かつ同時代的な設問が見られた。この特徴は第四期まで続く傾向となった。

（2）第一期の「関係史」関連の出題について

第一期には、基本的に、相当の頻度で関係史の出題が見られ、日本と中国、日本と韓国・「朝鮮」、中国と「朝鮮」（前出の一九一〇年度「唐と朝鮮半島との交渉」。以下、出題年度と設問については一九一〇「唐と朝鮮半島との交渉」という形で略す）、中国とロシア（一九一二「露西亜ト支那トノ境界ニ関スル諸条約ニツキテ述ベヨ」）、英国と日本（一九一三「日英同盟及ビ其経過ヲ記セ」）、英国とインド（一九一五「英国のインド侵略につきて記せ」）など、毎年度とまではいかないまでも、関係史が大問で出題された。

他方、第一期では設問文の中に、日本人の「南方発展」、江戸初期の「海外発展」といった、後の時期に顕著となるキーワードはまだ見られず、対象地域として、現在の東南アジアに該当する地域がほとんど出題されなかった。

## 2　第二期（一九二〇〜一九二七年度）

### （1）第二期の全般的な出題傾向

この時期は、共通試験であるとともに、「歴史」の中の科目が指定され、「歴史（日本史）」「歴史（西洋史）」という形で出題された時期であった。

第一期と比較した時、第二期では、文化史、比較史の出題が見られるようになった（一九二四「奈良時代ト平安時代トノ文化ノ特色ヲ比較セヨ」、一九二七Ⅰ班「ギリシヤ文明とローマ文明とを比較せよ」など）。しかし、一番顕著な変化は、古代から近現代史まで網羅する出題傾向が強まったことである。例えば、一九二〇年度の文科「歴史（日本史、西洋史）」は「（1）大宝令ニ就キテ記セ／（2）明治三十七八年戦役以後ニ於ケル我ガ国ノ対外関係ヲ略述セヨ／（3）第十五世紀西欧人ニ地理発見ヲ促シタル諸種ノ事情ニ就キテ記セ／（4）第十八世紀ニ於ケル仏国ノ革新文学ヲ述ベ且ツ仏国大革命トノ関係ヲ説明セヨ／（5）左ノ諸項ニ就キテ記セ（イ）寺子屋（ロ）伊能忠敬（ハ）ヘジラ（Hegira）（ニ）スタイン（Stein）及ビハルデンベルヒ（Hardenberg）」となっており、必ずしも近現代史偏重にはなっていない。

このように近現代史偏重の傾向はやや弱まったものの、第二期においても近現代史を重視する方向性は続いていた。そのことは「西洋史」の設問に端的にあらわれた。一九一九年三月「高等学校規程」では、中学校四年修了生が高等学校（高等科）を受験することも可能としたため、一九一九年度以降に実施された高等学校の入学試験「歴史」では、当時の中学校教授要目「歴史」の中学校四年生修了時点までが出題範囲となった。「日本史」と「東洋史」は現代の事項まで扱い得たが、「西洋史」の範囲では「亜米利加諸国及希臘ノ独立」までしか出題できなくなり、五年生の教授要目である「七月革命　二月革命」から「最近文明ノ進歩」は出題範囲外となった[12]。このように、「西洋史」について基本的には一八三〇年以前までに出題が限定されることになったが、これ以降、かえって「西洋史」では毎回のように一九世紀最初の三〇年間からの出題が集中し、神聖同盟が頻出問題となっていった。

時事的関心を持つことの要請も、第一期から変わらず続いており、上記の一九二〇「明治三十七八年戦役以後ニ於ケル我ガ国ノ対外関係ヲ略述セヨ」に見られるように、一九〇五年度以降の最近一〇数年間の同時代史を問う設問も大問で出され続けた。

（2）第二期の「関係史」関連の出題について

アジアとヨーロッパ、日本と東アジアなどの関係史の出題は、第一期と同様に続いていった。上記の一九二〇「明治三十七八年戦役以後ニ於ケル我ガ国ノ対外関係ヲ略述セヨ」や、一九二四「我ガ国ト明トノ交通ニツキテ記セ」、一九二五「露西亜ノ東方経略ノ顚末」などの出題がそれにあたる。

また「歴史（日本史）」と科目の明示された出題回であっても、例えば、一九二一年度のように大問二題のうち一題は「元寇ノ顚末」という、日本と東アジアとの関係史を扱う設問が取り上げられた。他方で、「歴史（西洋史）」の回でのアジア関係の出題はほとんど見られず、一九二五年度「露西亜ノ東方経略ノ顚末」も、「歴史（日本史、東洋史）」の時の出題であった。

### 3　第三期（一九二八〜一九三三年度）

（1）第三期の全般的な出題傾向

第三期は単独試験が実施され、試験科目は第二期同様に「歴史（日本史）」（「歴史（国史）」）「歴史（東洋史）」「歴史（西洋史）」と、「歴史」の中の科目が指定される形で出題されたが、高等学校によって科目が異なっていた[13]（表11－1～2参照）。判明分だけでも、かなりの問題数となるが、全体的な傾向として、以下の諸点を指摘できよう。

第一に、時代横断的設問や比較史が目立つようになったことである。

例えば、「アジア洲よりヨーロッパ洲に侵入したる民族を時代順に列挙し且つそのヨーロッパ洲に及ぼしたる影響を述べよ」（一九二八大阪高等学校「西洋史」。以下、一九二八大阪「西洋史」という形で略す）、「隋以後、明末ニ及ブ各時代ニ於ケル、我ガ国ト支那トノ関係ヲ略述セヨ」（一九二八新潟「歴史（東洋史、西洋史）」のうち「東洋史」）、「開港勅許（慶應元年）ニ至ルマデノ日米、日露ノ関係ニ就イテ述べヨ」（一九三一山口）など、時代横断的設問かつ関係史の設問が散見されるようになっている。

比較することを求める出題は、「鎌倉時代の文物と室町時代の文物との比較」（一九二八松山「歴史（日本史）」）、「大化新政と明治新政との相似点を挙げて説明せよ」（一九二八静岡「日本史」）、「希臘文明と羅馬文明とを比較せよ」（一九三〇松山「歴史（西洋史）」）などで、奈良時代と平安時代の文化の比較については複数校で登場している（一九二九東京「国史」、一九三一静岡「歴史（日本史）」）。

第二に、空所補充問題など、出題形式の新傾向が登場したことである。

空所補充問題は、以下の一九三〇年度松山高等学校「歴史（西洋史）」の大問で出題された。

「左の文章中、括弧内を充塡すべし

西暦一四九八年、葡萄牙人（　　）が始めて阿弗利加の南端（　　）を廻りて（　　）に到る航路を発見してより、同国人は印度西岸の（　　）を根拠地として東洋各地に出入し、支那の（　　）本邦の（　　）

なども其の交易地となれり。然るに第十七世紀に至り、英吉利、和蘭の二国人が新に東洋貿易に従事し、葡萄牙人の交易地は多くは之が為に奪はる。英吉利人は印度のマドラス、ボンベイ、（　）三地を重要地とし、和蘭人は爪哇島の（　）を根拠地として大に相競争せり。本邦の（　）にも二国人来りて各貿易を開きしが、英吉利人は終に和蘭人の為めに圧倒せられて退去し、以後久しく本邦にその足跡を印せざりき」

現在の「世界史」や「日本史」についての大学入試では、空欄に当てはまる語句を書き込む、空所補充形式の設問が普及しているが、旧制高等学校「歴史」入試の空所補充形式の初出は、筆者が調べた限り、この一九三〇年度の松山高等学校の設問である。この後、一九三三年度山口高等学校「西洋史」でも、一八世紀後半のアメリカ独立の過程を空所補充形式で答えさせる設問が出題されたが、現在判明している試験問題では、この他には見られず、一九三〇年代に一気に空所補充形式が広がっていった様子は見られない。空所補充形式の普及の過程は、敗戦後の「歴史」の入学試験とその出題形式の変遷を調べることで明らかになると考えられる。これについては別の機会に行いたい。

正誤問題も、一九三一年度山口高等学校「日本史」の大問で初登場したが、管見の限り、旧制高等学校の試験問題では一回限りであった。また、「左の各々対をなせる語の関係・区別を明瞭に記せ。地名は現今の名を用ひて、若くは略図を描きて、其の所在を示すを要す。／（イ）広州・広州湾　（ロ）司馬光・司馬遷（ハ）洛陽・開封　（ニ）王建・王険　（ホ）馮国璋・馮玉祥」（一九三一第三「東洋史」）という図示を求める設問が一九三一年度に登場した。こうした図示を求める設問は第四期にも続くこととなった。

この他、「昭和七年は皇紀何年ですか」（一九三二東京「国史」）、「帝国憲法の発布は皇紀何年何月何日なるか、且つ、其の制定の由来に就て述べよ」（一九三三大阪「歴史（国史）」）といった、「皇紀何年」であるかを解答させる問題が第三期には見られるようになった。

こうした新傾向の出題形式は、いずれも正答―誤答の区別を明確にしやすい形式となっている。何故、それを出題するのかという思想性、例えば「皇紀何年」であるかを問うという出題のもつ思想性（「皇紀」という時間軸で歴史を捉えることが出来ない受験生は排除する、という思想性）を看過することはできないが、採点する際の、客観性と迅速性は担保できるというのが、これらの新たな出題形式の特徴だったと言えよう。

（2）第三期の「関係史」関連の出題について

「日本史」・「国史」での関係史関連の出題では、日本とアジア、日本とヨーロッパ関係史の出題が、第二期までと同様に続いていった。このうち、アジアとの関係史では、日本の近世初期「海外発展」が新たなキーワードとして登場したことが注目される（一九二八第四「歴史（日本史）」「徳川初期ニ於ケル我国民ノ海外発展」、一九三二第二「歴史（日本史）」「江戸幕府時代ニ於ケル邦人海外発展ノ状況ヲ述ベヨ」など）。そして、日本と中国や朝鮮との関係史についても、一九三一年の満州事変前後のこの時期、東アジアをめぐる日本と欧米列強の関係、国際社会の中での日本を問う時事的設問が増加した（一九三三静岡「歴史（日本史）」「ワシントン会議の大要を説明せよ」など）。一方、ヨーロッパとの関係史では、西洋文明輸入や洋学の発展など、近世における日本とヨーロッパの関係を問う出題が多くなった（一九三二新潟「明治維新以前に於ける西洋文明輸入の概要を記せ」、一九三三山形「洋学ノ起原及其ノ発達ニツキテ記セ」など）。また、第一期に大問で出題されていたが、第二期には見られなかった幕末の条約締結に関する設問が、第三期には小問で「和親条約」（一九二九弘前）、「条約改正ノ沿革」（一九三〇山形）として出題され、幕末の日米関係、日露関係を問う大問の出題も行われた（一九三一山口「開港勅許（慶應元年）ニ至ルマデノ日米、日露関係ニ就イテ述ベヨ」）。

「東洋史」の出題では、中国と日本、中国と欧米の関係を問う設問、そして時事的設問が、「日本史」・「国史」での時事的設問と連動して、この時期、増加している。このうち、中国と日本の関係では時代横断的設問が見られるとともに（一九三一第六「支那古代より明末に至る日本との交渉を時代順に述べよ」、一九二八新潟「隋以後、明末ニ及ブ各時代ニ於ケル、我ガ国ト支那トノ関係ヲ略述セヨ」など）、中国と欧米、中国と日本との関係について、この第三期でも時事的関心を要請する設問が多く見られる（一九二八新潟「支那共和国建設次第」、一九二九第六「ワシントン会議及び山東問題の解決」、一九三一新潟「現在支那に於ける各国の領土・租借地をあげてその獲得の由来を略記せよ」、一九三二静岡「満蒙に関する日支条約を説明せよ」）。ワシントン会議のように、「日本史」でも「東洋史」でも出題されている設問があるが、「日本史」「東洋史」「西洋史」のどこに軸をおいて解答するのかが採点のポイントとなっていたことについては、後述する。

「西洋史」では、イスラーム世界を扱う設問が登場し、一九三一東京「サラセン文化の特徴を記せ」、一九三三佐賀「サラセン（Saracen）帝国の版図を述べ且其文明当時の欧洲のそれに比較説明せよ」などが大問で出題された。また、小問でも「コーラン」（一九三三山口）が出され、「ヘジラ」が頻出問題となった（一九二九静岡、一九三一東京、一九三二第四、一九三三高知）。この他「西洋史」では、ヨーロッパのアジアでの活動を問う出題も見られるようになった（一九三〇水戸「オランダ人の東洋方面に於ける活動を記せ」）。「日本史」・「国史」での「海外発展」というキーワードの登場ともあわせて、主に地域としては東南アジアとなるが、ヨーロッパからアジアへ、日本からアジアへというベクトルでの出題が一九三〇年前後から見られるようになる。この方向性は、第四期になると一層強まっていくこととなった。

## 4　第四期（一九三五〜一九四四年度）

### （1）第四期の全般的な出題傾向

第四期は、「歴史」の出題科目が「国史」のみとなった時期である。一九四〇年度までは高等学校ごとの単独試験、一九四二年度からは共通試験となった。そしてまた、一九三五年度が一九三一年中学校教授要目によって中学校で学んできた生徒への最初の入学試験となった。

最も顕著な特徴は、後述のように、「国史」の中で「東洋史」や「西洋史」との関係史が多数出題されるようになったことが挙げられるが、以下の特徴も目を引く。

一つは、「国体」が設問文に登場するようになったことである。この時期、天皇機関説問題を受けた一九三五年の第一次、第二次「国体明徴声明」発表、それを受けた一九三七年の文部省による『国体の本義』の刊行があり、さらには一九三七年三月の「中学校教授要目中修身、公民科、国語漢文、歴史及地理改正」において、「国史」を含めて、「国体ノ本義ヲ明徴」することが共通して掲げられたが、そのこととの連動が浮き彫りになっている。

例えば、「戦国時代ニ於ケル皇室ト国民トノ関係ヲ略述シテ我ガ国体ノ尊厳ヲ説明セヨ」（一九三七第二）、「我が国体の特質に就いて記し、且つ左の各項が我が国体に対して如何なる意義を有するかを説明せよ（イ）承久の変（ロ）大日本史（ハ）山崎闇斎（ニ）国学（ホ）教育勅語」（一九三七松本）などが大問として登場した。そして「国体ノ尊厳」の説明だけでなく、「国体」にあうかあわないかという視点から歴史を捉えることが求められる設問も登場し、「我ガ国体上ヨリ武家政治ノ当否ヲ批判セヨ」（一九三五第二）という「当否を批判」する設問や、「武家政治が我が国体に合はざりし所以を史実に拠りて説明せよ」（一九四〇大阪）という武家政治は国体に合わないという枠組みが予め前提となった上での解答を要請する設問まで登場するに至った。

もう一つの特徴は、「利害」「得失」をたずねる設問が出題形式の新傾向として登場したことである。一九四〇年度には「得失」を掲げる「遣唐使停止の得失を考察せよ」（一九四〇第二）、「鎖国の経過を記し且鎖国政策の得失を述べよ」（一九四〇第五）が登場した。

この他、国史上尊敬する人物（一九三七第二）、感激した出来事・人物を記してその理由を述べさせる（一九三七松本）設問や、所信を述べさせる設問（一九四〇松本「神武天皇の御聖業を謹記し併て紀元二千六百年に際する所信を述べよ」）が登場し、最早、知識を問うという出題形式ではなくなってしまっている。ただし、この第四期だけでなく、それ以前からも、問い方や求められる解答のあり方の中に、思想統制し、視点を制約する方向性が埋め込まれていたと考えられる。これについては、次節で取り上げていく。

### （2）第四期の「関係史」関連の出題について

第四期の出題科目は「国史」のみとなったが、関係史を出題した校数の比率は、一九三五年度八〇パーセント、三七年度八八パーセント、三九年度九二パーセント、四〇年度七六パーセントとなっており、国際関係史（日本にとっての対外関係史）の出題の多さが顕著であったことがわかる。

単独試験にあたる一九三五年度～四〇年度をみるならば（一九四一年度の試験問題は未発見）、第三期までと比較して、日本と東アジアの関係史、日本と欧米の関係史からの出題がかなり増加しており、大問のうち一問は関係史を出題する高等学校が多くなっている。そして、大問すべてを関係史で出題するケースも見られた（一九三九第八）。東アジアとの関係では、中国との関係史が最も多く出題され、「朝鮮」との関係史も多数出された。（一九三九弘前「我が上代の海外発展中特に朝鮮、支那との交通の影響を述べよ」など）。また、欧米との関係では、江戸時代の英国やオランダとの関係史（一九三五水戸、一九三五静岡）のほか、一九三九年度にロシアとの関係史が大問で複数校で出題された（一九三九第六、一九三九第七、一九三九山形）。

そして、第三期に登場した「海外発展」というキーワードは、第四期でも、江戸時代初期の「海外発展」（一九三五第八）などとして登場し、さらには、明治以降の領土の「拡大発展」（一九三五新潟「明治以後に於ける我が国領土の拡大発展につき記せ」、一九三五松江「明治初年より今日に至る我国の領土及勢力範囲の拡張を述べよ」）など、侵略を拡大していった日本の動向を、日本の「拡大発展」という文脈で解答させる設問が出題されていった。こうした文脈に位置づくものとして、一九四〇年度には、大問の中に「次の諸島が我が領土として確認せらるるまでの外交上の経緯を述べよ。／樺太　台湾　琉球　小笠原島」（一九四〇山形）や「地図を描き次の諸項をそれぞれの位置に記入せよ。／（我が南洋委任統治領の主たる島名又は群島名．寧波．呂宋．瓜哇．阿媽港）」（一九四〇松江）など、「我が領土」や「南洋」関係の設問が登場した。

「海外発展」とコインの裏表関係にあると考えられるのが、「鎖国」や遣唐使廃止を扱った出題であり、この出題も第四期には増加した（一九四〇第五「鎖国の経過を記し且鎖国政策の得失を述べよ」、一九三五山形「遣唐使の派遣及び其の停止が我が国の文化に及ぼしたる影響について述べよ」）。東アジアから、さらには東南アジア、太平洋地域への支配を強めていこうとする日本の状況と切り離して考えることはできない設問となっている。

遣唐使や「鎖国」の得失は、間接的に時事的なテーマとつながる設問であったが、第四期にも、国際連盟脱退など、直接、時事的テーマを扱って国際関係の中での日本を問う設問も見られた（一九三九広島「我が国の国際連盟脱退の事情を明かにせよ」など）。

このように、関係史の多さや、近現代史、特に時事的設問の多さは、第四期にも通底していたことが判明する。

## 三　報告・講評にみる採点や出題のねらい――「関係史」についての報告・講評から

「はじめに」で述べたように、現在発見できている報告（一九二六年度試験分まで）・講評（一九二七年度試験分から）は限定的ではあるが、それらから読み取ることのできる、関係史の出題意図や採点者による採点ポイント、答案の出来不出来も貴重な資料であると考えられる。以下、本節では、関係史関連設問についての報告・講評の特徴を見ておきたい。

①時事的関心、現代的関心を持つことの要請

時事的内容が多数出題されていたことは前節までにも指摘したことであるが、報告・講評を見ると、一見するとそれとはわからない設問も含めて、関係史をとらえるときに時事的関心、現代的関心を持つことの要請が報告者・講評者である高等学校歴史教員側にあったことが判明する。

例えば、一九二五年度「歴史（日本史、東洋史）」の際の、「選抜試験調査委員報告」[14]（報告者は無記名）では、「東洋史」の設問である大問「露西亜ノ東方経略ノ顚末ヲ述べヨ」について、報告者（採点者）は、受験生には断片の暗記ではなく、総合的な関心や理解力が必要であり、教科書の一章・一節だけではなく、数章にわたる内容を把握した上で解答することを求めるとしている。だが答案では、東洋史教科書の「露西亜ノ東方経略」の章を丸暗記してその範囲だけ扱ったものが大半を占めており、「露西亜ノ東方経略トシテハ、我ガ国ニ取ツテ之ヨリモ更ニ重大ナ満鮮侵略ノ企図ガアツタカラデアル。而モ此ノ重要事蹟ハ、日露戦役其ノ他ノ章ノ下ニ記サレテアルノデ、全ク之ヲ見落シタカ又ハ気付カナカツタ」者が多数あったことは誠に遺憾と

記している。報告者は「露西亜ノ東方経略」という設問について、日露戦争に及ぶ記述も求めていて、時事的関心を持つことの重要性に言及する。そして、全然解答しなかった者が相当数いたことについては、「苟モ中学四年修了シタルモノデアレバ、露西亜ガ西伯利亜ニ侵出シ、次デ満鮮ヲ併呑シヨウトシタ野心ガ日露ノ戦因ヲ成シタ位ノ事ハ之ヲ単純ナ常識トシテモ当然心得テ居ナケレバナラヌ筈デアル」と批判し、時事的関心が歴史学習の前提になることを繰り返し強調している。

この報告者の期待する解答では、中国東北地方や「朝鮮」の人々の視点に立ってロシアの動きを捉えることは求められていない。あくまで、日本の利害ということが暗黙の大前提になっていることには注意を要する。現在の日本の高校「世界史」の学習であれば、ロシアだけでなく日本も、中国東北地方や「朝鮮」を併呑しようとする野心を持っており、その衝突が日露戦争であったという把握が前提となるが、そうした現在の常識となっていることを解答することは想定されてもいないし、許されてもいなかったと考えられる。この点は後述の講評では一層明らかとなる。

一見すると時事的関心の要請とは結びつかないような設問に、出題者側が時事的関心を要請している顕著な例は、一九三五年の静岡高等学校「国史」の講評である[15]（講評者は無記名）。このときの大問「江戸時代に於ける日、蘭の関係に就いて述べよ」と小問「日英同盟」について、講評者は「最近の時事問題に関連して、過去の史実に如何に関心を有するかを試みる」出題方針による設問であると明言する。そして、「最近日・蘭会商の成行に就いて新聞・雑誌等に喧伝され、また日英同盟復活論が一部で論議されてゐるのであるから、相当注意さるべき問題といはねばならぬ」としている。江戸時代の日蘭関係の出題は、この出題が行われた当時の時事的問題であった日蘭会商が関係しており、日英同盟についても当時の日英同盟復活論を意識した出題であって、過去のある事柄・出来事を過去のこととして解答するだけにとどまらず、現在の時事的関心をもって過去に遡って歴史を見ていくことが受験生に求められていたことが判明する。

②視点の置き方についての注意喚起

前出の一九二五年「露西亜ノ東方経略」の報告は、この設問が「東洋史」―「西洋史」にわたる理解が前提になることを好意的に評価していた[16]。それと同時に「本問ハ東洋史トシテノ出題デアルコトガ問題用紙ニモ明記シテアルニモ拘ラズ、千島樺太交換、其ノ他日露間ノ交渉事件ノミヲ解答シタモノノアツタノハ、不注意トイフベキデアル」と、「東洋史」の設問に対する解答が求められていることに注意せよとの強調も行っている。

「歴史」の中のいずれの科目の設問であるのかを注意して解答する必要があることは、一九二九年第六高等学校「歴史（東洋史）」の講評にも端的にあらわれている[17]。この時の大問「ワシントン会議及び山東問題の解決」について、講評者（教授松本彦次郎、教授高橋謙）は、この設問の出題意図が、同時代の外交関係・国際問題についての受験者の知識と「中等教育のこの種の問題についての教授の実際をみる」ものであることを明らかにした上で、「この問題は国史、東洋史、西洋史にそれぞれかゝれてゐる。従つて各史にそれぞれの立場は無論ある。東洋史の問題であるからその中心を東洋に置かねばならぬことを忘れたもの、比較的多かつたことである。勿論この問題は、日、支、米の極めて微妙な関係を示すもので教科書に書き得ない部分について、中学校の教授振りのあらはれがあり、可なり興味があつた。日、米、支の経済関係に隠れたる原因を置き、殊に日米の微妙な点に触れたものも少くはなかつた。／ホンの一人だけであつたけれども此会議の主義を軍国主義の反動であるとの口吻を漏し、世界主義をほのめかしたことは、歴史教授の上に注意を要すべきことであると思ふ。この種の思想は一歩ふみあやまれば共産主義に近く恐れがあるからだ」と、解説・講評している。

ここには時事的関心をもって外交問題を見ておくことの要請があるとともに、「国史」「東洋史」「西洋史」それぞれの教科書に出てきている事項について、出題科目を意識した答案を作成しなくてはならないことの強調が見られる。

このように「東洋史」ならば「東洋」を中心とした解答が必須であるとしているが、重大な問題は、「東洋」を中心とすると言う時に、日本の利害に反するような視点で答案を作成することは決して許されていなかった点にある。①で触れた点とも共通するが、中国に（本当に）視点を置き、中国を主体として答案を作成するならば、日本の侵略的勢力拡大の指摘が書かれて然るべきである。しかし、この「ワシントン会議及び山東問題の解決」の解答では、ワシントン会議の主義を「軍国主義の反動であるとの口吻を漏し、世界主義をほのめかした」答案を決して許しておらず、こうした答案は共産主義に近づくおそれがあり、歴史教授上注意すべきだとしている。

出題科目が「国史」のみとなった第四期の講評はわずかに一九三五年度のものしか確認できていないが、上記のような出題科目を意識し、どこに視点を置くのかを意識するというあり方を敷衍するならば、関係史がどのように多数出題されようとも、「国史」の出題であれば、基本的には「国史」という科目の視点でそれを解答しなくてならないことを意味していたことはほぼ確実であったと考えられる。

③時代状況の反映と異例の「講評」

第四期には、設問文に「国体」が登場したが、単独試験実施となる第三期の一九二八年には既に「治安維持法」が改められて最高刑が死刑となり、文部省専門学務局に学生課が設置されるなど（翌年、学生部に昇格）、学生運動への弾圧、思想統制の動きが本格化していた。「国体」が強調されるようになる時代状況は、講評の中にも確実に映し出されていく。講評を見ていくと、「国体」の強調と表裏の関係として、西洋文明への批判的把握を前提とするような解答を求める設問が出されていった様子が看取できる。

例えば、一九三一年東京高等学校「外国歴史（西洋諸国）」の大問「サラセン文化の特徴を記せ」について、講評[18]（教授浅野利三郎　教授藤崎俊茂）では、「本問ハ文化史的課題ニシテ一般ニ現代西洋文化ノ淵源ト云ヘバ希臘・羅馬ノ古典文化ヲ重ンジ、サラセン文化ノ西洋文化史上ニ於ケル地位ヲ軽視スル傾向アルヲ以テ此ノ方面ニ於ケル生徒ノ知識及ビ興味ノ程度ヲ試験シ併セテ中等学校ニ於ケル西洋史教授ノ実際的効果ヲ知ランガ為メ提出シタルモノナリ」と、西洋文化の淵源としてギリシア・ローマの文化が重んじられ、サラセン文化が軽視されていることへの批判から出題したと説明されている。西洋文明の相対化の契機としてのイスラーム文化への着目が見られる。また、前出一九二九年第六高等学校「歴史（東洋史）」講評[19]（教授松本彦次郎、教授高橋謙）では、大問「東晋南北朝時代の美術」について、「この時代の美術のあるものは仏教を背景とし、希臘より支那を経て日本に及ぶ世界的のものであること、又現時青年の危険思想は物質主義に基き、美的感情に乏しい欠点を有するから、この方面の教育を必要とする」ための出題であると説明されている。

このような西洋文明批判、物質主義批判を記すことを求める講評が、一九二〇年代末から目立ってくるが、そのような時代状況の中にあって、管見の限り、ほぼ唯一といえる、異色の講評を発表したのが、松山高等学校教授時代の植村清二である。

一九三二年松山高等学校「歴史（日本史）」の大問「奈良平安朝時代ニ於ケル唐トノ交通ヲ略説シ併セテソノ時代ノ文明ニ及ボシタル主ナル影響ヲ説明セヨ」について、植村の講評[20]は「本問題に於いて使用した文明といふ文字は甚だ漠然とした意味を含んでゐる。尤も近来は随分文化、文明といふ文字が無反省に教科書にも用ゐられてゐるやうであるが、出題者としては単に狭義の学芸宗教のみに限らず政治の組織少くとも法制の方面、乃至一般の社会生活にまでの留意を望んでゐた。しかしこの方面の記述は寥々たるもので――それは必ずしも予期しない事ではなかつたが――明白に中学教育の欠点を暴露してゐる。／殊に本問題の答案で奇異に感じたことは、平安朝の中期に唐との公式の通交が絶えたことから、文明の伝来の疎くなつたことを指摘し甚しくその以前の外国文明の影響を蒙りつゝあつた時代の文明を貶してその以後純日本的文明の起るに至つたことを讃美してゐることであるが。／これは実は唐文明の影響といふ本題から外れてゐるのであるが、それは別として、かく一概に平安後期の文明を過重視するのは如何であらうか。姑く平安朝の前期後期の文明の価値を秤量することを差控へて、藤原期の文明を以て優麗愛すべきものとしても、その基準はやはり唐文明の抜くべからざるを見ぬわけには行かない。歴史教育はこの間の事情を正しく説明するにある。国家観念は国史教育の骨髄であるが、偏狭に国粋的となつて、外国文明をすべて排斥する態度を示すのは少なくとも国民の大を為す所以ではあるまい。近来の時代思潮かも知れないが、三思すべきこと、思ふ」と記している。

ここでは、「偏狭に国粋的」になり、「外国文明をすべて排斥する態度」が批判されており、中国との関係史で純日本的文明が起こったことを讃美する見方、とらえ方が批判されている。さらに、講評者である植村清二は、そうした見方が、中学校の教育の中でも推進されているということも踏まえた上での批判をしていることが、文面からも読み取れる。

植村は、一九三五年の松山高等学校「国史」の小問「群書類従」についての講評でも、「多くのものが、これを尊王論に結びつけて、国体の本義を明らかにするものなどとことごとしく書いてゐるのは近時の一種の流行にかぶれたのかも知れないが、あまり好ましくないやうである。中等教員諸氏の一考を煩したい[21]」と記しており、「国体の本義」を明らかにするといったことを解答する答案を「近時の一種の流行にかぶれた」ものとして批判した。このような批判もまた、同時期の他の講評には見られない異例なものであった。

植村清二の講評のように、「国体」を強調する時代状況とそれを鵜呑みにするような答案を書く受験生、そのような方向性をよしとする中学校の歴史教育を批判するものが存在していたことも事実であるとともに、そうした批判が例外中の例外になってしまい、「国体」を強調する答案の書き方を、大多数の高等学校の教員側も求める状況になっていったことも看過してはいけない事実であろう。

## おわりに

以上、本章では、旧制の官立高等学校の「歴史」の入試問題と採点あるいは出題・採点を担当した高等学校の「歴史」教員による報告・講評を、関係史の設問を中心にみてきたが、第一期から第四期までを通して、国際関係の歴史を時事的関心をもって捉えることの要請が一貫していたことがわかった。

関係史を扱う設問については、教科書の区切りに引きずられ、ただ教科書を丸暗記しているような答案への評価は低く、扱うタイムスパンや登場する国・地域の範囲を意識して、自ら教科書の数章にわたる内容を再構成して解答できるような力量が求められていた。そして、採点者あるいは出題・採点者は、「日本史」「東洋史」「西洋史」のどの科目でそのテーマが出題されているのかについて注意する必要があると記していた。

そうした状況の中で第四期に出題が「国史」に一本化されたことのもつ影響は大きい。

第四期は単に「国体」が強調され、国史上感激した人物をあげて説明せよといった設問が登場する時期というだけではなく、「国史」を軸にした関係史を描くことが強く要請されるようになった時期であったことは見落とせない。「国史」に一本化されて以降、日本と東アジア、日本と欧米の関係史を中心に、関係史の出題数は従来以上に増加しており、一見すると〝国際性豊か〟な設問が多くなっている。しかし、基本的にはあくまで「国史」の視点に立ち、「国史」にとっての利害や得失で歴史を学び、理解することが、高等学校の歴史教員からも要請されていたことは講評を見ても――植村清二の講評のような例外も存在していたものの――明らかである。

特に、試験科目に「国史」の名称の登場する一九三〇年前後から、東アジアへの時事的関心と結びつけた出題や、ストレートに日本のアジアへの軍事的・政治的侵略の動向と結びついた設問が目立つようになり、対アジア、対欧米関係が問われることが多くなった。第四期になると東南アジアとの関係史へも〝拡大〟していく。

「国史」への一本化は、日本の内国史しか扱わないということを意味していたのではなく、むしろ、「東洋史」や「西洋史」が扱っていた範囲が「国史」によって取り込まれ、軸足を「国史」に置いた見方のみが許容されるということを意味していたと考えられる。

関係史をとらえるときの時事的関心、現代的関心を持つことの要請も出題あるいは採点者から強く打ち出され続けたが、時事的関心を持つことが強調されるとともに、ある範囲の中におさまる時事的関心を持つことが促されているけれども、その範囲を超えた時事的関心、例えば世界主義に関心を持つような時事的関心のあり方は決して許されていなかったことも忘れてはならないだろう。旧制高等学校の入試問題を見る時、「国史」を中心とした時に排除される視点、地域、人々が具体的に何であったのかも、あわせて考えていきたい。

## 註

（1）拙稿「『歴史』の試験問題とその分析」寺﨑昌男・「文検」研究会編『「文検」試験問題の研究』学文社、二〇〇三年など。

（2）奈須恵子「官立高等学校入学試験問題に見る『アジア』認識―『歴史』試験問題とその「答案講評」の分析から―」『立教大学教育学科研究年報』第四七号、二〇〇四年三月。

（3）試験問題の出典は、以下の通りである。文部省専門学務局『高等学校大学予科入学者選抜試験報告』（明治四十二～四十四年）（一九一〇～一二年）。同『高等学校高等科入学者選抜試験ニ関スル諸調査』（大正八～十一年、十四年）（一九二〇～二二、二五～二六年）。『文部時報』第一一号～第五三八号（一九二〇年八月～三六年一月）。中島優二『学校基本大学試験問題集　第一篇』近世社、一九〇七年。受験準備研究会編『最近十ヶ年高等学校入学試験問題集自明治四十二年至大正七年』若林春和堂、一九一九年。『昭和七年度高等学校専門学校師範二部入学試験問題全集』西東社、一九三二年。『昭和一二年入試問題正解』研究社、一九三七年。『昭和一四年入学試験問題正解』研究社、一九三九年。『昭和一五年度全国高等学校専門学校大学予科入学試験問題詳解』欧文社、一九四〇年。『昭和一七年度全国高等学校専門学校大学予科入学試験問題研究』欧文社、一九四二年。
　高等学校からの「報告」は、一九〇九～一一年度試験分は各学校からの調査報告すべてが文部省によって纏められ、一九一九～二五年度分は、各校からの報告の中から一つの科目につき一校のみが文部省によって選ばれて『文部時報』に掲載された。「講評」となる一九二七～三五年度分は、各学校の講評が（全校ではないが）『文部時報』に掲載された。

（4）旧制官立高等学校の入学試験制度の変遷については、佐々木亨「大学入試の歴史（第一回～第四七回）」大学進学研究会編『大学進学研究』No.37～No.90、一九八五年五月～一九九四年一一月のうち、第三回「旧制高校の入試の歴史（一）」同誌No.39、一九八五年九月、第四回「旧制高校の入試の歴史（二）」同誌No.40、一九八五年一一月と、佐々木亨「わが国大学入学試験制度史の総合的調査研究」昭和六二年度科学研究費補助金（一般研究（B））研究報告書、一九八八年）に詳しく、本章も実施形態の変遷と時期区分についてはこれらの先行研究を参照している。

（5）一九〇九年度の試験について、第四高等学校からの報告にその言及が見られる（文部省専門学務局『明治四十二年高

等学校大学予科入学者選抜試験報告』一九一〇年三月）。

（6）吉岡郷甫「官立高等学校に志願する人へ」『文部時報』一九二号、一九二五年一一月。

（7）受験準備研究会編『最近十ヶ年高等学校入学試験問題集自明治四十二年至大正七年』若林春和堂、一九一九年、『昭和七年度高等学校専門学校師範二部入学試験問題全集』西東社、一九三二年より分析。

（8）前掲、文部省専門学務局『明治四十二年高等学校大学予科入学者選抜試験報告』。

（9）前掲、文部省専門学務局『明治四十二年高等学校大学予科入学者選抜試験報告』。

（10）前掲、文部省専門学務局『明治四十二年高等学校大学予科入学者選抜試験報告』二一～二五頁。

（11）文部省専門学務局『明治四十三年高等学校大学予科入学者選抜試験報告』一九一一年四月、二二五頁。

（12）一九一一年七月三一日文部省訓令第一五号「中学校教授要目改正」『官報』第八四三二号、一九一一年七月三一日。

（13）一九三四年度はすべての高等学校を通して「地理」のみ出題。なお、一九三一年一月の中学校令施行規則中改正（文部省令第二号）に、中学校「歴史」の中の科目名として「国史」が登場し、一九三一年二月「中学校教授要目改正」でも、従来の一九一一年「中学校教授要目」の「日本歴史」から「国史」へと科目名変更が行われた。一九三四年度の受験生までは一九一一年「中学校教授要目」による授業を受け、一九三五年度の受験生から一九三一年「中学校教授要目」による授業を受けた学年であった。しかし、一九三五年の試験科目「国史」一本化に先立って、一九二九年度に「国史」（弘前高等学校）が登場し、一九三三年度でも「国史」とする高等学校が混在していた。

（14）文部省専門学務局『大正十四年高等学校高等科入学者選抜試験ニ関スル調査』一九二六年二月、二九～三一頁。

（15）『文部時報』第五二九号、一九三五年一〇月一一日、四五頁。

（16）前掲、文部省専門学務局『大正十四年高等学校高等科入学者選抜試験ニ関スル調査』二九～三一頁。

（17）『文部時報』第三三二号、一九二九年一二月二一日、三二一～三三三頁。

（18）『文部時報』第四一八号、一九三二年六月二一日、二四頁。

（19）前掲、『文部時報』第三三二号、一九二九年一二月二一日、三二一～三三三頁。

（20）『文部時報』第四三五号、一九三二年一二月一一日、一八頁。

（21）『文部時報』第五二七号、一九三五年九月二一日、八〇頁。

# 第12章　高等学校の現場から見た世界史教科書——教科書採択の実態

矢部　正明

## はじめに

二〇二二年の新学習指導要領により地歴科目として「歴史総合」と「地理総合」が新設され、一九九四年以来の高校（高等学校・中等教育学校の後期課程・特別支援学校高等部等の後期中等教育機関をいい、以下高校と略す）における世界史の必修が外れることになる。世界史の科目としては「世界史探究」が残るが、選択科目となり履修者が減少することが予想されている。このことが中等教育において世界史の知識的教養の欠如をもたらし、高等教育における教養教育や歴史学の専門教育に大きな影響を与えることは論を俟たない。

二〇〇六年秋に全国の高校において発覚したいわゆる「世界史未履修問題」は、社会問題視される一方で、高校における地歴科目の用語と内容の多さが生徒への負担となっていることに注目が集まった。さらには高校教員の立場からも、必修とされた世界史の膨大な内容を、限られた授業時数の中ですべて教えなければならないという現状を訴える小川幸司氏の報告が発表された(1)。

これに反応して高校・大学の歴史教育の関係者による議論が行われ、教科書改革案の提示などの動きが近年活発化し、次期学習指導要領への提言が行われてきた(2)。また、中央教育審議会はその答申の中で、知識偏重に陥っている高校歴史教育の見直しと、思考力育成を謳う改革の指針を示し、それを受けて二〇二二年の新学習指導要領において、地歴科目の大幅な見直しを図る運びとなったのである。

本章は、現在上記のような「渦中」にある高校世界史の現在を知るために、通史を学ぶ世界史Bの教科書の採択が実際の教育現場でどのように行われているのか、高校生や高校教員が世界史という教科をどのように見てきたのかについて考察するものである。

小学校・中学校の教科書は、学校を管轄する地方自治体の教育委員会が選定し採択を行うが、高校においては国公私立を問わず各校で行っている。各高校が採択した教科書は公表されているが、採択のプロセスについては公表されることはない。そこで、公表されている高校世界史をめぐるデータから周辺を探るとともに、世界史必修化以前から現在に至るまで高校世界史教育に関わってきた筆者の経験に加えて、少数ではあるが関西一円の公立私立の高校の教員へ行ったアンケート調査の結果から実態の一端を垣間見て私見を述べることにした。

これにあたり、筆者の立場を明らかにするため、学校教員歴や歴史教育への関わりについて自己紹介をしておく。筆者は兵庫県立の普通科高校三校で教諭として一九年間教鞭をとり、二〇一〇年四月に大阪府高槻市に新設された関西大学中等部・高等部の開設準備委員を経て同校教諭として一〇年目を迎え、高等部の世界史と中等部の社会・歴史的分野の授業を担当している。また、大学等の歴史学研究者と高等学校の歴史系教員による高大連携の草分け的存在である大阪大学歴史教育研究会[3]（代表は同大学大学院文学研究科・桃木至朗教授）では高校教員側世話人の末席にいて、これまでに世界史の授業案報告・実践報告を行ってきた。二〇一五年に発足した高大連携歴史教育研究会の呼びかけ人として参加し、第一部会の歴史系用語精選案作成のワーキンググループのメンバーとして活動している[4]。

以上のように、筆者は公立高校での経験、関西の私立大学の併設中高一貫校での経験を持ち、なおかつ歴史教育に関わりを持ち続けてきた。そのことから、世界史教科書の採択について、高校現場経験と知見から何らかの実態を伝えることができると考えている。

## 一　高校教育課程から見えてくる世界史Bの実態

この節では高校教育課程と教科書採択の関係について考察していく。まず、教科書採択にあたり最も密接な関係をもつ教育課程について現状を述べたい。高校は学習指導要領の範囲内であれば、創意工夫あるいは校種や高校のレベルという「実情」に応じて独自の教育課程（カリキュラム）編成の裁量権を持つ。高等学校学習指導要領においては、後期中等教育において履修すべき科目と内容が示され、明確な目的と目標が示されている。これには法的拘束力があり、学習指導要領に則った教育課程作成と教科書に沿った授業を展開することが義務付けられていることは自明のことだ。

その中で、「進学校」と呼ばれる高校の教育課程編成に注目したい。本章では、「進学校」とは「大学への進学希望者が大半を占める高校」とする。高校生の大学・短大への進学率が五〇パーセントを越えている昨今、許された範囲（単位の上限や学校設定科目設置の制限など）で、大学受験を意識した教育課程を組むのが実情である。高校の現場では、筆者も生徒や保護者から「もっと受験に即した時間割にして欲しい（受験に関係のない科目の授業は要らない）」という「理不尽」な要望をよく聞かされたものだ。高校の教務担当の教員・各教科教員は学習指導要領に則り、教科の持つ本来の目標・目的に沿いつつ、受験への対応も兼ね備えた教育課程編成を苦心して行ってきた。

話を世界史に戻す。一九九四年以前は地歴三科目（世界史・日本史・地理）より二科目選択必修であったものを、一九九四年の学習指導要領実施からは、地歴三科目にA（二単位）・B（四単位）を置き世界史のAないしBを必修、日本史・地理はAないしBの四科目から一科目を選択必修とした。必修科目の増加は、教育課程編成条件が厳しくなることを表す。

世界史B科目を採択している学校は、主にいわゆる「進学校」に限られると思われる。昨今、大学入試も多様化し、私立大学の文系学部であっても推薦入試などでは地歴・公民科目を課さないところも多い。また、多様な入試方式があって入試科目数を選択でき、地歴公民科目が入試に必要ではない生徒も多くいる。このような大学入試の現状をふまえると、工業系・農水産系などの実業高校や専門学科や就職者が多い高校、定時制・多部制の高校、専門学校・短大進学・就職を含む進路の多様な高校では、地歴科目はA科目で必修を満たし、少数の大学進学希望者には選択科目に学校設定科目を設けたり、補習をおこなうことで対応したりしているのが実情であろう。国公立大学および私立大学の入試において、受験生は受験機会を広げるため、地歴科目ではB科目での受験を考えている。A科目で受験できる大学は国公立大学では限られているし、私立大学に至ってはほとんどないのが実態である。いわゆる「進学校」では、それに対応して世界史・日本史・地理共にB科目をおくのがセオリーとなる。しかし、公立高校の「進学校」では二〇〇二年に週五日制が始まって以来授業時間の減少への苦肉の策として、また関西の私立高校ではより大学入試向きの教育課程を組むため、地歴科目に「演習」「探究」などという名をつけた学校設定科目を置いて入試対策の問題演習をさせたり、関西の公立進学校の中には世界史A履修で必修を満たし、地歴B科目は日本史と地理のみにしたりしているところすら見受けられる。つまり、「進学校」の教育課程編成においては、地歴科目の中で必修科目であるからといって世界史を特別視するのではなく、いかに必修を満たすかということ、各校の「実情」に沿って入試に対応することに重きが置かれている傾向が大いに見られる。

## 二　高校生は世界史Bをどのように見ているのか

高校生は世界史のことをどのようにみているのだろうか。それをうかがい知る参考データとして、大学入試センター試験での世界史Bの受験者数に着目した。他の地歴科目の受験者数と比較することで、高校生の意識をはかることがある程度できると考えたからである。ここからは「大学入試センター試験の地歴B科目の受験者数と割合の推移」（表12－1参照）をみて考察していく。この表は世界史必修化が反映した一九九四（平成六）年前後から現在に至るまでのセンター試験の推移を見るものである。これによると、世界史必修化以前から受験者が漸減し、必修化以降もそれに歯止めがかからず、ついには一九九九（平成一一年）年には全受験者の二〇％を切っている。その後も徐々に世界史B受験者の割合は減り続け、平成二九年度大学入試センター試験受験者五四万七八九二名のうち、世界史Bの受験者数は八万四一三一名で全受験者の約一五％となってしまった。これは地歴のB科目中最も少なく、日本史Bの半分近く・地理Bの六割近い人数である。高校で必修科目の世界史だが、受験生にとっては地歴科目で最も「人気のない科目」であることが如実に表れている。高校生が大学入試の受験に際して、必修科目であるにもかかわらず、受験科目として世界史を敬遠している傾向が見て取れるデータである。生徒の声を聞くと、同じ歴史系科目である日本史は、小学校・中学校の歴史の授業で学習を重ねてきた「なじみのある」科目であるという。センター試験においても、日本史は「取り組みやすい」科目として高校生から安定的に選ばれてきたのである。

世界史が受験科目として敬遠される原因については、カタカナ表記や難しい漢字の膨大な数の人名・地名や歴史用語に苦手意識を持つ高校生が多いこと、今世紀に入っての日本のアジア近隣諸国との関係の悪化な

**表 12-1　大学入試センター試験の地歴 B 科目受験者数と割合の推移**

| 西暦 | 元号年 | 高校卒 | センター試験総受験者 | 世界史（B） | | 日本史（B） | | 地理（B） | |
|---|---|---|---|---|---|---|---|---|---|
| | | | | 受験者数 | 割合％ | 受験者数 | 割合％ | 受験者数 | 割合％ |
| 1990 | 平成 2 年 | 1700789 | 408350 | 115112 | 28.2 | 121260 | 29.7 | 118064 | 28.9 |
| 1991 | 平成 3 年 | 1766917 | 430341 | 117159 | 27.2 | 136690 | 31.8 | 110876 | 25.8 |
| 1992 | 平成 4 年 | 1803221 | 445508 | 117904 | 26.5 | 153061 | 34.4 | 99211 | 22.3 |
| 1993 | 平成 5 年 | 1807175 | 472098 | 126217 | 26.7 | 174385 | 36.9 | 95259 | 20.2 |
| 1994 | 平成 6 年 | 1755338 | 512712 | 129581 | 25.3 | 182527 | 35.6 | 96857 | 18.9 |
| 1995 | 平成 7 年 | 1658949 | 521681 | 126275 | 24.2 | 192260 | 36.9 | 103337 | 19.8 |
| 1996 | 平成 8 年 | 1590720 | 534751 | 121449 | 22.7 | 191502 | 35.8 | 117885 | 22.0 |
| 1997 | 平成 9 年 | 1554549 | 553202 | 116681 | 21.1 | 179486 | 32.4 | 121404 | 21.9 |
| 1998 | 平成 10 年 | 1503748 | 549401 | 112224 | 20.4 | 167394 | 30.5 | 121571 | 22.1 |
| 1999 | 平成 11 年 | 1441061 | 531483 | 102579 | 19.3 | 153173 | 28.8 | 118433 | 22.3 |
| 2000 | 平成 12 年 | 1362682 | 532787 | 105228 | 19.8 | 149251 | 28.0 | 120671 | 22.6 |
| 2001 | 平成 13 年 | 1328902 | 539209 | 107344 | 19.9 | 147956 | 27.4 | 128046 | 23.7 |
| 2002 | 平成 14 年 | 1326844 | 553465 | 109110 | 19.7 | 157527 | 28.5 | 127239 | 23.0 |
| 2003 | 平成 15 年 | 1314809 | 555849 | 106537 | 19.2 | 157527 | 28.3 | 127391 | 22.9 |
| 2004 | 平成 16 年 | 1281334 | 540446 | 100438 | 18.6 | 154742 | 28.6 | 119502 | 22.1 |
| 2005 | 平成 17 年 | 1235012 | 524603 | 93770 | 17.9 | 152072 | 29.0 | 109805 | 20.9 |
| 2006 | 平成 18 年 | 1202738 | 506459 | 90209 | 17.8 | 144959 | 28.6 | 110948 | 21.9 |
| 2007 | 平成 19 年 | 1171501 | 511272 | 91619 | 17.9 | 147333 | 28.8 | 108798 | 21.3 |
| 2008 | 平成 20 年 | 1147159 | 504387 | 93928 | 18.6 | 143676 | 28.5 | 107519 | 21.3 |
| 2009 | 平成 21 年 | 1088170 | 507621 | 94106 | 18.5 | 144327 | 28.4 | 109616 | 21.6 |
| 2010 | 平成 22 年 | 1063581 | 520600 | 91118 | 17.5 | 151792 | 29.2 | 110093 | 21.1 |
| 2011 | 平成 23 年 | 1069129 | 527793 | 88303 | 16.7 | 152970 | 29.0 | 113769 | 21.6 |
| 2012 | 平成 24 年 | 1061564 | 526311 | 91139 | 17.3 | 157372 | 29.9 | 132528 | 25.2 |
| 2013 | 平成 25 年 | 1053180 | 543271 | 90071 | 16.6 | 159582 | 29.4 | 143233 | 26.4 |
| 2014 | 平成 26 年 | 1088124 | 532350 | 85943 | 16.1 | 153204 | 28.8 | 146472 | 27.5 |
| 2015 | 平成 27 年 | 1047392 | 530537 | 84053 | 15.8 | 155273 | 29.3 | 146846 | 27.7 |
| 2016 | 平成 28 年 | 1064376 | 536828 | 87564 | 16.3 | 167514 | 31.2 | 150723 | 28.1 |
| 2017 | 平成 29 年 | 1059266 | 547892 | 84131 | 15.4 | 160830 | 29.4 | 147929 | 27.0 |

（出典）　著者作成。センター試験受験者数のデータは、大学入試センター HP より転載し、地歴 B 科目の受験者総数中の割合は筆者が算出した。

註：高校卒の人数は、文部科学省統計の高等学校卒者・中等教育学校卒者・特別支援学校高等部卒者の合計である。

どが取り沙汰されてきた。他にも、高校で世界史を担当している教員からは、平成一〇年改訂の中学校学習指導要領・社会地理的分野において、世界地誌の学習を「二つないし三つの国」を取り上げてケーススタディを行うものとすることとしたため、世界全域にわたる地理的知識が薄れ、生徒の興味関心が減退したのではないかと危惧する声もあった。[5]

実際に筆者も長年世界史を教えてきて、用語の多さやさまざまな地域を扱うことから、近年とみに「理解しにくい」「外国に興味がない」などという生徒の声を多く聞くようになってきた。筆者は、むしろ世界史必修ではなかった頃の方が世界史に興味を抱く生徒が多かったと感じているほどである。

もう一つ注目すべきことは、地理Bが近年受験者の割合を伸ばしてきていることである。日本史Bの受験者割合は三〇％前後とあまり変化が見られないのに対して、地理Bは二〇一二（平成二四）年より全受験者の中での割合が二五％を越えてきている。地理Bは大学受験においては理系志望の生徒を中心に受験者が多いとされる（一説には理系志望の生徒にとって、地理は理解しやすい科目とされ、高校においても進路指導の上で地理Bでの受験を勧めることがセオリー化している）。地理B受験者の増加については、その理由が明確ではないが、世界史B受験者のうち一定の割合が地理Bに「とられている」傾向が見られる。

## 三　世界史B教科書シェアからみえてくるもの

この節では実際に世界史Bの教科書採択数について、表12－2を見ながら考察していきたい。近年、世界史Bの教科書から撤退する出版社があったり、改訂ごとに教科書の刊行点数も減ったりして、現行「世界史B」教科書は四社七種である。平成二四年度までは七社一一種あったものが、平成二五年度には四社七種に

表 12-2　世界史 B 教科書の過去 8 年間採択数

| | 年度／教科書 | 2013（平成 25） | 2014（平成 26） | 2015（平成 27） | 2016（平成 28） | 2017（平成 29） | 2017（平成 29）年度シェア |
|---|---|---|---|---|---|---|---|
| ① | 山川出版社 詳説世界史 B | 247,400 | 229,242 | 228,273 | 227,949 | 228,493 | 52.3% |
| ② | 東京書籍 新選世界史 B | 49,525 | 68,113 | 66,238 | 68,844 | 66,372 | 15.2% |
| ③ | 東京書籍 世界史 B | 58,081 | 47,342 | 43,927 | 43,282 | 40,713 | 9.3% |
| ④ | 山川出版社 高校世界史 B | 22,038 | 30,728 | 37,288 | 38,308 | 36,041 | 8.2% |
| ⑤ | 帝国書院 新詳世界史 B | 42,051 | 47,682 | 42,675 | 38,401 | 33,963 | 7.8% |
| ⑥ | 実教出版 世界史 B | 15,274 | 26,084 | 26,708 | 26,244 | 27,194 | 6.2% |
| ⑦ | 山川出版社 新世界史 B | 6,134 | 6,629 | 5,599 | 4,904 | 4,226 | 1.0% |
| | 総採択冊数 | 440,503 | 455,820 | 450,708 | 447,932 | 437,002 | 100% |

（出典）　データは『内外教育』時事通信社、2017 年 1 月 20 日記事より。
註：表中、山川出版社詳説世界史 B の平成 29 年度の採択数は改訂版と現行旧版の合計。

減った（文部科学省調べ）。その理由としては、第二節で述べた高校生の「ニーズ」が世界史に向かっていないことに加えて、世界史Aの教科書はシェアに偏りが比較的少ないのに対して、世界史Bでは一社から刊行されている三種を合わせると六〇％を越えるシェアになっていることが一因なのではないかと考えられる。

以下に各教科書のシェアから分析を試みたい。その際、書名の煩瑣を避けるため**表12-2**の教科書に割りあてた①〜⑦の番号を使い述べていくことにする。

「進学校」において、世界史Bの受験を強く意識したところの多くの高校が①を採択しているものと思われる。「進学校」の教員が、勤務している高校の生徒の多くが志望する大学の過去の入試問題を研究するのは常である。その際に①の教科書に記載されている内容が多く出題されているのを明らかに①の本文や「注」の記述を参考に（あるいは丸ごと写して）作成されている関西の有名私立大学の入試問題を多数見た。また、世界史の入試に地図問題を出題する大学もあるが、地図中に落としてある地名もレイアウトも①に掲載されているものとまったく同じという例すら見受けられた。つまり、高校教員にとって（あるいは受験生にとって）①は、用語・記述内容の豊富さとともに「入試問題によく沿っている、入試問題対策に適した教科書」という定評になっているということである。一方、二番目に多く採択されている②および四番目の④については、中堅以下の「進学校」で多く採択されていると考えられる。いずれも「B5版サイズで、図版を豊富に取り入れ高校生の興味を引き、その上図説を購入させなくても十分対応出来るものである」と出版社営業の方の説明があったのを記憶している。本文叙述も平易で用語も絞ってあるところが、高校教員にとって「生徒の実情に沿い、受験指導にも使える教科書」という評価になっていると考えられる。③は①より版型が一回り大きい上に四四八ページと最もボリュームがあり、①以上に用語数が多く、記述内容も豊富で大変詳しい。③の出版社の営業の方によると、難関の国公立大学や私立大学受験を視野に入れた「超進学校（主に難関国公立・私立大学への進学者の多い私立高校のこと）」での採択が多いとのことであった。現に最近①から③の教科書に乗り換えた関西の「超進学校」の例を複数耳にした。⑤⑥⑦は敢えて同じカテゴリーとして述べていく。これらの教科書は、歴史学の新研究の成果を進取した意欲的かつ個性的な教科書だといえる。もちろん、①～④の教科書も同様に歴史学の研究成果を受けて、版を重ねるごとに記述内容や用語の見直しが行われている。ただ⑤⑥⑦は構成、叙述に至るまで編集に「進取の意思」をより感じるのである。そのことから、高校教員が読んでいても大変おもしろい内容になっている。しかし、これらの教科書のシェアが伸び悩むのは、先に述べたように大学入試を意識した教科書採択をしておけば「無難」

であるという判断が働いたこと、また最新の研究が従来教えてきた内容と違いすぎてどのように扱うか迷いを生じさせ、高校教員が採択をためらうということなどに原因があると考えられる。つまり、高校教員の「保守的傾向」が一部の教科書にシェアが集中する原因になっているというのが筆者の分析である。

教科書執筆者の方々はこの傾向を由由しきことと思われるであろうが、特定の歴史観や評価の定まっていない学説が教科書に採用されることに否定的な教員も多数いるのである。

## 四　高校現場での教科書採択の実態――高校教員のアンケートから見えてくるもの

ここで前提として確認しておくのは、高校の教科書採択は各高校において各教科の教員が行っているということである。公表されることはないので、高校内においてどのように教科書が選ばれ採択されるのかについてはブラックボックス状態である。また教科書を選ぶ教員についても各高校の任意である。この節においては、関西一円の公立私立の先生方に、教科書採択のプロセスの実態が分かるアンケートを実施した。このアンケートは、回答をいただいた高校の数も少数であり、関西地方のみの実施なので、他地域では違う結果になったかも知れない。それは地域によって高校生の進路事情が違うからである。また、高校は中学校とは比較にならないほど多様で、アンケートを網羅的に行えば違う結果になった可能性もある。筆者の行ったアンケートにて実態のすべてを語るに足るものではないが、概ね筆者が予測した通りの結果、前節で述べてきたことを裏付ける結果になったと思う。以下に分析を述べ、アンケートの項目については、分析のつどに示していくものとする。

アンケートに回答いただいたのは、大阪府・京都府・兵庫県・滋賀県の公立・私立の高校教員の方々である。アンケートの対象となった高校は、難関国公立大学や関西有名私立大学への進学者を一定数出している中高一貫校・単位制高校・中堅の私立大学・短期大学・専門学校への進学者や就職者もいる進路の多様な公立高校・私立女子高校・大学の併設高校と、高校の性質・生徒のレベル・生徒の進路希望の指向性が多種多様な高校の例が集まったものと考えている。うち一校については、世界史Bを不開講とのことであったのでAの教科書の採択について回答があった。

まず、採択教科書の「選定者」について。複数回答可として「各年度の世界史授業担当者」と「世界史を専門とする教員の合議」というのが同数で約四五パーセントずつであった。

二つ目に「採択決定のサイクル」について。サイクルについては、年数を書き入れてもらう形式をとった。「担当者が毎年決める」が約四五パーセント、「特定の教科書に固定」という回答が約六〇%という結果（重複回答あり）であった。つまり、毎年採択の見直しを行う所よりも「特定教科書に固定」している学校の方が多い結果となった。しかも、「特定の教科書に固定」とした高校の中で、**表12－2**の①を採択しているところが八五パーセントを超える。あとは、五年おきという回答が約七パーセント弱であった。

三つ目に「教科書の内容」について。「あまり重要視していない」が約四〇パーセント、「そこそこ重要視している」が二〇パーセント、「重視している」が約三三パーセントであった。さらに、次の質問で「あまり重要視していない」教員に理由（複数回答可）を選んでもらうと、「教科書に関係なく授業プリントを作成しているから」という回答が約七〇パーセントであった。他には、「教科書にとらわれず授業展開しているから」「慣例でずっと同じ教科書を使用しているから」というのが一七パーセントであった。実に四割の教員が教科書を余り重要視していないこと、そのほとんどが「教科書にとらわれず授業を展開したり、授業プリントを作成」したりしていることがわかった。

四つ目は「教科書選定の基準上位二つまでの項目は何か」という質問。約五〇パーセントの教員が「大学入試を意識して用語や内容が充実しているもの」を選んだ。「記述内容」「執筆陣」「最新研究成果の取り入れ」という回答は約二〇～三〇パーセントずつだが、この回答を得た教員の高校が⑤⑥⑦をほぼ選んでいるのも第三節で書いたことと符合している。

五つ目は「教科書以外に何か採択の基準があれば」という質問。この質問に無回答が五五％で、「副教材の充実」「教科書本文のCDが付属」・「教師用フォロー教材の資料が充実」といったことに回答があったが多くはなかった（それぞれ一五パーセント弱）。

世界史AとBの両方を開講している学校について、A教科書の採択との関係についての質問も設定した。「無関係」「ちがう出版社のB教科書を採択」としている高校が合計約六〇パーセント、出版社をAとBと同じにしているという高校が約四〇パーセントという結果になった。必ずしもA教科書の採択との相関関係があるとはいえない結果となった。これは、特に公立高校において、採択する出版社の偏りを避けるという意識が働いていることが考えられる。アンケートの中には、「あえてAとB教科書の出版社を違うようにしている」と添え書きされているものがあった。筆者が勤務していたある兵庫県立高校でも、採択する教科書の出版社に偏りがないように「配慮」するということで、AとBの教科書は出版社をあえて違うところから採択していた。

以下にアンケート結果から筆者の考察をまとめてみたい。一点目は、教科書採択に当たる教員は概ね授業を担当する人と世界史を専門にしている人となっているが、これは高校の場合は教員の教科・科目の専門性が高いことによる。二点目は、「特定の教科書に固定」という回答が多かった理由は、第三節の表12－2の①教科書に採択が集中していることと並行し、大学入試への対応を意識してシェアが高く入試問題に沿った

「無難」な教科書採択をしていることがわかる。

それから、注目すべきなのは「教科書の内容をあまり重視していない」という解答が四割に達したことである。その理由は「授業プリント」を作成し授業で使っている教員の多さと相関関係が深いと考える。一部の教員の添え書きに「受験で世界史を使う生徒がいない上、勤務校の生徒の学力ではいずれの教科書の記述も難しすぎるので、教科書記述と離れて平易なプリントを用意している」というものがあった。生徒の学力等の実態に合わせるため教科書をあえて使わないという実情の一端がうかがえる。筆者の公立高校勤務時代にも採択にあたり「教科書は重要視しない」という地歴科の同僚が複数いて「どこの教科書を使っても教える内容・用語は同じである」あるいは「大学入試問題に問われるところをおさえて作成したプリントを授業で使用しているので教科書はどれを採択してもかまわない（関係ない）」と述べていた。さらには教科書の記述内容は「ほぼ似たり寄ったり」であり、「大学入試に出題される用語や内容をおさえておけば、教科書の記述の内容にたよる必要は無い」ということが会話の中で分かってきた。もちろん、アンケートに協力いただいた教員で「教科書の内容をあまり重視していない」と回答された人が、筆者が対面した教員と同じような考えのもとに教科書をなおざりにしていると思っているのではない。むしろアンケートにお答えいただいた先生方は、他の質問への回答から察するに、教科書を吟味した上で必ずしも教科書を重視する必要はないという判断をされたのだと考えている。ただ、やはり教科書の記述内容は重要視すべきであるというのが筆者の意見である。実際の教科書記述をつぶさに見ていくと、大きな改訂がなくとも、記述内容が変更され、場合によっては歴史的評価が覆るような記述変更があることも多々ある。歴史学研究の進展によって、世界史教科書記述がいかに変化してきたのかについて問題提起した神奈川県の高校教員の研究は大変示唆に富むものである(6)。ゆえに「教科書が変わろうが授業にはあまり影響がない」という考えには首肯できないのである。

一方で、最新の研究成果が反映された内容や執筆陣を重視する教員が「歴史学の新研究の成果を進取した意欲的かつ個性的な教科書」を選択する傾向にあるが少数にとどまっている。その理由としては、各高校では教員間の合議で採択するのが通例で、たとえ一人の教員が「歴史学の新研究の成果を進取した意欲的かつ個性的な教科書」を選んだとしても、合議の結果、学校としてはシェアや内容の「無難」な教科書を選択したことが予想される。特定の教科書にシェアが集中する他の原因として、これも「授業プリントを使用した授業」と関係が深いものと考えられる。歴史科目の内容・用語が多いことからプリントを用意して授業を行う教員も多い。そのプリントは、膨大な時間を費やして作成することになるので、ある教科書を元にプリントを一度作成すると、それを継続して使いたいと思う傾向にあるのも本音であろう。筆者も授業プリントを作成し授業に臨んでいる一人である。採択教科書を変更したり、同じ出版社の同じ教科書でも大幅改訂が行われたりするたびに作り直しや改訂作業を行ってきた。繰り返されるその「労苦」をできる限り少なくしたい、という教員の心情が働き、特定の教科書にシェアが集中する一因となっていることは想像に難くない。昨今、高校教員の仕事量の過重傾向はマスコミ等でも報道されているとおりである。学習活動もアクティブラーニングや探究活動のための準備、ＩＣＴ教育に向けた教育機器使用の習熟と教材作成など、教員が新たに取り組まねばならないことが激増している。そして従来からある生徒指導・保護者対応・部活動もより丁寧な対応が求められている。以上のように多岐にわたる内容と増加した仕事量の中で、高校教員が教科指導・授業準備のために費やせる時間は限られているのである。

最後にアンケート結果からわかったことは、大学入試が少なからず世界史B教科採択に影響を与えていること、小学校から習っている日本史よりなじみが薄い世界史は、世界の広い地域を扱い（さらに時代により地域の呼び名や範囲が変化する）、膨大な内容と用語を効率的に教授する方法として、プリント学習を行う教員が多い中で、プリント作成の労を軽減するために、特定教科書に固定した教科書採択につながっているケースが多いこと、さらに、第一節から第四節で考察してきた内容を裏付けるものとなったことである。

## おわりに

これまで高校における「世界史B」という科目の位置付け、「世界史B」という科目を現在の高校教員や高校生がどのように見ているか、それを受けてどのように「世界史B」教科書が採択されているかについて、統計資料や高校教員へのアンケート結果を用いて筆者の考察を行った。細かい部分では筆者の見解はあてはまらない、あるいは一面的であるというご指摘をいただく点があることは予想している。しかし、大学入試というものがいかに高校教育に大きな影響を与えているか、おおむね分析したことは的を射ているものと考えている。

ただ、世界史を担当し教科書の採択に関わった教員が、大学入試だけを意識して教科書の採択に当たり、授業を行っているのではないことはお断りしておきたい。第二節で述べたように、高校生に敬遠されがちになった世界史の魅力を語り、いかに生徒に興味を持たせ理解させるか、日々授業への創意と工夫を重ねている教員も多数いる。最新の研究を知るための研修や読書を日々怠らない教員、あるいは自らが歴史学の研究を継続している教員も少なくないことを筆者は知っている。我々高校教員は、世界史の授業を通して歴史の魅力と本質を語り、社会の見方や教養、国際的感覚を身に付けてもらうことを目標としているのであって、入試対策が第一義ではないと考えている。中には保守的傾向のある教員集団や個人がいることも事実である。

しかし、これも含めて制約の多い教育課程編成や教科書採択を、大学受験のことを視野に、もしくは主眼におきながら考えていくことを余儀なくされている進学校の現状を特に大学の教員、教科書の執筆者、出版社の方々に知っていただきたい。大学入試を背景にした高校生の世界史敬遠の傾向、用語や内容の多さからくる「世界史離れ」に歯止めを行うことが、二〇二二年より施行される新学習指導要領において新設される「歴史総合」とともに「世界史探究」に課された使命であると思う。もちろん、抜本的な大学入試の改革が連動しなければ意味をなさないのは自明のことである。一方で、「世界史B」が標準単位四単位であるのに対して、「世界史探究」は標準単位が三単位と一単位減となることが決まっている。したがって教科書も大幅に変更されることは必至であり、教員は授業内容や授業方法の根本的な見直しを迫られている。また、新学習指導要領では全教科にわたって「主体的・対話的で深い学び」の実現に向けた授業改善が必要とされ[7]、アクティブラーニングなどの授業手法を行うことが求められ、従来の歴史科目の授業にありがちであった、時代や地域を網羅し膨大な用語を用いた「注入式授業」は否定されることになる。この大幅な地歴科目の見直しを機会に、教科書の執筆者や出版社と、教科書を使用する授業実施者としての高校教員が共同で意識改革をして、新しい世界史科目の創造に積極的に取り組むことが強く求められているのである。

## 註

（1）小川幸司「世界史教育のありかたを考える —苦役の道は世界史教師の善意でしきつめられている—」『世界史との対話（上）70時間の歴史評論』地歴社、二〇一三年一月所収において小川氏は「苦役とは、高校生が必修だからとしかたなく向かう世界史学習の〝暗記地獄〟を意味し、善意でその道をならした世界史教師」と評した。さらに「二〇〇六年秋に日本全国で荒れ狂った世界史未履修問題とは、必修世界史という「苦役」から逃亡しようとした高校生が鉄鎖に連れ戻された悲喜劇にほかならなかった。」と述べ、高校世界史が教育現場でどのような「評価」と「扱い」を受けているのかについて分析を行っている。

（2）高等学校歴史教育研究会編『歴史教育用語の統計分析と基礎データ』二〇一四年七月、同編『歴史教育における高等学校・大学接続の抜本的改革』二〇一四年九月および高大連携歴史教育研究会の動向（公式ＨＰ）等参照。

（3）大阪大学歴史教育研究会ＨＰ参照、https://sites.google.com/site/ourekikyo/（二〇一八年四月一八日閲覧）。なお、この研究会における筆者の成果については、帝国書院発行の高校教員向けの小冊子『世界史のしおり』にて報告を行ってきた。以下のアドレスよりバックナンバーを閲覧できる。帝国書院ＨＰ https://www.teikokushoin.co.jp/journals/history_world/index.html（二〇一八年四月一八日閲覧）。

（4）筆者は高大連携歴史教育研究会第一部会用語精選ワーキンググループのメンバーとして『高等学校教科書および大学入試における歴史系用語精選の提案（第一次）』二〇一七年一〇月の世界史用語精選案作成に携わった。その詳細と研究会の活動については以下のＨＰ参照 http://www.kodairen.u-ryukyu.ac.jp/（二〇一八年四月一八日閲覧）。

（5）平成一〇年改訂中学校学習指導要領が施行後、中学校でこれに基づく授業を受けた高校生が、世界史学習への困難さを感じたり、関心が薄らいだりしたことにつながったという実証があるわけではないが、今世紀に入って高校生の世界史学習への意欲関心が薄れだしたことを筆者も教壇に立っていて実感していた。しかし、平成二〇年改定の中学校学習指導要領においては、世界地誌の学習は世界の全域を取り上げるという転換がなされた。以降も「高校生の世界史離れ」に歯止めがかからず、現在に至っているところを見ると、中学校の地理教育・世界地誌学習のあり方が、直接の大きな影響を与えたとは言い難い。むしろ、今世紀に入った頃に日本と東アジア地域の国々との関係が悪化したことと関連が深いと筆者は考えている。

（6）神奈川県高等学校教科研究会社会科部会歴史分科会編『世界史をどう教えるか――歴史学の進展と教科書』山川出版社、二〇〇八年三月。

（7）文部科学省「高等学校学習指導要領（案）の改定ポイント」http://www.mext.go.jp/a_menu/shotou/new-cs/_icsFiles/afieldfile/2018/04/08/1384662_3.pdf（二〇一八年四月一八日閲覧）。

# 関連年表

| 年月 | 主な出来事 |
|---|---|
| **一八六七年** | **大政奉還** |
| 一八七一年九月二日 | 文部省設置 |
| 一八七二年 | 「学制」公布 |
| | 文部省『史略』（皇国・支那・西洋上・西洋下）刊行 |
| 一八七四年 | 師範学校編『万国史略』（巻一・巻二）刊行 |
| 一八七六年 | 牧山耕平訳・文部省『巴来（パーレー）万国史』刊行（グッドリッチ著の全訳） |
| 一八七九年 | 「教育令」公布 |
| 一八八一年 | 「小学校教則綱領」公布（小学校の歴史教育を日本史に限定） |
| 一八八六年 | 「帝国大学令」「師範学校令」「小学校令」「中学校令」公布。この第一次「中学校令」により尋常中学校・高等中学校創設 |
| 一八八六年五月 | 「教科用図書検定条例」により、教科書会社が作成した教科書を検定 |
| 一八九四年 | 第一次「高等学校令」公布により、高等中学校を高等学校に改称 |
| | 那珂通世が学科目として「東洋史」創設を提唱。「尋常中学校歴史科ノ要旨」作成（その後、国史・東洋史・西洋史による歴史教育・歴史研究として展開） |
| 一八九六年 | 中等教科書としては最初期の原勇六編『中等教科西洋史』（文学社）ならびに藤田豊八編編『中等教科東洋史』（文学社）刊行 |
| 一八九八年 | 文部省高等学務局編『尋常中学校教授細目調査報告』刊行 |
| 一八九八年以降 | 多くの「東洋史」「西洋史」検定教科書が発行 |

| 年月 | 主な出来事 |
| --- | --- |
| 一八九九年二月 | 第二次「中学校令」公布により、尋常中学校を中学校に改称 |
| 一九〇二年二月 | 「中学校教授要目」制定。以後、一九〇三年に「高等女学校教授要目」、一九一〇年に「師範学校教授要目」制定 |
| 一九一一年七月 | 「中学校教授要目」改正 |
| **一九一七年二月** | **ロシア二月革命勃発** |
| 一九一八年 | 明治大学教授山崎寿春が神田錦町に東京高等受験講習会を開設（一九三〇年に「各種学校」の認可を得、駿台高等予備校と、一九五二年に学校法人駿河台学園（駿台予備校）と名称変更） |
| 一九一八年一二月 | 第二次「高等学校令」公布により、公立私立高等学校設置認可ならびに官立高等学校の増設開始 |
| 一九一九年三月 | 文部省令「高等学校規程」により教授科目（日本歴史・東洋歴史・西洋歴史）が制定 |
| 一九二八年一〇月 | 文部省専門学務局に学生課設置（学生運動への弾圧） |
| 一九三一年二月 | 「中学校教授要目」改正 |
| 一九三二年 | 歴史学研究会発足（翌三三年に機関誌『歴史学研究』刊行） |
| 一九三五年 | 第一次ならびに第二次「国体明徴声明」発表 |
| 一九三六年六月 | 東京書籍株式会社により附設教科書図書館東書文庫が開設 |
| | 有高巌『東洋史教育の革新』（刀江書院） |
| 一九三七年三月 | 文部省による『国体の本義』の刊行 |
| | 文部省訓令により「中学校教授要目中修身、公民科、国語漢文、歴史及地理改正」（同日に、師範学校・高等女学校教授要目も改正され、実業学校の歴史教授要目も制定） |
| 一九三七年五月 | 教育科学研究会の創設（機関誌は『教育科学研究』（一九三九～一九四一）、戦後一九五一年より『教育』） |
| 一九四三年一月 | 「中等学校令」制定 |
| 一九四三年三月 | 「中学校教科教授及修練指導要目」制定（「国民科歴史」の中の内容構成は、「東亜及世界」と「皇国」に） |

| | |
|---|---|
| 一九四四年五月 | 国定中等歴史教科書である文部省『中等歴史一』（内容は「東亜及世界」）発行 |
| **一九四五年八月** | **第二次世界大戦での敗戦** |
| 一九四五年一二月 | 文部省内の歴史科専門委員会による暫定教科書の検討開始。文部省作成の「国史」（日本史）の原稿は最終的に占領軍が拒否 |
| | 占領軍から「修身、日本歴史及ビ地理停止ニ関スル件」の指令 |
| 一九四六年九月 | 『くにのあゆみ』（上下）発行 |
| 一九四六年四月 | 新しい教科課程の検討が占領軍と文部省の間で開始 |
| 一九四六年四月以降 | 「東洋史」「西洋史」の暫定教科書発行（『暫定中等歴史一』・『暫定中等歴史二』） |
| 一九四七年三月 | 教育基本法ならびに学校教育法の公布 |
| 一九四七年四月 | 新制高等学校の教科課程発表（社会科選択科目に「東洋史」と「西洋史」） |
| | 新制小学校、中学校発足 |
| 一九四七年七月・一〇月 | 「東洋史」（試案）と「西洋史」（試案）の学習指導要領発行 |
| 一九四七年八月 | 『西洋の歴史（1）』（中等学校教科書株式会社著作兼発行）が一種検定本教科書として発行。後に、そのキリスト教記述が政治問題化し、『西洋の歴史（2）』『東洋の歴史（1）（2）』は占領軍により発行停止。 |
| 一九四八年四月 | 新制高等学校発足 |
| | 新制高等学校教科課程研究委員会が発足。八月に「世界史」を含めた「新制高等学校教科課程改正案」を提出。 |
| 一九四八年六月 | 日本教職員組合（日教組）結成 |
| 一九四八年一〇月 | 文部省による「世界史」設置の発表。一九四九年度からの高等学校教科課程について、「東洋史」・「西洋史」を「国史」（実施時には「日本史」）・「世界史」とすることを通達 |
| 一九四九年二月 | 教科書検定基準制定（このときは「東洋史」と「西洋史」） |
| 一九四九年三月 | 教科書検定基準に「補遺」として「世界史」を追加 |
| 一九四九年四月 | 社会科の選択科目として高等学校の「世界史」の授業が開始 |

| 年月 | 主な出来事 |
|---|---|
| 一九四九年四月 | 文部省による「高等学校社会科日本史、世界史の学習指導について」の通達（社会科歴史学習であるべきことを強調） |
| | 史学会編『世界史概観』（山川出版社） |
| 一九四九年四月以降 | 多くの「世界史」準教科書が発行 |
| 一九四九年五月 | 歴史学研究会大会での共通テーマとして「世界史の基本法則」。教育職員免許法が公布 |
| 一九四九年七月 | 歴史教育者協議会の設立 |
| **一九四九年一〇月** | **中華人民共和国成立** |
| 一九五〇年三月 | 尾鍋輝彦編『世界史の可能性―理論と教育―』（東京大学協同組合出版部） |
| **一九五〇年六月** | **朝鮮戦争勃発** |
| 一九五〇年九月 | 教科書に関わる占領軍の検閲廃止 |
| | 文部省による「高等学校社会科世界史の学習について」の通達 |
| 一九五一年一月 | 村川堅太郎・江上波夫著・史学会編『世界史』（山川出版社） |
| 一九五一年五月 | 一九五二年度使用教科書目録発行（初めて五種の「世界史」検定教科書が掲載） |
| 一九五一年六月 | 三上次男・尾鍋輝彦『世界史』上巻・下巻（中教出版） |
| **一九五一年九月** | **サンフランシスコ講和条約の調印** |
| 一九五二年三月 | 「世界史」（試案）学習指導要領発行 |
| 一九五二年四月 | 「世界史」検定教科書使用開始 |
| 一九五二年六月 | 文部省内に中央教育審議会が設置 |
| 一九五三年一一月 | 山崎宏編『世界史』（清水書院） |
| 一九五四年八月 | 歴史教育者協議会の機関誌『歴史地理教育』の刊行 |

| | |
|---|---|
| 一九五五年一二月 | 高等学校学習指導要領社会科編改訂（試案）が取られる。一九五六年度から学年進行で実施）。社会科は必修の「社会」に加えて、「日本史」「世界史」「人文地理」より2科目を選択必修 |
| 一九五六年 | 文部省省令により教科書調査官を設置 |
| 一九五六年一月 | 上原専禄監修『高校世界史』（実教出版） |
| 一九五八年一二月 | 鈴木成高・松田寿男・鈴木俊『高校世界史』（帝国書院） |
| 一九五九年三月 | 村川堅太郎・江上波夫・林健太郎『詳説世界史』（山川出版社） |
| **一九六〇年** | **アフリカの年** |
| 一九六〇年一〇月 | 高等学校学習指導要領改訂（これ以降の改訂は文部省告示となる。一九六三年度から学年進行で実施）。普通科は、日本史、世界史AまたはB、地理AまたはBの3科目を必修 |
| | 上原専禄『日本国民の世界史』（岩波書店） |
| 一九六五年 | 第一次家永教科書裁判の開始（一九九七年に第三次が結審） |
| | 遠山茂樹「世界史における地域史の問題」『歴史学研究』三〇一号により、「地域史」という視角の提言 |
| 一九六五年三月 | 全国歴史教育研究協議会編『世界史用語集』（山川出版社） |
| 一九六七年四月 | 歴史科学協議会の発足（機関誌は『歴史評論』） |
| 一九六九年五月〜一九七四年一一月 | 『岩波講座世界歴史』（岩波書店） |
| 一九七〇年一〇月 | 高等学校学習指導要領改訂（一九七三年度から学年進行で実施）。日本史、世界史、地理AまたはBから2科目を選択必修 |
| 一九七二年 | 河合塾が全国進学情報センターを創設し、全国統一模擬試験（全統模試）の開始 |
| 一九七七年五月 | 大学入試センターの設立 |
| 一九七七年八月 | 鈴木亮『世界史学習の方法』（岩崎書店） |
| 一九七七年一一月八日 | 財団法人教科書研究センター設立（二〇一一年三月二五日に公益法人として認可） |

| 年月 | 主な出来事 |
|---|---|
| 一九七七年一一月 | 成瀬治『世界史の意識と理論』（岩波書店） |
| 一九七八年八月 | 高等学校学習指導要領改訂（一九八二年度から学年進行で実施）。一年次「現代社会」必修 |
| 一九七九年一月一三・一四日 | 大学共通第一次学力試験の開始 |
| 一九八二年 | 加藤章・佐藤照雄・波多野和夫編『講座・歴史教育』全三巻（弘文堂） |
| 一九八四年八月 | 第一回東アジア歴史教育シンポジウム開催（比較史・比較歴史教育研究会）（一九八九年八月：第二回、一九九四年八月：第三回、一九九九年一二月：第四回） |
| 一九八六年七月 | 吉田寅『世界史教育の研究と実践』（教育出版センター） |
| 一九八八年七月 | 二谷貞夫『世界史教育の研究』（弘生書林） |
| 一九八九年三月 | 高等学校学習指導要領改訂（一九九四年度から学年進行で実施）。社会科は地理歴史科と公民科に再編され、地理歴史科のうち世界史（AまたはB）を必修とし、日本史（AまたはB）もしくは地理（AまたはB）のいずれかを選択必修 |
| **一九八九年一一月九日** | **ベルリンの壁崩壊** |
| 一九九〇年一月一三・一四日 | 大学入学者選抜大学入試センター試験の開始 |
| **一九九一年一二月二五日** | **ソヴィエト共和国連邦の崩壊** |
| 一九九五年二月 | 吉田悟郎『世界史学講義』上巻・下巻（御茶の水書房） |
| 一九九七年一〇月〜二〇〇〇年 | 『岩波講座世界歴史』（第二期、岩波書店） |
| 一九九九年三月 | 高等学校学習指導要領改訂（二〇〇三年度から学年進行で実施） |
| 二〇〇一年一月 | 文部省と科学技術庁が合併し文部科学省に再編 |

| | |
|---|---|
| 二〇〇一年九月一一日 | アメリカ同時多発テロ勃発 |
| 二〇〇三年六月 | 鳥山孟郎『考える力を伸ばす世界史の授業』（青木書店） |
| 二〇〇五年一二月 | 中村薫『世界史教育の視点と方法』（創元社） |
| 二〇〇六年一〇月 | 世界史未履修問題の発覚 |
| 二〇〇六年一二月二二日 | 教育基本法の改定 |
| 二〇〇八年四月 | 教職大学院の設置 |
| 二〇〇九年 | 小川幸司「苦役への道は世界史教師の善意でしきつめられている」『歴史学研究』八五九号 |
| 二〇〇九年三月 | 高等学校学習指導要領改訂（二〇一三年度から学年進行で実施） |
| 二〇一一年一一月 | 羽田正『世界史へ　地球市民のための構想』（岩波書店） |
| 二〇一四年四月 | 大阪大学歴史教育研究会編『市民のための世界史』（大阪大学出版会） |
| 二〇一五年七月二五日 | 高大連携歴史教育研究会の創立大会が東京大学駒場キャンパスで開催 |
| 二〇一八年三月 | 高等学校学習指導要領改訂（二〇二二年度から学年進行で実施）。歴史総合ならびに地理総合が必修となり、発展的内容として日本史探究、世界史探究、地理探究が選択となる |

Cultural Policy and Japanese Language Education in Japanese-Occupied Singapore, 1942–1945"（*Japanese Language and Soft Power in Asia*, ed. Kayoko Hashimoto, Palgrave Macmillan, 2018）;「娯楽か日本化教育か？ 日本占領下シンガポールにおける音楽」（『植民地教育研究年報』17、2015）ほか。

大西信行（おおにし　のぶゆき）
1970年生まれ。中央大学杉並高等学校教諭。共著に『高等学校日本史Ｂ　新訂版』（文部科学省検定済教科書、清水書院、2014）、論文に「日本史教育における『東アジア』と『冊封体制』」（『中央史学』36、2013）;「これからの時代、本当に必要な世界史用語は何か？ 高校世界史で必要なグローバル・ヒストリー関連用語（20・21世紀編）: part 1・2」（『世界史のしおり』帝国書院、2012・1学期号、2012・2学期号）ほか。

茨木智志（いばらき　さとし）
1961年生まれ。上越教育大学大学院学校教育研究科教授。共著に『社会科教科内容構成の探求』（松田愼也監修、風間書房、2018）;『「自国史と世界史」をめぐる国際対話』（比較史・比較歴史教育研究会編、ブイツーソリューション、2015）ほか。論文に、「戦時下における中等歴史教科書に関する基礎的考察」（『歴史教育史研究』15、2017）;「「世界史」成立史研究の課題」（『歴史学研究』933、2015）ほか。

新保良明（しんぽ　よしあき）
1958年生まれ。東京都市大学共通教育部教授。主著に『古代ローマの帝国官僚と行政　小さな政府と都市』（ミネルヴァ書房、2016）;『ローマ帝国愚帝物語』（新人物文庫、2012）ほか。訳書にエッシェー、レベディンスキー『アッティラ大王とフン族 「神の鞭」と呼ばれた男』（講談社選書メチエ、2011）ほか。

奈須恵子（なす　けいこ）
1965年生まれ。立教大学文学部教授。共編著に『遠山郁三日誌1940～1943年　戦時下ミッション・スクールの肖像』（山田昭次らと共編、山川出版社、2013）;『戦時下学問の統制と動員』（駒込武・川村肇と共編、東京大学出版会、2011）、論文に「敗戦前キリスト教系大学における教育組織・カリキュラムの変容について」『戦時日本の大学と宗教』（江島尚俊・三浦周・松野智章編、法藏館、2017）ほか。

矢部正明（やべ　まさあき）
1962年生まれ。関西大学中等部・高等部教諭。論文に「中央ユーラシア史用語解説試案　本当に必要な用語とは？」（『世界史のしおり』帝国書院、2011・2学期号）;「タペストリー授業実践例　遼（契丹）・金・西夏史に関する授業分析と新視点授業の提案」（佐藤貴保と共著、『世界史のしおり』帝国書院、2008・4月号）;「タペストリーを使って　東南アジア史・海域世界簿展開（その1・2）」（『世界史のしおり』帝国書院32、2007・1月号、2007・4月号）など。

## 執筆者略歴

長谷川修一（はせがわ　しゅういち）
1971年生まれ。立教大学文学部准教授。主著に『旧約聖書の謎』（中公新書、2014）；『聖書考古学』（中公新書、2013）；*Aram and Israel during the Jehuite Dynasty*（De Gruyter, 2012）ほか。

小澤実（おざわ　みのる）
1973年生まれ。立教大学文学部教授。編著に『近代日本の偽史言説』（勉誠出版、2017）、共編著に『アイスランド・グリーンランド・北極を知るための65章』（中丸禎子・高橋美野梨と共編、明石書店、2016）；『北西ユーラシアの歴史空間』（長縄宣博と共編、北海道大学出版会、2016）ほか。

中澤達哉（なかざわ　たつや）
1971年生まれ。早稲田大学文学学術院教授。主著に『近代スロヴァキア国民形成思想史研究』（刀水書房、2009）、共編著に『ハプスブルク帝国政治文化史』（篠原琢と共編、昭和堂、2012）、論文に「ハプスブルク君主政の礫岩のような編成と集塊の理論」『礫岩のようなヨーロッパ』（古谷大輔・近藤和彦編、山川出版社、2016）ほか。

貴堂嘉之（きどう　よしゆき）
1966年生まれ。一橋大学大学院社会学研究科教授。主著に『アメリカ合衆国と中国人移民』（名古屋大学出版会、2012）、共編著に『「ヘイト」の時代のアメリカ史』（兼子歩と共編、彩流社、2017）；『〈近代規範〉の社会史』（樋口映美・日暮美奈子と共編、彩流社、2013）ほか。

森本一夫（もりもと　かずお）
1970年生まれ。東京大学東洋文化研究所准教授。主著に『聖なる家族　ムハンマド一族』（山川出版社、2010）、編著に *Sayyids and Sharifs in Muslim Societies: Living Links to the Prophet*（Routledge, 2012）、論文に "Sayyid Ibn ʿAbd al-Ḥamīd: An Iraqi Shiʿi Genealogist at the Court of Özbek Khan"（*Journal of the Economic and Social History of the Orient* 59-5, 2016）ほか。

上田信（うえだ　まこと）
1957年生まれ。立教大学文学部教授。主著に『貨幣の条件　タカラガイの文明史』（筑摩選書、2016）；『シナ海域蜃気楼王国の興亡』（講談社、2013）；『中国の歴史09　海と帝国』（講談社、2005）ほか。

松岡昌和（まつおか　まさかず）
1979年生まれ。立教大学アジア地域研究所特任研究員、立教大学ほか兼任講師。論文に「日本占領下の香港とシンガポールにおける戦争とメディア」（『文明21』40、2018）；"Media and

歴史学者と読む高校世界史
教科書記述の舞台裏

2018年 6 月20日　第 1 版第 1 刷発行
2019年 9 月20日　第 1 版第 4 刷発行

編著者　長谷川　修一
　　　　小　澤　　実

発行者　井　村　寿　人

発行所　株式会社　勁　草　書　房

112-0005 東京都文京区水道2-1-1　振替　00150-2-175253
（編集）電話 03-3815-5277／FAX 03-3814-6968
（営業）電話 03-3814-6861／FAX 03-3814-6854
本文組版 プログレス・港北出版印刷・松岳社



ISBN978-4-326-24848-3　Printed in Japan

http://www.keisoshobo.co.jp

| 著者 | 書名 | 判型 | 価格 | ISBN |
|---|---|---|---|---|
| 伊達聖伸 | ライシテ、道徳、宗教学<br>もうひとつの十九世紀フランス宗教史 | A5判 | 六〇〇〇円 | 10203-7 |
| 柴田大輔<br>中町信孝 編著 | イスラームは特殊か<br>西アジアの宗教と政治の系譜 | A5判 | 五〇〇〇円 | 20058-0 |
| 中野智世・<br>前田更子・<br>渡邊千秋・<br>尾崎修治 編著 | 近代ヨーロッパとキリスト教<br>カトリシズムの社会史 | A5判 | 四五〇〇円 | 20055-9 |
| 江川純一 | イタリア宗教史学の誕生<br>ペッタッツォーニの宗教思想とその歴史的背景 | A5判 | 四五〇〇円 | 10241-9 |
| 武藤慎一 | 宗教を再考する<br>中東を要に、東西へ | A5判 | 二三〇〇円 | 10247-1 |
| A・Mティエス<br>斎藤かぐみ 訳<br>工藤庸子 解説 | 国民アイデンティティの創造<br>十八～十九世紀のヨーロッパ | 四六判 | 四二〇〇円 | 24841-4 |

＊表示価格は二〇一九年九月現在。消費税は含まれておりません。
＊ＩＳＢＮコードは一三桁表示です。